权威·前沿·原创

皮书系列为
"十二五""十三五"国家重点图书出版规划项目

智库成果出版与传播平台

河北文化产业发展报告（2021）

ANNUAL REPORT ON CULTURAL INDUSTRY OF HEBEI (2021)

主　编／康振海
执行主编／陈　璐　王春蕊
副 主 编／张文阁　赵金合　张媛媛

社会科学文献出版社
SOCIAL SCIENCES ACADEMIC PRESS (CHINA)

图书在版编目(CIP)数据

河北文化产业发展报告.2021/康振海主编. -- 北京：社会科学文献出版社，2021.4
（河北蓝皮书）
ISBN 978 - 7 - 5201 - 8051 - 1

Ⅰ.①河… Ⅱ.①康… Ⅲ.①文化产业 - 产业发展 - 研究报告 - 河北 - 2021　Ⅳ.①G127.22

中国版本图书馆 CIP 数据核字（2021）第 040875 号

河北蓝皮书
河北文化产业发展报告（2021）

主　　编 / 康振海
执行主编 / 陈　璐　王春蕊
副 主 编 / 张文阁　赵金合　张媛媛

出 版 人 / 王利民
组稿编辑 / 高振华
责任编辑 / 杨　雪
文稿编辑 / 李小琪

出　　版 / 社会科学文献出版社·城市和绿色发展分社（010）59367143
　　　　　　地址：北京市北三环中路甲29号院华龙大厦　邮编：100029
　　　　　　网址：www.ssap.com.cn
发　　行 / 市场营销中心（010）59367081　59367083
印　　装 / 天津千鹤文化传播有限公司

规　　格 / 开　本：787mm × 1092mm　1/16
　　　　　　印　张：15.75　字　数：231千字
版　　次 / 2021年4月第1版　2021年4月第1次印刷
书　　号 / ISBN 978 - 7 - 5201 - 8051 - 1
定　　价 / 138.00元

本书如有印装质量问题，请与读者服务中心（010 - 59367028）联系

▲ 版权所有 翻印必究

河北蓝皮书（2021）
编辑委员会

主　任　康振海

副主任　彭建强　张福兴　焦新旗　肖立峰　孟庆凯

委　员　（按姓氏笔画排序）

　　　　　王文录　王建强　王亭亭　王艳宁　史广峰

　　　　　李鉴修　陈　璐　黄军毅　穆兴增

主编简介

康振海 中共党员，1982年毕业于河北大学哲学系，获哲学学士学位；1987年9月至1990年7月在中共中央党校理论部中国现代哲学专业学习，获哲学硕士学位。

三十多年来，康振海同志长期工作在思想理论战线。曾任河北省委宣传部副部长；2016年3月至2017年6月任河北省作家协会党组书记、副主席；2017年6月至今任河北省社会科学院党组书记、院长，河北省社科联第一副主席。

康振海同志著述较多，在《人民日报》《光明日报》《经济日报》《中国社会科学报》《河北日报》《河北学刊》等重要报刊和社会科学文献出版社、河北人民出版社等发表、出版论著多篇（部），主持完成多项国家级、省部级课题。主要代表作有：《中国共产党思想政治工作九十年》《雄安新区经济社会发展报告》《让历史昭示未来——河北改革开放四十年》等著作；发表了《传承中华优秀传统文化 推进文化强国建设》《以优势互补、区域协同促进高质量脱贫》《在推进高质量发展中育新机开新局》《构建京津冀协同发展新机制》《认识中国发展进入新阶段的历史和现实依据》《准确把握推进国家治理体系和治理能力现代化的目标任务》《奋力开启全面建设社会主义现代化国家新征程》《新时代：我国发展新的历史方位》《以"塞罕坝精神"再造绿水青山》等多篇理论调研文章；主持"新时代生态文明和党的建设阶段性特征及其发展规律研究""《宣传干部行为规范》可行性研究和草案初拟研究"等多项国家级、省部级立项课题。

摘 要

本报告分为四个板块，总报告从产业规模、结构分布、企业数量、空间布局及产业集聚等维度客观描述了 2020 年河北省文化产业发展现状与特点，重点分析了 2020 年新冠肺炎疫情影响下文化产业发展面临的重大机遇与严峻挑战，深入剖析了当前文化产业高质量发展面临的制约因素，从激发文化市场主体活力、做大消费市场量级、打造文化产业集群、壮大数字文化产业、促进文化产业全链条发展以及健全政策体系等方面提出了对策建议；宏观透视篇主要从市场主体高质量发展、文化产业集群发展、乡村文旅资源开发等角度提出了未来文化产业高质量发展的思路与建议；业态聚焦篇主要围绕疫情防控常态化阶段的数字文化产业、文体产业、动漫产业、新媒体产业、新院线产业、文化创意及文化康养产业等领域，分析了当前面临的问题与不足，提出了相应的对策建议；案例策划篇主要分析了国家全域旅游示范区"涉县样本"、正定乡愁文化、河北大运河文化公园、传统村落生态文化及太行"红河谷"旅游经济带"1＋X"项目建设经验及策划思路，提出了有针对性的发展建议，以期为河北文化产业高质量发展提供有益的理论参考和智力支持。

关键词： 文化产业　业态融合　空间布局　产业集聚

Abstract

This book is divided into four sections. The general report objectively describes the development status and characteristics of the total amount, structural distribution, number of enterprises, spatial layout and industrial agglomeration of Hebei Province's cultural industry in 2020, focusing on the analysis of the cultural development facing the impact of the 2020 epidemic. The major opportunities and severe challenges of the cultural industry, in-depth analysis of the current constraints on the high-quality development of the cultural industry, from stimulating the vitality of cultural market players, increasing the size of the consumer market, building cultural industry clusters, expanding the cultural digital industry, and the development of the entire cultural industry chain It also puts forward countermeasures and suggestions for improving the policy system; the macro perspective mainly puts forward ideas and suggestions for the high-quality development of the cultural industry in the future from the perspectives of the high-quality development of market entities, the development of cultural industries, and the development of rural cultural tourism resources; business focus chapter Mainly focus on the digital cultural industry, sports industry, animation industry, new media industry, new cinema industry, cultural creativity and cultural health care industry after the epidemic, analyze the current problems and shortcomings, and put forward corresponding countermeasures and suggestions; case planning The article mainly analyzes the national tourism demonstration zone "Shexian County Sample", Zhengding nostalgia culture, Hebei Grand Canal Cultural Park, traditional village ecological culture and Tai hang "Red River Valley" tourism economic belt "1 + X" project construction experience and planning ideas. Put forward targeted development suggestions, in order to provide useful theoretical reference and intellectual support for the high-quality development of Hebei's cultural industry.

Keywords: Cultural Industry; Business Integration; Spatial Layout; Industrial Agglomeration

目 录

Ⅰ 总报告

B.1 河北省文化产业发展形势分析与预测
　　　　………………………… 河北省文化产业研究中心课题组 / 001

Ⅱ 宏观透视

B.2 促进河北省文创产业市场主体高质量发展研究 ……… 姚胜菊 / 017
B.3 新时期河北省文化产业高质量发展的重点与路径 …… 边继云 / 031
B.4 河北省文化产业集群发展路径研究 …………………… 郭晓杰 / 041
B.5 乡村振兴视域下河北乡村文化旅游资源开发路径提升
　　　研究 ………………………………………………… 赵然芬 / 053

Ⅲ 业态聚焦

B.6 河北省数字文化产业的培育重点、前瞻性布局与促进举措
　　　研究 ………………………… 陈　璐　张　彬　潘保海 / 066

B.7 新冠肺炎疫情下文体产业发展的特征、趋势及河北应对
　　策略 ………………………………………………… 严文杰 / 078
B.8 河北省动漫产业发展现状与对策研究 ……………… 邹玲芳 / 090
B.9 2020年河北省新媒体产业发展的新动态与新思路
　　——以直播带货为例 ………… 韩春秒　郑　敏　贾　蓓 / 104
B.10 河北省农村电影院线现状及发展策略研究 ………… 李　倩 / 124
B.11 河北文化创意产业助推城市创新发展的路径研究 …… 车同侠 / 136
B.12 河北省文化与康养产业融合发展研究 ……… 张　丽　李珊珊 / 147

Ⅳ 案例策划

B.13 国家全域旅游示范区创建的"涉县样本" …………… 宋东升 / 161
B.14 筹划正定"乡愁文化"示范区建设的总体思路与方案
　　……………………………………………………… 张　彬 / 176
B.15 河北大运河文化公园建设对策研究 ………………… 张　葳 / 189
B.16 河北省传统村落生态文化对人居环境整治的启示 …… 严晓萍 / 201
B.17 太行"红河谷"旅游经济带"1+X"项目群创意策划
　　思路与对策建议 …………………………………… 高自旺 / 217

皮书数据库阅读使用指南

CONTENTS

Ⅰ General Report

B.1 General Report: Analysis and Forecast of the Development Situation of Cultural Industry in Hebei Province
Research Group of Hebei Cultural Industry Research Center / 001

Ⅱ Macro Perspective

B.2 Research on Promoting the High-Quality Development of Hebei's Cultural and Creative Industry Market Main Body *Yao Shengju* / 017

B.3 The focus and path of the high-quality development of the cultural industry in Hebei Province in the new era *Bian Jiyun* / 031

B.4 Research on the Development Path of Cultural Industry Clusters in Hebei Province *Guo Xiaojie* / 041

B.5 Development Path of Hebei's Rural Cultural Tourism Resources from the Perspective of Rural Revitalization Enhancement research
Zhao Ranfen / 053

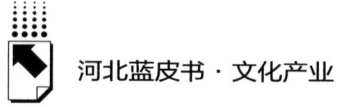

III Business Focus

B.6 The focus and forward-looking layout of the cultivation of digital cultural industry in Hebei Province And promotion measures
Chen Lu, Zhang Bin and Pan Baohai / 066

B.7 The characteristics, trends and development of the cultural industry in the context of the new crown pneumonia epidemic Hebei Coping Strategies
Yan Wenjie / 078

B.8 Research on the Status Quo and Countermeasures of Hebei Animation Industry Development
Zou Lingfang / 090

B.9 New trends and new ideas for the development of Hebei's new media industry in 2020
—*Take live delivery of goods as an example*
Han Chunmiao, Zheng Min and Jia Bei / 104

B.10 Research on the status quo and development strategy of rural cinemas in our province
Li Qian / 124

B.11 Research on the Path of Hebei's Cultural and Creative Industry to Promote Urban Innovation and Development
Che Tongxia / 136

B.12 Research on the Integration and Development of Culture and Health Care Industry in Hebei Province
Zhang Li, Li Shanshan / 147

IV Case Planning

B.13 The "Sample of Shexian County" created by the National Tourism Demonstration Zone
Song Dongsheng / 161

B.14 The overall idea of planning the construction of Zhengding "Nostalgia Culture" Demonstration Zone And the plan
Zhang Bin / 176

CONTENTS

B.15 Research on the Countermeasures for the Construction of Hebei Grand Canal Cultural Park　　　　　　　　　　　*Zhang Wei* / 189

B.16 The Enlightenment of the Ecological Culture of Traditional Villages in Hebei Province on the Improvement of Human Settlements

Yan Xiaoping / 201

B.17 The idea of "1+X" project group in Taihang "Red River Valley" Tourism Economic Belt Planning ideas and countermeasure suggestions

Gao Ziwang / 217

总报告

General Report

B.1
河北省文化产业发展形势分析与预测

河北省文化产业研究中心课题组[*]

摘　要： 本报告立足当前国内外文化产业发展的新特点、新趋势，分析了河北省文化产业的发展特征，虽然文化产业持续向好，应对外部影响的能力不断提升，但受新冠肺炎疫情影响，规模以上文化企业营收水平有所下降，恢复速度缓于全国平均水平，尤其是文化休闲娱乐类企业受影响较为严重，企业营收降幅较大。同时也要看到，文化产业发展环境不断向好，尤其是京津冀协同发展、雄安新区规划建设、张家口筹办北京冬奥会、长城国家文化公园（河北段）建设、大运河国家文化公园（河北段）建设等重大发展机遇多重叠加，为河北文化产业向"高、精、特、新"发展提供了有利契机，要持续增强文化产业的要素配置和政策支持，不断壮大文化市场

---

[*] 课题主持人：陈璐，河北省社会科学院经济研究所所长，省文化产业研究中心主任、研究员，主要研究方向为区域经济、文化产业；本报告执笔人：王春蕊、张彬。

主体，繁荣多元业态，提升文化消费供给品质，持续提升文化产业发展水平和竞争力。

关键词： 文化产业　市场主体　产业集聚　政策支持

党的十九届五中全会明确提出了到2035年把我国建成文化强国的远景目标，对文化建设提出了具体目标和系列部署，明确了"十四五"时期我国文化建设的基本思路，为文化产业高质量发展指明了方向。2020年是"十三五"收官之年，也是"十四五"规划起航之年，应紧紧抓住京津冀协同发展、雄安新区规划建设、张家口筹办北京冬奥会等战略性机遇，加快推进"文化+"向经济社会各领域融合渗透，不断完善现代文化产业体系，与多元化、品质化消费需求精准对接，运用全产业链思维大力发展现代文化产业，加强技术创新，打通从前端研发生产到终端销售服务的全产业链条，全面提升河北文化产业的发展质量。

一　2019~2020年文化产业发展形势与特征分析

（一）文化产业经济体量逐步壮大，抗击外部冲击能力不断增强

根据河北省第四次全国经济普查数据核算，2018年全省文化及相关产业增加值为845.56亿元，占全省GDP的比重达2.6%，较2014年提高了0.56个百分点，文化产业经济体量不断增加。随着统筹推进疫情防控和经济社会发展取得明显成效，规模以上文化及相关产业企业生产经营状况持续改善。据统计，2020年第三季度，河北省拥有规模以上文化及相关产业企业1352家，与上半年相比数量相对稳定；企业营业收入为593.3亿元，较2019年同期减少8.8%；企业营业利润为9.9亿元，较2019年减少13.8%。从全国来看，2020年第三季度，全国规模以上文化

及相关产业企业实现营业收入 66119 亿元，比 2019 年同期下降 0.6%，西部地区增速由上半年下降 2.4% 转为增长 0.9%，东部、中部和东北地区分别下降 0.4%、1.5% 和 15.9%（见表 1）。相比较而言，虽然河北省规模以上文化及相关产业企业经营状况不断改善，好于东北地区，但企业营收降幅仍高于全国平均水平及东、中、西部地区。

表1　2020 年第三季度全国及河北省规模以上文化及相关产业企业营业收入情况

类别	绝对额（亿元）	比 2019 年同期增长（%）	所占比重（%）
全国总计	66119	-0.6	—
河北省	593.3	-8.8	0.9
东部地区	50305	-0.4	76.1
中部地区	9385	-1.5	14.2
西部地区	5865	0.9	8.9
东北地区	564	-15.9	0.9

资料来源：国家统计局相关数据基于全国 6 万家规模以上文化及相关产业企业调查获得。

（二）产业结构持续优化，文化休闲娱乐服务业受影响较为严重

2020 年第三季度，全国规模以上文化及相关产业企业三次产业结构为 38.7∶15.3∶46.0，河北省为 57.6∶19.5∶22.9，相比较而言，河北省文化制造业占比较高，高出全国平均水平 18.9 个百分点，文化服务业占比偏低，较全国平均水平低 23.1 个百分点。分行业看，在河北省九大行业中，仅新闻信息服务业规模以上文化及相关产业企业实现较快增长，较 2019 年同期增长 13.6%，其他 8 个行业均呈负增长，尤其是文化娱乐休闲服务和文化投资运营业降幅较大，分别达 -40.8% 和 -30.2%。从全国来看，文化传播渠道、文化娱乐休闲服务、文化辅助生产和中介服务、文化装备生产 4 个行业营业收入与 2019 年同期相比呈负增长，其他 5 个行业基本呈正增长，尤其是新闻信息服务业增速达到两位数。分领域看，河北省文化核心领域规模以上企业营收整体水平较低，占比为 42.6%；文化相关领域规模以上企业营收相对较高，占比为 57.4%。受新冠肺炎疫情影响，河北省文化娱乐休闲类企

业受影响较大,规模以上文化及相关产业企业疫后恢复整体速度相对较慢。可见,在疫情防控常态化阶段加大对文化企业的政策支持,提升企业营收能力和抗风险能力,是提升文化产业发展水平亟须破解的难题之一(见表2)。

表2 2020年第三季度文化及相关产业企业指标

类别	全国			河北		
	绝对值(亿元)	较2019年同期增长(%)	所占比重(%)	绝对值(亿元)	较2019年同期增长(%)	所占比重(%)
总计	66119	-0.6	100	593.3	-8.8	100
按行业类别分						
新闻信息服务	6434	17	9.7	20.5	13.6	3.5
内容创作生产	15855	4.1	24	81.1	-9.0	13.7
创意设计服务	10276	9	15.5	56.3	-4.9	9.5
文化传播渠道	6878	-16.5	10.4	80.1	-2.2	13.5
文化投资运营	298	0.2	0.5	2.9	-30.2	0.5
文化娱乐休闲服务	683	-39.9	1	11.9	-40.8	2.0
文化辅助生产和中介服务	9171	-9.5	13.9	193.1	-7.4	32.5
文化装备生产	3975	-3.4	6	48.7	-14.5	8.2
文化消费终端生产	12549	0.8	19	98.7	-12.6	16.6
按产业类型分						
文化制造业	25566	-3.8	38.7	341.7	-7.0	57.6
文化批发和零售业	10122	-10	15.3	115.6	-10.2	19.5
文化服务业	30431	6	46	136	-12.1	22.9
按领域分						
文化核心领域	40423	1.5	61.1	252.8	-1.6	42.6
文化相关领域	25696	-3.8	38.9	340.5	-8.3	57.4

(三)新业态较快发展,但经济体量占比较小

当前,数字经济全球化加速向新一轮科技革命和产业变革的多领域渗透,为文化产业注入了新理念、新思维和新模式,提升了以数字技术迭代为支撑的文化创意产业发展空间,并形成了以IP(知识产权)赋能传统文化产业的全链条发展,创造了新供给,满足了新需求,繁荣发展了多元文化新业态。

从全国来看，2020年第三季度文化新业态特征较为明显的16个行业小类实现营业收入21229亿元，占规模以上文化及相关产业企业营业收入的比重为32.1%。其中，互联网其他信息服务、多媒体游戏动漫和数字出版软件开发、其他文化数字内容服务、互联网广告服务、娱乐用智能无人飞行器制造、可穿戴智能文化设备制造等6个行业小类的营业收入增速均超过20%。从河北来看，受疫情影响，2020年第三季度新业态规模以上文化及相关产业企业数量为54家，较2019年第四季度减少16家；拉动就业6402人，较2019年第四季度增加1601人；企业营业收入总计21.3亿元，降幅较大。① 从营收情况看，除广播电视集成播控、互联网其他信息服务、增值电信文化服务和娱乐用智能无人飞行器制造4个行业企业营业收入和利润呈正增长外，其他行业企业营收和利润都是负增长。受疫情影响，河北省文化新业态企业经营恢复相对缓慢，仍需加大对新业态企业的支持引导，持续提升企业营收能力和市场竞争力（见表3）。

表3 2020年第三季度河北省文化新业态发展情况

名称	规模以上文化及相关产业企业（家）	从业人员期末人数（人）总量	营业收入（亿元）总量	营业收入（亿元）增长（%）	利润总额（亿元）总量	利润总额（亿元）增长（%）
广播电视集成播控	2	226	4.7	12.5	2.8	10.7
互联网搜索服务	1	58	0.2	-13.2	0.0	162.4
互联网其他信息服务	19	4076	8.0	32.7	0.9	173.0
数字出版	0	—	—	—	—	—
其他文化艺术业	2	113	0.1	-18.0	0.0	-297.8
动漫、游戏数字内容服务	0	—	—	—	—	—
互联网游戏服务	1	1	0.3	-64.9	0.0	9.6
多媒体游戏动漫和数字出版软件开发	15	1131	1.4	-12.3	-0.1	-51.7
增值电信文化服务	4	182	0.7	7.0	0.0	206.1
其他文化数字内容服务	1	110	0.3	-7.4	-0.1	-26540.0

① 2019年第四季度全省新业态规模以上企业营业收入为18.63亿元。

续表

名称	规模以上文化及相关产业企业（家）	从业人员期末人数（人）总量	营业收入（亿元）总量	营业收入（亿元）增长（%）	利润总额（亿元）总量	利润总额（亿元）增长（%）
互联网广告服务	8	420	4.7	-1.2	-0.1	-223.3
互联网文化娱乐平台	0	—	—	—	—	—
版权和文化软件服务	0	—	—	—	—	—
娱乐用智能无人飞行器制造	1	85	0.9	67.5	0.0	107.2
可穿戴智能文化设备制造	0	—	—	—	—	—
其他智能文化消费设备制造	0	—	—	—	—	—

资料来源：河北省统计局2020年第三季度文化及相关产业统计季报；国家统计局解读前三季度全国规模以上文化及相关产业企业营业收入数据，http://www.gov.cn/xinwen/2020/10/31/Content_5556264.htm。

（四）文化企业主要集中在石家庄、保定、廊坊等地，区域发展差距较大

根据河北省第四次全国经济普查数据统计，从区域空间分布看，石家庄文化企业法人单位数相对较多，占全省的比重为23.61%；其次为保定市、廊坊市，分别占比15.93%、10.20%；邯郸市、邢台市、唐山市、沧州市、秦皇岛市五市占比不足10%，分别为9.89%、8.02%、7.54%、7.00%和5.29%；其他地市不足5%，张家口市占比为4.35%，衡水市占比为4.27%，承德市占比为3.90%。石家庄、保定、廊坊位居全省前三，优势较为明显。

从企业营业收入看，2018年河北省文化企业实现营业收入共计16543326.1万元，其中企业主营业务收入占59.42%。分地区看，首先是石家庄市，其文化企业主营业务收入占全省的比重达30.37%；其次为保定市，占比达12.20%；再次为唐山市，占比达11.51%；邯郸市占比为8.72%，邢台市占比为8.04%，廊坊市占比为7.36%，沧州市占比为6.14%，衡水市占比为5.65%，承德市占比为4.18%，秦皇岛市占比为3.50%，张家口市占比为2.32%。

从2020年第三季度规模以上文化及相关产业企业情况看,受疫情影响,石家庄、沧州、廊坊、保定、唐山规模以上文化及相关产业企业数量较多,衡水、秦皇岛、承德及张家口等地区数量偏少。从企业营业收入看,邯郸企业营收较2019年同期实现正增长,其他地市均为负增长;从利润总额看,只有石家庄、邯郸、邢台三个地市企业利润总额呈正增长,其他地市均为负增长(见表4)。

表4 2020年第三季度河北省规模以上文化及相关产业企业按地区分主要经济情况

类别	企业数（家）	从业人员期末人数（人）	营业收入（亿元）		利润总额（亿元）	
			第三季度	增长（%）	第三季度	增长（%）
总计	1352	146710	593.3	-8.8	16.4	-14.6
石家庄	281	36421	175.2	-5.8	11.9	59.8
唐山	140	14211	69.4	-9.8	-5.4	-100.9
秦皇岛	53	7565	19.0	-15.8	-1.5	-271.2
邯郸	104	9272	47.9	1.9	4.3	2.7
邢台	124	13416	66.6	-0.7	2.3	23.3
保定	144	19002	67.1	-10.7	2.8	-37.7
张家口	37	3699	7.1	-37.7	-0.3	-52.2
承德	38	8051	11.6	-19.8	-0.7	-74.0
沧州	154	12759	42.5	-4.0	1.3	-19.8
廊坊	148	10832	44.0	-16.1	0.8	-39.2
衡水	86	9289	32.0	-20.4	0.9	-37.3

（五）小型及以上文化企业数量占比有所增长,营收能力持续增强

2020年第三季度,全省规模以上文化及相关产业企业实现利润总额为16.4亿元,比2019年同期减少14.6%,盈利能力持续降低。如表5所示,从企业规模看,大型、中型、小型、微型企业法人单位数占全省文化及相关产业企业数的比例分别为3.4%、14.7%、71.7%和10.2%,相比2019年同期,大型、中型、小型企业数量占比稍有增长,微型企业占比减少,可见,疫情对微型企业影响较大。从企业盈利能力看,大型企业抗风险能力较强,企业利润呈正增长,中型、小型和微型企业利润降幅均在30%以上。

表5　2020年第三季度河北省规模以上文化及相关产业企业规模经济指标

指标名称	企业数（个）	从业人员期末人数（人）	营业收入（亿元）		利润总额（亿元）	
			第三季度	增长（%）	第三季度	增长（%）
企业规模	1352	146710	593.3	-8.8	16.4	-14.6
大型	46	39582	158.5	-3.8	9.5	22.5
中型	199	45472	133.0	-7.6	1.1	-47.1
小型	969	60144	284.2	-11.7	5.3	-38.7
微型	138	1512	17.5	-13.8	0.5	-30.1
企业控股	1352	146710	593.3	-8.8	16.4	-14.6
国有控股	169	45044	167.0	-2.9	4.4	-37.2
集体控股	14	1662	4.3	3.3	0.1	-9.7
私人控股	1097	86340	376.6	-9.9	12.3	-6.2
港澳台商控股	5	1364	13.1	-21.0	0.7	154.0
外商控股	11	2621	9.4	-26.2	-0.8	-275.5
其他	56	9679	22.9	-15.8	-0.4	80.3

注：表中数据按四舍五入原则保留。

资料来源：河北省统计局2020年第三季度文化及相关产业统计季报。

（六）文化产业园区和基地数量不断增加，产业集聚发展步伐加快

产业园区是汇聚各种文化资源要素的空间载体，能为企业发展提供资源支撑。近年来，河北省着力推进文化产业集群发展，以文化产业基地和园区建设为抓手，培育打造了一批规模以上文化企业和领军企业，实现文化产业规模化、集约化发展。截至2020年底，河北省拥有省级及以上文化产业园区和示范基地共202个，其中，包括承德国家级文化产业示范园区和曲阳雕塑国家文化产业园区创建单位，12个国家级文化产业示范基地，34个省级文化产业示范园区，154个省级文化产业示范基地。与此同时，河北省文化园区特色更加突出，业态不断丰富。比如，保定市的石雕文化、承德皇家文化、唐山工业文化，以及邯郸、沧州等地的传统文化和创意文化等，已经形成了传统文化类、文旅融合类、工业文化类、文化科技类、创意文化类等多个主题明显的文化产业园区和示范基地。从发展方式看，一些园区借势发展，形成了"园中园"模式。例如，河北漳河经济开发区采取"园中园"模式，其中方特项目"保姆式"工作组全程推进，市政府成立了包括市发

改委、市国土局、市金融办、市交通局等17家市直单位和磁县、临漳县在内的工作组，市长挂帅，有效破解项目横跨不同区域存在的难题，已形成两个文化研究基地：中华成语文化博览园科研基地（文化科技研发基地）、国家良种创制中心北方良种创制基地。

二 2020年文化产业发展面临形势分析

（一）文化产业发展环境不断利好

当今世界正经历百年未有之大变局，新一轮科技革命和产业变革加速推进，全面建成小康社会的目标达成。"十四五"时期将开启全面建设社会主义现代化国家新征程，党的十九届五中全会上提出建成文化强国的目标，为文化发展注入了强大动力。当前，河北省正处于产业转型升级关键时期，服务业对经济增长的贡献率不断提高，达到60%以上，消费主导作用不断强化，尤其是在以国内大循环为主体、国内国际双循环相互促进的新发展格局中，文化对服务业的支撑作用更加突出，为文化融入经济社会各领域提供了更广阔的空间。

（二）国家战略密集落地为文化产业持续发展注入动力

京津冀协同发展推动城市群建设、雄安新区规划建设引领价值提升、冬奥赛事培育新品牌，以及国家文化公园形成新文化新架构，为河北文化高质量发展提供了全国独有机遇。尤其是长城国家文化公园（河北段）建设和大运河国家文化公园（河北段）建设的加快推进，对有效整合沿线文旅资源，深入挖掘长城文化和大运河文化资源禀赋，运用现代化技术加强对沿线各类文化园区、景区等资源的改造提升，打造长城和运河文化旅游新场景，进而形成全省文化产业发展的两大支撑具有重要战略意义。因此，要抢抓战略机遇，做好燕赵文化这篇大文章，大力发展高端产业、高端环节，加快提升河北文化产业竞争力、辐射力和影响力。

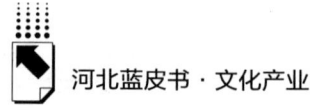

（三）扩大内需更加凸显文化力量

党的十九届五中全会提出，坚持扩大内需这个战略基点，加快培育完整的内需体系。在国内国际双循环相互促进的新发展格局中，扩大内需是基点，文化消费将是扩大内需的重要内容，尤其是文化和旅游的深度融合，形成"文旅+"乘数效应，将大幅提升文旅消费市场水平。作为人口数量排名全国第六的人口大省，2019年河北总人口达7591.97万人，为扩大文旅市场需求奠定了基础，且消费对全省经济增长的贡献率达到60%以上，河北省正处于新型工业化和新型城镇化加速期，以高铁为代表的立体交通体系完善，自主旅游、信息化消费时代的到来，也将加大对文化产品和服务的市场需求。可见，国内国际双循环新发展格局将有利于内需潜力的充分释放、消费水平的持续升级，为河北省文化产业发展提供了更大的市场空间。随着供给侧结构性改革的深化，文旅消费政策体系将不断完善，居民用于文化消费的支出比重将不断提高，进而助推消费升级。

（四）技术变革加快文化科技赋能

随着经济文化化、文化经济化，文化不断地向经济活动渗透，已成为影响区域整体竞争力的关键因素。新一轮科技革命和产业创新带来"机会窗口"，引领现代文化产业体系不断延伸，赋能新业态升级，为创新发展提供重要支撑。随着"文化+""互联网+""人工智能+"等的深入推进，将进一步推动互联网、大数据、虚拟现实、人工智能、物联网等新技术在文化产业领域的深度应用，有助于培育高产出、高附加、高辐射的文化新兴业态，推动文化产业跨界融合发展，以及打造"高精尖"的产业结构和区域增长极。

三 当前文化产业高质量发展面临的制约因素

（一）文化领域大企业、大集团少，对行业发展的整体带动性不强

一是文化企业以微型企业为主，大型企业数量少。2018年河北省第四次

全国经济普查数据显示,全省共有各类文化企业法人单位90832家。其中,微型文化企业占比为92.9%,小型企业占比为6.67%,中型企业占比为0.35%,大型企业占比仅为0.07%。可见,河北省文化企业以微型企业为主,大型企业占比很低。二是规模以上文化企业数量少,与先进省份差距较大。2019年河北省规模以上文化企业共1557家,与江西(1595家)、陕西(1564家)水平接近,远低于广东(8602家)、江苏(7174家),以及浙江(4815家)、湖南(3633家)、山东(3208家),河南也有2741家,文化领域规模以上企业数量与河北省经济地位不符。三是上市文化企业数量少。2019年底,全省在"新三板"挂牌上市的文化企业仅26家,较2018年增加5家。[①] 可见,文化领域缺少领军企业和大型企业,是制约河北省文化产业发展的因素之一。

(二)文化市场主体弱小,产品和服务供给能力低,对文化消费市场影响较大

一是企业供给端难以满足多样化文化消费需求。新时期,各类线上消费业态不断涌现,河北省文化企业数量少、体量小,产品和服务供给方式传统、品种雷同,难以满足当前个性化、多样化、高层次的文化消费需求,导致很多文化产品只能是一次性快餐消费,重复消费能力不足。二是公共文化基础设施服务供给水平低。博物馆、图书馆、文化馆等公共文化服务数字化、智能化程度不高,特别是农村地区文化基础设施不完善,各类"文化惠民"政策、活动覆盖面窄,外加缺少相应引导刺激文化消费的平台载体,极大地抑制了居民文化消费需求。

(三)企业对新技术敏感度不高,驾驭、使用新技术、新模式提升企业竞争力的能力不强

一是文化创新、创意人才缺乏。创新型人才对文化产业发展至关重要,是

---

① 河北省第四次全国经济普查数据、河北省统计局2019年第四季度文化及相关产业统计季报、部门内部资料。

文化创意产业的核心和关键。从目前看，河北省文化产业的创新型人才数量不多，专业化人才更是凤毛麟角，北京文化创意产业的高度发达对河北省文化创意人才产生"虹吸"效应，造成人才流失；企业"借力"北京人才资源"为我所用"的意识不强，造成河北省专业文化人才短缺。二是文化企业科技创新能力不强。文化企业对先进技术、新模式的开发、应用不充分，尤其是影视制作、工艺设计、动漫游戏、数字文化等原始技术创新能力弱，导致许多文化企业发展举步维艰。三是大型文化企业提质升级迟滞。河北省六大核心领域的大型文化企业提质升级速度较慢，发展方式较为传统，文化创意产品和服务供给能力弱，尚未形成产业链增值的稳定盈利模式，对全省文化产业带动力不强。

（四）区域文化产业发展不平衡，文化大市、文化强县数量少

从世界文化产业走势看，发达国家和先进地区均把信息技术、数字技术、人工智能等先进科技广泛应用到文化领域，加快发展文化创意、新媒体、动漫游戏、数字文化消费等新业态，改变了传统文化的商业模式，并为地区经济发展做出了重要贡献。从河北省来看，文化企业主要集中在石家庄、保定和廊坊三个地区，占全省的比重接近50%，其他地市数量偏少，张家口、承德、衡水等市文化产业整体发展水平不高，不具有优势。尤其是张家口作为2020年冬奥会筹办城市，对全市文化产业的带动效应还不明显。从市域来看，各地尚未形成良性的竞合机制，企业间分工合作的生产模式不够完善，产业发展"散、小、弱"，极大地抑制了整体竞争力的提升。文化产业外向度不高，2020年第三季度，全省规模以上文化企业港、澳、台及外商投资企业共23家，占全部规模以上文化企业的比例仅为1.7%，企业营业收入占全部规模以上企业营业收入的比重为5.1%，文化产业"走出去"能力仍有待提升。

四 发展思路与建议

新时期，要坚持以习近平新时代中国特色社会主义思想为指导，深刻把握当前文化产业新趋势、新特点，围绕满足人民群众日益增长的美好生活需

要,深入贯彻省委、省政府"三六八九"工作思路,坚决克服疫情影响,运用全产业链思维发展现代文化产业,全面提升文化产业发展质量和水平。

(一)以文化供给侧结构性改革为主线,激发文化产业发展活力

习近平总书记指出,"要深化文化体制改革,完善文化管理体制,加快构建把社会效益放在首位、社会效益和经济效益相统一的体制机制"①。统筹好事业与产业、政府与市场、国内市场与国际市场的关系,推动体制机制改革,增强国有文化和旅游企业的活力,深化人才体制机制改革,切实转变发展方式,推动增长方式由资源要素驱动向资本和技术驱动转变,积极融入国内国际双循环的新发展格局。河北省要充分发挥各成员单位职能,加强全省文化产业发展规划、政策创新、公共服务平台建设和重大项目推进等具体事项的协调工作,建立文化产业发展各部门横向协调常态化机制,整合提升文化资源配置效率。

(二)积极培育消费新热点,做大文旅消费市场量级

一是扩大消费城市试点。开展文化和旅游消费试点、示范城市创建。推广石家庄、廊坊两市国家级文化旅游消费试点城市经验做法,支持石家庄、廊坊争创首批国家文化和旅游消费示范城市。支持唐山等市争创国家级文化和旅游消费试点城市。二是培育消费新业态。打造出版印装产业集群,支持石家庄、廊坊、保定、唐山、沧州等地做强出版印装产业,打造一批出版印刷重点园区(基地),创新研发数字文化装备产品,支持发展基于文化功能的智能机器人、3D打印设备、文化资源数字化采集保护、AI芯片等高端装备,推进沉浸体验、智能交互、舞台演艺设备、电子竞技装备等数字文化装备研发与示范应用,开发智能视听、柔性显示、可穿戴设备等智能化文化消费终端产品,满足多元化市场需求。三是鼓励引导居民消费。顺应消费升级

---

① 《习近平提出,坚定文化自信,推动社会主义文化繁荣兴盛》,新华网,2017年10月18日,http://www.xinhuanet.com/politics/2017-10/18/c_1121820800.htm。

新趋势，提升传统消费，培育新型消费，实施"文化消费提振"行动，加快推出一系列特色惠民活动，举办以"文旅夜经济"为主题的消费季活动，在全省开展夜游、夜娱、夜食、夜购、夜宿、夜健等特色夜经济消费活动。

（三）壮大文化市场主体，加快文化产业集群化发展

一是围绕重点产业领域，培育一批冀字号龙头骨干文化企业和大型文化集团。大力开展省级"知名文化企业30强"推荐评选认定工作，加快培育具有品牌、创新、规模等特色优势的骨干文化企业。支持具有综合实力的文化企业进行跨地区、跨行业兼并重组，打造具有较强竞争力和影响力的百亿级骨干文化企业。推进国有文化企业的战略重组和股份制改革，培育一批竞争力强的国有或国有控股文化企业（集团）。鼓励中小文化企业向"专、精、特、新"方向发展，支持有潜力的中小文化企业上市。扶持文化领域创新创业，完善企业孵化器、众创空间、公共服务平台建设，支持互联网创业平台、交易平台等新型创业载体发展，形成富有活力的文化企业集群。二是建立全省文化产业园区和基地常态化监测机制。加强对现有产业园区和基地的摸底，按照发展特色进行分类管理，以园区提升引导高端要素集聚，进一步完善园区公共服务功能和发展环境，促进文化产业园区和基地的业态和层级提升。依托省级文化产业园区和示范园区认定工作，积极争创国家级文化产业示范园区基地，将产业生态良好、发展特色明显、服务配套相对完善，具有较强发展潜力的文化产业示范园区尽快纳入国家级文化产业示范园区创建名单；将尚不符合条件，但发展势头较好、文化特色明显的园区纳入后备培育库，形成梯次培育体系。

（四）突出创意创新，大力发展数字文化产业

一是坚持内容创新驱动，打造"燕赵文化超级IP"。依托河北省长城国家文化公园、大运河文化产业带、特色文化小镇建设，强化内容创新和场景塑造，打造体现河北省传统文化符号的古长城、大运河、文化小镇系列IP，带动文化创意设计、数字信息、文化旅游等链条产业快速发展。以"90后""00后"群体消费需求为导向，打造"游戏类""影视类""文娱类""网

红类"系列IP，推动衍生品的研发、生产及推广。依托河北省钢铁、动车等制造业优势，聚焦产业链前端研发设计、后端营销推广环节的设计，开发相关衍生品，将现代文化元素与工业相融合，形成具有河北省特色的文化创意IP。二是坚持科技创新驱动，打造"1—2—5—N"文创产业模式。构建数字文化产业发展体系，重点发展数字出版、数字融媒与传播、数字文化内容、数字影视、数字文化装备及终端、智慧体育健身、智慧文旅娱乐等七大领域，以石家庄、唐山、保定、邯郸等中心城市为重点，按照"一园区、一主业、一精品"的思路，加快推动各类高开区、经开区、文化产业园区培育壮大科技文化企业，以集中打造一个文创产业园区为突破，依托高新区和文化产业园区形成两大集聚区，瞄准动漫游戏、数字文化、创意设计、大数据应用、电子商务五个细分领域，带动N个文创公寓、文创楼宇、文创公园、文创基地同步发展。三是创新公共数字文化服务。大力发展基于5G等新技术应用的数字服务类型，建设支持多业务形态、多屏互动、基于安全可控操作系统的数字服务移动终端和应用场景，广泛采用"订单式""菜单式""预约式"服务模式，丰富群众精神文化生活。

（五）运用全产业链思维整合文化资源，打造"三大链条"

一是以"强链""补链"为抓手，重塑产业链。加快推进新闻广电、出版传媒、演艺等"国"字头文化企业"强链"，对上下游企业兼并重组，强化新技术研发应用和打造影视、演艺精品，重点抓好电影、电视剧、纪录片、网络剧、微视频等的创作生产，打响一批大型综艺节目和演艺新品牌。加快制造业"补链"，围绕制造业细分行业，大力发展建筑设计、智能设计、时尚设计、品牌设计、新媒体和体验交互设计等产业，加强产品和关键性零部件的外观、材料、结构、功能和系统设计，推动传统制造向"智能型制造、服务型制造"方向发展。二是"多点驱动"，做强文化创意产业供应链。围绕石家庄、廊坊、保定等动漫游戏企业集中的城市，加快建立数字文化、动漫游戏、文娱电商产业园区和基地，整合行业资源，集投资、管理、推广、交易、营销渠道、服务于一体形成供应链。以石家庄、唐山、邯

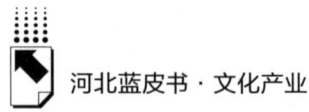

郸为中心，做强娱乐产业供应链，促进发展 UGC、PGC 等内容创作模式，支持研发原创内容、移动内容、热点内容、高清内容等创新内容产品，提升在线文娱产品供给水平。三是多领域拓展，形成"文化+"合作链。抢抓国家重大战略机遇在河北省集中落地的有利时机，以张家口、雄安新区、河北自贸区片区为重点，开展张家口冰雪产业"文体旅商"融合发展示范城市建设、雄安新区文化产业创新示范区建设、自贸区文化与科技融合发展示范基地建设，打造区域经济增长点。

（六）出台 N 项政策"组合拳"，形成精准对接服务机制

完善河北省文化产业发展政策，细化工作举措，加强对重点行业、文化新兴业态、文化消费引导、文化产业园区发展等领域的支持。加大文化产业扶持资金投入力度，对文化创意产业重大、关键和基础性项目给予优先支持，对支持创新创业的民营文化企业给予倾斜。加强智库建设和专业化咨询服务，实现智库思想创造、优秀成果传播、高端智库人才聚合、智库研究与决策需求的精准对接。加强文化产业形势分析和预判，完善文化产业统计指标体系，建立全省文化产业单位名录库，定期发布数据，实现精准统计和动态管理。

宏观透视
Macro Perspective

B.2 促进河北省文创产业市场主体高质量发展研究

姚胜菊*

摘　要： 市场主体是文创产业发展的基础和根本，文创产业的高质量发展有赖于市场主体的高标准、高水平运营。通过对河北省文创产业市场主体进行系统地研究分析，我们认为全省文创产业发展存在的主要问题是综合发展水平不高、龙头文创企业实力不足、数字技术及互联网技术向文创企业的渗透力不强，应该从优化文创产业结构、壮大龙头企业队伍、促进数字化文创企业发展等三个方面加大工作力度。

关键词： 文创产业　市场主体　高质量发展

---

* 姚胜菊，河北省社会科学院经济研究所研究员，主要研究方向为民营经济、区域经济、宏观经济。

市场主体是文创产业发展的基础和根本，文创产业的高质量发展有赖于市场主体的高标准、高水平运营。2020年12月初，由中央财经大学等机构联合研究编制的《中国文化产业高质量发展指数（2020）》对外发布，这是第二届发布这一指数，对我国区域文创产业发展做出了比较权威、客观的评价，位列前几名的省市与2019年相比保持稳定，北京、广东、浙江、上海、江苏继续位居前五，总分增幅在前五的省区依次是山西、新疆、海南、青海、西藏。在全国各省区市排名上，2020年河北省列第20位，与2019年持平，与河北省综合经济水平在全国的排名相比还有一定差距，文创产业的未来成长空间较大。

一 河北省文创产业市场主体高质量发展中面临的制约因素及根源分析

为了较为系统地分析河北省文创产业市场主体的发展情况，我们从宏观经济数据分析、龙头文创企业发展概况、高端技术手段与文创企业的融合这三个方面找差距、探根源。

（一）河北省文创产业综合发展水平有待提升

1. 河北省文创产业市场主体数量不多、层次偏低

2019年，河北省规模以上文化及相关产业法人单位数量为1432家，占全国的2.3%，在全国排名第15，只占数量最多的广东省的14.7%，分别占江苏、浙江、北京、湖南、福建、上海、河南等省市的19.6%、27.9%、29.6%、38.7%、40.5%、45.9%、49.9%，均不及前8名的一半[1]，差距较大。按照国家统计方法，文化及相关产业法人单位又细分为文化制造业、文化批发和零售业、文化服务业三类，河北省规模以上文化制造业企业数量

---

[1] 国家统计局社会科技和文化产业统计司、中宣部文化体制改革和发展办公室：《中国文化及相关产业统计年鉴2019》，中国统计出版社，2019。

在各省市中排名第10,文化批发和零售业在全国排名第14,文化服务业在全国排名第16。由此可见,河北省文创产业中附加值较低、处于价值链低端的文化制造业是文创产业的主体力量,而附加值较高、处于价值链高端的文化服务业在全国的占比不高,文创产业整体效益有待提升。

2. 文化制造业作为河北省文创产业的基础与强项,其整体情况不尽如人意

河北省与近两年整体经济发展势头强劲的四川、福建、湖南、安徽、湖北相比,2019年,河北省规模以上文化制造业企业单位数分别相当于这几个省的108.2%、37.3%、40.1%、56.5%、64.2%,年末从业人员数分别相当于这几个省的61.8%、20.5%、25.1%、49.5%、48.5%,资产总计分别相当于这几个省的38.5%、34.8%、46.1%、39.4%、43.5%,营业收入分别相当于这几个省的27.0%、14.7%、23.9%、35.7%、28.9%,应交增值税分别相当于这几个省的32.1%、21.8%、26.2%、31.9%、23.7%[①],除了企业单位数比四川的多一些以外,其他指标均差距较大(见表1)。所以,河北省近年来发展速度落后于其他省份,并不是偶然的,而是在许多指标上都出现了滞后,应该说,是诸多方面因素叠加的结果。

表1 2019年相关省份规模以上文化制造业发展情况

地区	企业单位数(个)	年末从业人员数(人)	资产总计(万元)	营业收入(万元)	应交增值税(万元)
河北	544	67656	5397797	5178130	111372
四川	503	109497	14028098	19198825	347390
福建	1459	329541	15492545	35208830	510600
湖南	1355	269737	11716044	21647331	425114
安徽	963	136812	13706652	14492630	349101
湖北	848	139395	12394985	17902283	470385

资料来源:《中国文化及相关产业统计年鉴2019》,中国统计出版社,2019。

---

① 国家统计局社会科技和文化产业统计司、中宣部文化体制改革和发展办公室:《中国文化及相关产业统计年鉴2019》,中国统计出版社,2019。

3. 文化批发和零售业作为第三产业、文化流通的核心板块，其差距也极具代表性，与区域第三产业偏弱有异曲同工之处

同样，将河北省与四川、福建、湖南、安徽、湖北相比，2019年，河北省规模以上文化批发和零售业企业单位数分别相当于这几个省的89.1%、49.6%、51.2%、61.0%、46.7%，年末从业人员数分别相当于这几个省的91.3%、104.0%、69.9%、102.9%、68.2%，资产总计分别相当于这几个省的26.9%、43.8%、78.3%、38.4%、52.6%，营业收入分别相当于这几个省的32.2%、18.6%、52.4%、38.5%、44.4%，应交增值税分别相当于这几个省的41.2%、19.7%、19.9%、27.8%、15.4%[1]，在这些指标中，只有年末从业人员数多于福建和安徽，其他数值均较低，尤其是最能体现经济效益的应交增值税，差距最大（见表2）。年末从业人员数差距不大，而效益差距较大，这充分说明，河北省文化批发和零售业的可持续发展后劲不足，不利于良性发展。

表2　2019年相关省份规模以上文化批发和零售业发展情况

地区	企业单位数（个）	年末从业人员数（人）	资产总计（万元）	营业收入（万元）	应交增值税（万元）
河北	271	15427	1633333	1946645	9854
四川	304	16904	6079956	6053747	23915
福建	546	14833	3725959	10490915	50008
湖南	529	22056	2085333	3711551	49493
安徽	444	14996	4253576	5054529	35415
湖北	580	22607	3104867	4382658	63892

资料来源：《中国文化及相关产业统计年鉴2019》，中国统计出版社，2019。

4. 文化服务业作为区域文创产业附加值最高的板块，也是文创产业高质量发展的风向标，这方面河北与其他省份的差距更应引起高度重视

2019年，河北省与四川、福建、湖南、安徽、湖北相比，规模以上文

---

[1] 国家统计局社会科技和文化产业统计司、中宣部文化体制改革和发展办公室：《中国文化及相关产业统计年鉴2019》，中国统计出版社，2019。

化服务业企业单位数分别相当于这几个省的 58.2%、40.2%、34.0%、65.2%、43.5%，年末从业人员数分别相当于这几个省的 55.6、62.3、54.2%、82.2%、26.0%，资产总计分别相当于这几个省的 63.1、109.4、70.3、81.5、37.4，营业收入分别相当于这几个省的 22.9%、29.3%、28.4%、38.4%、14.4%，应交增值税分别相当于这几个省的 21.3%、53.0%、55.6%、60.7%、17.9%[①]，除了福建的资产总计少于河北省以外，其他五个省份的各项指标均高于河北省（见表3）。这说明，河北省与近年来整体经济发展较快的四川、福建、湖南、安徽、湖北的文化服务业发展相比，文创产业对区域经济的整体支撑能力较弱。

表3 2019 年相关省份规模以上文化服务业发展情况

地区	企业单位数（个）	年末从业人员数（人）	资产总计（万元）	营业收入（万元）	应交增值税（万元）
河北	617	70253	15761382	2479544	79267
四川	1060	126389	24985180	10833101	371647
福建	1533	112849	14412005	8464098	149559
湖南	1817	129530	22406424	8744075	142474
安徽	946	85457	19341643	6457433	130533
湖北	1417	270674	42131677	17248349	442944

资料来源：《中国文化及相关产业统计年鉴2019》，中国统计出版社，2019。

（二）龙头文创企业实力不足，河北省文创产业龙头企业与国内知名文化企业的差距明显

1. 河北省文创企业在全国文化企业30强中实力偏弱，数量与结构都有所欠缺

我国自2008年开始评选"全国文化企业30强"，至今已评选了十二届，直到2014年第六届评选中，河北省文化企业才实现了零的突破，河北出版传媒集团公司榜上有名。此后，在第七、第八、第九届评选中，河北出

---

① 国家统计局社会科技和文化产业统计司、中宣部文化体制改革和发展办公室：《中国文化及相关产业统计年鉴2019》，中国统计出版社，2019。

版传媒集团公司连续四年入选，而且曾一度上升到出版发行类的第三名（2016年第八届），但自2018年至今，河北省文创产业再无企业入围。除了出版发行类企业之外，在文化艺术类、广播影视类、文化新业态类、文化科技类等板块中，河北省也一直处于空白状态，这与其文化资源大省的地位很不相称。尤其是在方兴未艾的众多文化新业态类别中，不仅北京、上海、广东等文创产业传统省市的文化企业表现突出，而且福建、陕西、安徽的文化新业态企业发展势头强劲，在这方面，河北省短板制约比较明显。

2. 河北省大型文创企业缺乏上市公司

到2020年上半年，我国已经有200多家文创企业在深交所和上交所的主板、创业板上市，广东成为文创产业上市企业最多的省份，占全国上市企业总数的近17%，而河北省却寥寥无几，在综合排名中位列第25；在新三板市场中，2019年河北省文化产业营业收入在各省市中排名第13①，表现不够突出。从其他省市来看，东方明珠新媒体股份有限公司、中南出版传媒集团股份有限公司、北京光线传媒股份有限公司、宋城演艺发展股份有限公司、完美世界股份有限公司这些同行业中的翘楚均实现了上市经营，其上市的过程也是深度建立健全现代企业制度的过程，上市后企业的开放性为其发展赢得了大量商机，在企业融资、开拓市场、赢得社会认可等方面都占了先机。对于文创企业来说，由于其消费需求刚性较弱，其市场占有率的提升更有赖于加大宣传力度，文创企业上市无疑是扩大知名度的有力手段。文创企业上市与企业做大做强是互为促进、互为因果的，文创企业上市客观上需要企业做优，而企业做大做强又需要通过上市等融资手段获得更大规模的资金支持。

3. 河北省的文创企业创新能力不足

文创产业是创意产业，更是内容产业，是一个需要不断创新、不断拓展的行业，缺乏创新，企业发展就会停滞不前，也可以说企业发展会变为空谈。河北省文创产业研发投入不足，专利授权数量不足且专利授权结构不优。根据《中国文化及相关产业统计年鉴2019》，2018年，河北省文化及

---

① 杨涛、金巍：《中国文化金融发展报告（2020）》，社会科学文献出版社，2020。

相关产业专利授权总数为2184项，在全国各省市中排名第15位，占广东省的4.4%、占江苏省的13.7%、占浙江省的13.9%、占北京市的27.2%、占山东省的32.6%、占福建省的38.8%、占上海市的41.9%、占河南省的53.6%、占四川省的56.6%、占江西省的62.1%、占湖北省的78.2%、占安徽省的78.5%、占湖南省的82.5%、占陕西省的96.2%，河北省专利授权数量较少；从专利授权结构方面分析，河北省发明专利、实用新型专利、外观设计专利三类之比为5.8∶50.2∶44.0，而广东省的三类专利之比为10.1∶39.2∶50.7，江苏、浙江、北京、山东、福建、上海等省市的发明专利占比也都在10%以上，北京市甚至达到40%，专利技术的含金量明显高于其他省市，河北省与之相比差距较大。

4. 河北省文创企业多元化经营不够

文创产业是一个庞杂的产业类型，具有极强的衍生性和拓展性，文创产业内部各细分行业之间具有较强的关联性，因此，文创企业实现多元化经营势在必行，文创产业多元化经营的成功范例也不在少数。江苏凤凰出版传媒集团有限公司连续多年在"全国文化企业30强"中占据一席之地，产业领域不仅涉及传统的图书出版发行、报纸及书刊印制等板块，而且广泛涉足由文化产业派生的众多新兴板块，如酒店、投资、地产等，其在全国同行业的领先地位进一步彰显。2019年，其旗下的凤凰传媒、现代快报、资产公司、凤凰酒业等众多公司的利润和营收表现突出。同样，湖南出版投资控股集团在根植主营业务的基础上，又在工程管理、物业管理、生物技术等领域成立了经营公司，使湖南出版投资控股集团的经营规模居国内同行业前列。而河北省文化企业多元化经营意识和创新能力相对欠缺，仍然主要围绕图书、报刊、音像制品、电子出版物出版、印刷等传统业务展开，挖掘资源潜力的能力不足，习惯于围绕自己熟悉的领域开展工作，新领域涉足较少。

（三）数字技术及互联网技术向文创企业的渗透力不强

1. 河北省数字化基础设施建设还不能满足文创产业转型升级的需要

在"数字化＋文创产业"推进较快的省市，信息数字化和互联网技术对文创产业的创意、设计、制作、传播和营销等各个环节的介入程度日益提高，最新互联网技术的软硬件开发成果也被大量、快速地应用于广告、多媒体、游戏及卡通等领域，数字化基础设施建设的水平极大地推动了各地文创产业的发展质量与速度。河北省在以上方面存在一定的差距，根据中国电子信息产业发展研究院《2019年中国数字经济发展指数》，河北省数字经济发展指数为27.7，比全国平均水平（32.0）低了4.3，在各省市中排名第16，比名列第一的广东省低了41.6，比同处一个区域的北京市低了28.8，均不及这两个省市的一半，未能实现河北省设定的发展目标。从基础指标、产业指标、融合指标、环境指标等4个分项指标分析，基础指标方面，河北省排名第10位，与四川、辽宁相当；产业指标方面，河北省排名第19位，与贵州、广西接近；融合指标方面，河北省排名第18位，与吉林、贵州相当；在环境指标方面，河北省排名第17位，与广西、宁夏差不多。总之，河北省数字化基础设施建设仍有待加强，信息化综合能力还不足以支撑当前及今后河北省大数据、智能化、移动互联网、云计算支撑文创产业大发展的需要。

2. 文创产业引进数字技术的积极性还不高

河北省数字化与文创产业融合发展起步滞后，数字文化资源不足，数字文化产品缺少创意、科技含量较低，导致新兴文创产业发展滞后，信息数字化和互联网技术对传统文创产业改造和提升的效果不明显，互联网对文创产业发展的巨大推动力没有被挖掘出来。通过手机、网络等传播渠道，那些主要面对年轻消费群体的现代传媒方式的信息传输内容丰富、速度惊人，而面对快速发展的新兴媒体，传统传播渠道总是慢半拍，对新兴媒体的迅速发展应对不够，这必然导致了大部分用户转移到新兴媒体上。缺乏数字技术与文创产业融合的软硬两方面载体，软载体上缺少文创品牌，硬载体上缺少骨干企业，文创产业集群的发展也缺乏亮点，文创产业基地和产业园区在同行业中知名度不高，对周边企业及区域的辐射带动作用有待增强。"数字化+文创产业"发展的总体规模小，层次仍然较低，新兴文创产业规模较小。

3. 网络侵权制约了数字技术对文创产业的助推作用

内容产品的质量始终是决定产业和市场发展水平的关键,而数字化文创产业发展的"定心丸"是产权保护。从文创产业发展的普遍规律来看,数字技术大规模渗透,文化产品的研发与市场化成本高、投入大,但复制成本低、易模仿,这就使文创产业成为知识产权侵权的重灾区,极易受到知识产权纠纷的困扰。若知识产权未及时获得有效保护,创意主体合法权益很难得到保障。若创意主体缺少收益,原创动力将逐步弱化,进而遏制文化创意产业的持续发展。保护网络版权、培育正版消费理念在激发内容创作活力上至关重要,但在这方面河北省还有较大完善空间,无论是消费理念的灌输还是优化市场秩序的举措都有待强化。文学、音乐、影视等主要文化创意产品版权遭盗版和抄袭等侵权问题频发,保护缺位和监管薄弱问题凸显。

二 推进河北省文创产业市场主体提质增效的对策建议

为了推进河北省文创产业市场主体的良性发展,应该在优化文创产业结构、壮大龙头企业队伍、促进数字化文创企业发展三个方面加大力度。

(一)优化文创产业结构,提升高附加值板块的占比和发展空间

1. 在继续壮大文化制造业的同时,不断提高文化服务业的占比

文化服务业是指专门从事各种文化工作的服务部门,其兼具服务业、文化产业的属性和特点,具有高知识性、高增值性、高融合性、高渗透性和联动性的特点。从全国来看,2019年,我国文化服务业发展较快,文化服务业营业收入增速为12.4%,分别比文化制造业、文化批发和零售业快9.2和8.0个百分点;占比为40.6%,比2018年提高了2.0个百分点。[①] 河北

---

① 林火灿:《2019年全国规上文化及相关产业企业营业收入平稳增长》,中国经济网,2020年2月14日,http://www.ce.cn/xwzx/gnsz/gdxw/202002/14/t20200214_34264996.shtml。

省应加快推进步伐，借助现代信息技术的最新手段提高传统文化服务业的能力与水平，提高文化服务业的内涵与质量，使文化服务业的发展实现良性可持续提升；立足于使用最新科技手段、瞄准高品位的文化立意、面向广泛的文化受众群体，建立起集约化的文化创意产业集群；通过点、面、网的形式拓展文化服务业产业链，通过文化服务业的丰富与发展，使文创产业的整体水平得到实质性的改善。

2. 加强文创产业市场主体的多元化经营和融合发展

河北省文创产业应以大型文化企业为龙头，积极探索多元化经营和产业内部及文创产业与其他产业的融合发展。以传统的出版传媒集团公司为例，网络信息技术的普及，使传统的出版传媒产品通过新技术、新形式衍生出大量新产品，与新兴媒体的融合创造出众多的市场商机。未来出版传媒企业将面对多元化的、个性化的文创产业市场需要，其产生的马太效应不可估量。具体而言，应该坚持"过硬的内容是企业的立企之本、平台建设是企业繁荣的基础"这一原则，充分立足于河北省丰富的文化资源，深入学习、引进并发挥新兴媒体在科学技术、发展路径及思维方式上的优势，将新型出版传媒产业链做大、做强。

3. 打造知名文化品牌

大型文创企业的成长过程就是其文化品牌拓展市场、发展基础日益雄厚的过程，两者互相促进、互为条件和因果。大型文创企业在文化市场上站稳脚跟有赖于自己的文化品牌，没有成熟、稳固文化品牌的文化企业是没有生命力的。品牌化经营体现了文化企业的核心竞争力，是文化企业参与社会竞争并取得竞争优势的重要武器。尤为重要的是，在文创产业互相模仿、借鉴盛行的时代，品牌化经营能够在一定程度上保护创新者及创新团体的商业利益，成功的文创品牌不仅能对一个产业的发展起到繁荣促进作用，还会进一步带动一个产业链的做大做强。因此，经营好企业的文创品牌，是文创企业得以持续发展的重要法宝。对河北省来说，一是对区域内的现有文创品牌进行等级划分，将指标分为若干层级，对文创品牌的打造、经营和维护情况进行量化，最后进行综合评价，按不同的等级进行差别化扶持、推进，形成创新型的文创产业管理机制。二是加大文创品牌保护力度，多方面、多角度地对文化品牌附着的权益，在法律上加以明确和界定，并采取有效的手段进行保护。

（二）推动河北省大型文创企业成长壮大

1. 进一步深入推进国有文化企业体制改革

近年来，我国一批文创企业在探索股份制改革方面积累了宝贵的经验，到2019年底，全国出版传媒业上市公司已达38家，江苏凤凰出版传媒集团有限公司、中南出版传媒集团股份有限公司、中文天地出版传媒股份有限公司等都通过上市融资实现了跨越式发展[①]，企业规模和实力迅速壮大，公司资产总额、营业收入和所有者权益均超过百亿元，进入了"三百亿"公司阵营。例如，近年来，江苏凤凰出版传媒集团有限公司综合实力稳步提升，2019年，集团营业收入达188.2亿元，同比增长3.7%；资产总额达570亿元，同比增长3.8%；净资产达362.88亿元，同比增长12.76%。[②] 混合所有制改革是文创企业做大做强的一个重要途径，它既能盘活国有文化企业的资产，又能发挥民营文化资本的活力。因此，基本完成转企改制的国有文创企业，要逐步完善现代法人治理结构，可以通过上市加快健全与文创企业相适应的各项基本制度和运行机制，成长为规范的市场主体。积极推进文创企业的股份制改革，通过股份制改革实现文创企业的快速发展。

2. 做好重点文创企业的中长期发展规划

2021年是新历史时期的开端之年，文创产业发展也站在了新起点、面临着新任务，在抓紧制定全省文化产业发展规划的基础上，对省内重点文创企业也要进行系统规划和分类谋划，对重点文创企业，特别是骨干文创企业

---

① 贾靓琨、张晓斌：《出版发行上市公司经济竞争力比较》，《出版发行研究》2013年第10期。
② 《社会效益经济效益双丰收》，中国经济网，2020年11月19日，http://www.ce.cn/culture/gd/202011/19/t20201119_36026143.shtml。

及新闻出版、广播电视、文艺演出等行业的支柱企业要以制定中长期规划为契机，抓紧研究绘制与全省整体文化产业发展规划相衔接的企业自身的发展蓝图，厘清思路、明确方向、突出优势、选好重大建设和开发项目，确保文创产业市场主体持续健康发展。

3. 大力推进文创企业打破地区、领域、所有制的界限进行资源优化整合

在传统的文创产业管理体系中，各行业分工划界明确、严格，各行业跨界经营受到较大限制，资源流动的不活跃，影响了文创产业的快速发展。为此，我们需要打破地区桎梏和行业壁垒，充分激活文创要素，建成拥有自主知识产权和核心竞争力的大型文创产业集团，在规模化扩张、集约化经营和专业化协作中实现文化资产和产业资本的合理流动与优化配置，避免区域性、部门性资源的分割、散置，全方位盘活和激活存量资源。利用市场配置文化资源的作用引导文化资源和要素向优秀企业适度集中，培养一批文创产业骨干企业和战略投资者。同时，以空间集聚的形式，吸引文创产业的人流、资金流、技术流、信息流的汇聚，整合文化资源和资本资源，促进龙头企业的资本聚合和资产聚合，延伸产业链，推动文创产业龙头企业茁壮成长。

4. 对文创企业实行股份制改革

股份制改革是当前规模文创企业实现跨越式发展的一个重要途径。大型股份制文化企业集团的企业内部组织形式可以呈现出环形结构，集团内部的核心子公司通过互相持股结成较为稳定的利益联盟，每一个核心子公司又可以通过持股关系与一批中小文化企业结成稳定的联盟。在母公司集团内部，子公司可以参股渗透中小文化企业之中，以利于掌握中小企业的生产和发展，省里只对为数不多的文化产业母公司进行指导和必要的控制，这有利于宏观经济管理部门对全省的文创产业进行整体调控。文创企业之间可以互相持股形成具有紧密关系的文化企业集团，通过法人之间相互持股组成的公司制文化企业，不仅为优势文化企业兼并劣势文化企业提供了便利条件，而且为大型文化企业之间的联合创造了必要条件。

（三）促进数字技术在文创产业市场主体中的运用

1. 加强数字产业基础设施建设对文创企业转型升级的支撑能力

数字文创产业的快速发展必须有数字基础设施建设做坚实后盾。首先，重视数字技术推进管理部门、文创产业及区域之间的衔接与协同，系统推进文创产业数字化发展所面临的协同规划、合作共赢、偏差纠正等问题，推出数字技术与文创产业融合发展的路径、模式和标准，形成数字化文创产业大发展的良好氛围。其次，在重点城市、重点区域、重点企业进行先期投入试点，加快数字化基础设施建设，打造数字化文创产业发展的样板，将此培育成文创产业发展的排头兵，达到带动文创产业大发展的良好效果。最后，在创新基础设施领域，利用数字技术建设一批文创产业孵化中心和产业公共服务平台，建立文创产业信息数据库和专家库，用数字化手段为文创产业发展储备丰厚的资源，积聚内生动力。

2. 制定有利于数字化文创产业发展的公共政策

对数字技术推动文化创新体系建设的各方面、各层次、各种要素进行统筹考虑，设计相应政策切实推进文化创意生态圈的形成，主要从宏观规划、战略指导和总体部署的顶层设计上加以推动。一是注重顶层设计。要充分利用国家关于数字化战略规划的相关政策，制定符合河北实际的《数字化文创产业发展行动方案》及相关发展政策。深化文化管理体制改革，建立并完善领导小组或文化产业委员会的职能，统揽数字化文创产业发展的规划和管理，加强统筹协调。建立部门之间、部门与地方之间政策协调联动机制，建立政策措施落实情况的督查督导机制，确保各项政策措施落到实处。二是资金支持政策。对数字化文创产业项目进行重点支持，文创产业引导资金等专项资金的支持重点向数字化应用方面倾斜，引导文创产业稳步踏上数字化的发展轨道。三是优化产业布局。将互联网企业和文创产业较集中的集群和园区培育成数字化文创产业示范区，利用产业集群的集聚优势，提高数字技术在文创产业中的应用水平。鼓励全省各地区根据本地资源的特点发展数字化文创产业。四是做强市场主体。重点支持一批有影响的互联网企业和大型文创企业，培育壮大一批有潜力的本土数字文创企业，鼓励一大批自主创新创业的中小微"数字化+文创"企业，形成文创产业的技术领先区、人才集聚区和创新创业区。五是建设人才队伍。鼓励高校、文化企业、数字化企业的人才互动，文化企业要积极为数字化专业院校的学生提供实习机会和创业基地，让数字化专业技术人才熟悉文创产业，也向文创产业灌输数字化思维。要发挥社会力量构建立体化的培养体系，并着力培养拥有终身学习能力、创新思维能力、跨专业、符合数字时代需求的文创产业人才。

B.3
新时期河北省文化产业高质量发展的重点与路径

边继云*

摘　要： 当前，在新一轮科技革命和高质量发展的需求下，文化产业发展出现了结构性和动力机制变化的新趋势。在全新的发展趋势下，河北文化产业既面临产业发展活力和发展空间充分释放的有利机遇，也面临产业结构低端化和整体发展水平滞后的发展挑战。在此背景下，深化文化领域供给侧结构性改革，实施文化产业数字化战略，推动文化产业融合发展，优化文化产业布局，打造多层次品牌体系和贸易格局，为文化产业高质量发展提供空间成为河北文化产业高质量发展的重要路径。

关键词： 文化产业　高质量发展　河北省

一　新时期文化产业发展面临的新形势

党的十九大的召开，标志着我国进入了高质量发展的新时代，文化产业发展面临的形势和要求也随之发生改变。

---

* 边继云，河北省社会科学院经济所研究员，河北省政府特殊津贴专家，主要研究方向为产业经济、宏观经济、科技创新政策与评估。

（一）文化产业呈现结构性变化，数字化、融合化发展推动文化产业结构不断演化

近年来，随着互联网技术的普及及应用加快，文化产业的数字化发展也呈现出爆发式增长的态势，并成为催生文化新业态、推动文化产业转型升级的核心力量。如，故宫博物院的"云游故宫"、无锡和镇江的"360°VR全景导览系统"、重庆的24小时"云游重庆"、敦煌文化数字创意等都是基于数字技术发展而出现的文化新业态。与此同时，文化产业的融合化发展趋势日益凸显。"文化+科技""文化+金融""文化+互联网"等使"隔行如隔山"的行业间壁垒逐步消除。且在文化的强渗透与强辐射性下，实现了文化与工业、农林、科技、旅游、建筑、广告等的深度融合发展，在整个经济转型升级的过程中发挥着越来越重要的提升、促进作用。

（二）文化产业发展的推动机制发生转变，市场的决定性作用逐步显现

文化产业发展机制的日趋成熟以及人民群众对文化产品多样性需求的不断提升，使文化产业发展的基础和推动促进机制也发生了转变。目前已由以产业政策推动为主、以市场内生动力为辅的阶段，走向以开放市场和调动市场内生动力为主、以产业政策干预推动为辅的新阶段。与此同时，中央文化产业资金的支持方向也在发生变化，由主要支持项目转向主要支持基金，通过基金支持文化企业发展。市场在文化产业发展中的决定性作用越来越凸显。

（三）新文创时代来临，文化创新、文化创意成为文化产业加速发展的助推器

在"互联网+"的大背景下，以文化为杠杆的创造与创新成为大数据时代成倍放大的现实价值，文化产业步入了文化创意经济当值的时代。文化基因融合现代科技，深深植入品牌，成为工匠精神的内涵。故宫开发的文创产品以非常时尚和接地气的方式，让"锁在深闺无人识"的馆藏文物"活"

了起来；借力新技术的会动的"清明上河图"、创意仿作的李可染字画等，让广大群众享受到全新的文化盛宴。文化创意已深深融入城市规划建设、特色小镇打造、文化金融升级、网络功能拓展等各个领域。从新技术、新受众、新渠道到新形态，文化产业模式不断创新，创意放大了文化的价值空间，催生了新的消费观念和消费市场。这些新趋势、新特点表明，文化产业的发展动力非常强劲，发展形态非常活跃，发展动能正在转换，我们必须顺应新趋势，推动文化产业的新发展。

二 新时期河北省文化产业高质量发展的机遇与挑战

（一）机遇

1. 中央层面一系列政策文件的出台释放了文化产业的发展活力，筑牢了文化产业发展的制度保障

近年来，中共中央办公厅、国务院办公厅、文化和旅游部先后印发了《关于加强文化领域行业组织建设的指导意见》《文化产业促进法（草案送审稿）》《关于推动数字文化产业高质量发展的意见》等一系列政策文件，从立法支持、新业态发展、行业组织保障等方面扫清了制约文化产业高质量发展的障碍，释放了文化产业发展活力，提升了文化产业可持续发展能力。

2. 河北省一系列重大战略的实施以及产业结构的调整为文化产业的高质量发展提供了空间

当前，京津冀协同发展深入推进、雄安新区加快建设、2022年冬奥会筹办、大运河文化带建设等一系列重大战略的实施为河北文化产业整合文化产业资源、拓展文化产业市场、培育文化企业主体提供了千载难逢的机遇。与此同时，供给侧结构性改革的深入推进，钢铁、煤炭、玻璃等行业过剩产能的强力压减以及"蓝天、碧水、净土"行动的持续实施，有效推进了河北产业结构调整，为文化产业的高质量发展拓展了空间、腾出了大量发展资源。

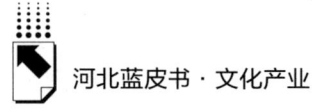

（二）挑战

一是产业结构低端化，适应市场需求的中高端文化供给严重不足。当前，在河北省文化产业九大门类中，占比较高的仍然是文化辅助生产和中介服务以及文化消费终端生产等传统行业，能加速推动文化产业融合发展和市场化运营的创意设计服务、文化投资运营等行业的发展仍然较为薄弱，在整体文化产业发展中占比较低。2020年第三季度，全省文化辅助生产和中介服务营业收入为193.1亿元，占全省文化产业营业总收入的32.5%；文化投资运营营业收入仅为2.9亿元，占全省文化产业营业总收入的0.5%。

二是产业整体发展滞后，产业发展增速与全省增速不匹配，且远低于全国发展平均水平。2019年前三季度，全省文化产业营业收入、营业利润、利润总额、应交增值税与2018年同期相比，分别增长 -8.8%、-13.8%、-14.6%、-10.7%，不仅全面低于全省服务业发展状况，也远低于全省工业八大主导产业发展的增速。与全国相比，-8.8%的营业收入增长速度也远低于全国平均 -0.6%的速度。

三 新时期河北省文化产业高质量发展的重点及路径

（一）深化文化领域供给侧结构性改革，提升文化产业高质量发展能力

1. 优化文化产业结构，扩大优质文化产品供给

一是全力推进文化产业的提升壮大。在全力推进融媒体发展的基础上，大力支持广播电视电影产业加快发展，加快影视精品打造，打造一批大型综艺节目知名品牌；整合全省演艺资源，培育演艺中介机构，推动演艺精品创作生产，提升演艺科技水平，打造一批文化演艺特色品牌；推进文化遗产保护开发，大力发展文博创意产业，推出一批文创品牌，为社会资本广泛参与

研发、经营等活动提供指导和便利条件。二是大力培育发展新业态。重点推动互联网信息服务（文化部分）、增值电信服务（文化部分）、广播电视传输服务、数字动漫和游戏制作、创意广告、专业化设计、娱乐休闲、文化旅游等新兴产业加快发展。大力实施"互联网+"，运用物联网、云计算、大数据、智能科技、3D打印等技术，发展网络视听、移动多媒体、数字创意、动漫游戏、文化创意设计等新型文化业态，努力形成互联网时代的主导产业。三是推动传统产业转型升级。重点推动工艺美术品和特色文化产品生产与销售、文化产品版权服务与印刷包装、文化贸易代理与拍卖、文化会展、文化用品和专用设备的制造销售等行业的提档升级。大力运用创意设计和科技手段创新生产一批能够进入生活、进入市场、时尚化、品牌化的特色文化产品；加快发展高端印刷包装和广播电视传输发射设备、文化体育设备、游艺游乐设备、印刷专用设备、视听设备、舞台灯光设备、办公器材制造等产业，努力打造一批省级乃至国家级文化装备制造基地。

2. 强化文化企业培育，丰富文化产业市场供给主体

制定实施知名文化企业培育计划，规范评选标准、命名办法，通过宣传推广、政策激励等途径，努力打造一批科技水平高、文化含量高、销售收入高的知名文化企业。组织举办重点企业与资本合作对接活动，鼓励企业在各级资本市场挂牌上市，助推文化企业上市融资。推动省级国有文化企业建立健全有文化特色的现代企业制度和法人治理结构，立足做大做强文化产业的主业，进入全国行业领先地位。组织开展民营文化企业专项扶持行动，支持规模以下文化企业向规模以上文化企业发展，支持文化个体工商户向法人单位发展，支持文化产业园区和文化众创空间的发展。紧紧抓住京津冀协同发展、雄安新区规划建设、冬奥会筹办、大运河文化带建设等重大机遇，围绕推动河北高质量发展，谋划推进一批市场效益好、引领作用强的大项目、好项目，培育一批引领型的骨干文化企业和支撑型的文化小微企业。规范省级文化产业示范园区（基地）的创建和评选认定工作，更好地发挥文化产业园区集聚效应，在雄安新区等重点区域打造一批文化创意产业园区，形成优势产业集群。

（二）实施文化产业数字化战略，加快文化产业结构调整

一是依托"新基建"，加快文化产业数字基础设施建设。深入推进"宽带河北"建设，支持公共文化服务机构和文化商业服务企业加快完成场馆智能化和服务数字化的改造升级。建设面向行业通用需求的数据中心、云平台，强化智慧文旅设备及其应用的开发。二是培育新型数字文化产业。加快发展移动多媒体、网络视听、数字出版、知识服务等新型文化业态，将科技进步成果渗透到文化创作、生产、传播和消费各环节。推动5G、云计算、大数据等数字基础设施与文化产业的商业应用场景建设，尤其是云游戏、人工智能的发展和应用。三是推动传统文化产业数字化转型。利用现代数字技术改造提升传统文化产业，推动传统文化产品、文化服务与文化消费数字化转型。推动传统优秀文化资源的数字化进程，打造一批"云展览""云游览""云阅读"的数字化服务品牌和服务样板。

（三）推动文化产业融合发展，打造文化产业新动能与新增长点

大力实施"文化+"，使文化符号、文化理念、文化创意、文化产品等向相关产业渗透，推动文化要素与经济社会各领域向更广范围、更深程度、更高层次融合发展。一是推动文化与科技融合。加强省级文化科技融合示范企业认定，发挥承德市国家级文化和科技融合示范基地的引领带动作用，鼓励文化企业加强核心技术、关键技术攻关，加快科技成果转化。二是推动文化与旅游融合。对接京津旅游需求，打造以休闲度假、创意体验、养生养老为特色的环京津文化休闲旅游产业带；利用红色文化资源，打造西柏坡等红色文化产业综合开发重点区域；聚焦"两山两环两区"（即燕山、太行山，环重点景区、环大中城市，特色产业区和传统村落区）等重点区域，打造一批乡村文化旅游集聚片区。三是推动文化与体育融合。抢抓北京携手张家口举办2022年冬奥会机遇，打造以崇礼为核心、以张家口和承德为支撑的中国冰雪文化体育旅游大区，建设一批集冰雪运动、冰雪娱乐于一体的滑雪教学训练基地、国际冰雪装备基地和冰雪文化小镇，创办冰雪文化节和冰雪

嘉年华。借势冬奥会，推进京张文化体育产业带建设，打造一批具有国际标准的文化体育类项目。扶持推广杂技、武术、太极拳、民俗舞蹈等民间传统运动项目，支持杂技、武术、太极拳、自行车、马拉松等赛事活动的举办，引导形成大众体育消费热点。四是推动文化与工业融合。鼓励大型工业企业依靠文化、科技和创意设计，改造提升传统制造工艺，增加工业产品的文化内涵和附加值。支持现代工业企业开发体验项目，发展工业文化旅游。鼓励利用工业遗存建设文化创意园区，引进专业管理运营团队，将废旧厂区发展成创意园区、创新基地。五是推动文化与农业融合。聚焦乡村振兴战略，推动生态规划、文化创意、艺术设计与乡村特色农业、民风民俗、传统建筑、传统手工艺和地方戏曲等资源深度融合，促进观光农业、体验农业、休闲农业、创意农业快速发展，培育建设一批集农业观光、体验、科教及文化传承于一体的特色文化村镇和特色休闲娱乐农业主题公园。

（四）优化文化产业布局，强化文化产业高质量发展的载体支撑

紧紧抓住京津冀协同发展、雄安新区规划建设、冬奥会筹办、大运河文化带建设等重大战略机遇，围绕推动河北高质量发展，借力京津要素资源优势，加强人才、资本、技术、项目引进和务实合作，布局推进一批市场效益好、引领作用强的大新型合作项目，引进一批创新型文化企业，推动沿海地区、太行山、长城、大运河文化产业带形成特色品牌和联动式产业链条，促进河北省文化产业结构优化升级，以京津冀文化产业协同发展创新为龙头，辐射带动周边地区及冀中南地区文化产业加快发展。与此同时，强化文化产业平台载体建设。一方面，加大骨干文化产业园区培育力度。以国家级、省级重点文化产业园区为载体，推动园区加强公共技术、资源信息、投资融资、交易展示、人才培养、交流合作等公共服务平台建设，提高运营服务能力，发挥产业集聚优势。支持通过重点项目、重点产业提升文化园区发展质量，促进生产要素向园区集聚，使园区成为河北文化产业园区的排头兵。另一方面，拓展文创产业发展空间。依托高校、院所等创新资源及创新空间创办文化科技园区（基地）和创客空间。打破部门条块分割，鼓励工矿企业、

房地产企业等转型投资文化产业，注册成立文化科技、文化创意企业。依托老旧厂房、仓库、工业遗存，通过艺术氛围和专业管理激活文化遗产和工业遗产，形成具有竞争力的文化创意集聚新空间。引进专业管理运营团队，通过"腾笼换鸟"完成空间和产业双升级。

（五）打造多层次品牌体系和贸易格局，为文化产业高质量发展提供空间

1. 建设多层次文化产业品牌体系

对接文化产业区域功能定位，推动文化产业领域品牌园区、品牌地标、品牌企业、品牌活动、品牌产品、品牌人物等的打造，充实河北文化产业品牌内涵，展示河北文化产业整体形象。实施品牌价值提升工程，推动中国吴桥国际杂技艺术节、张北草原音乐节等一批文化节庆品牌，大厂评剧团、鼎盛王朝、印象野三坡等一批文化演艺品牌，蔚县剪纸、京东景泰蓝、冀派微雕、衡水内画、武强"音乐小镇"等一批城市文化品牌规范化、标准化、专业化运作，提高产品文化价值和艺术品位，培育完善冀字文化产业品牌体系。

2. 打造多样化文化贸易格局

聚焦国家"一带一路"倡议，落实国家推进文化"走出去"、提高对外开放水平的战略部署和政策措施，建设一批特色鲜明、集聚度高的对外文化贸易基地，做大做强一批具有国际竞争力的对外文化贸易龙头企业，开发一批具有河北特色、符合国际市场需求的文化产品和服务，打造"河北文化周"等具有较强国际知名度的对外文化品牌；鼓励文化企业借助"河北文化周"、海外中国文化中心、国际文化展会、跨境电商等平台开展业务，把更多具有中国特色、河北特点的优秀文化产品和服务推向世界。加强京津冀对外文化贸易合作，利用河北自贸区、天津自贸区等对外贸易平台，搭建河北省文化产品和服务对外展示销售平台，提高河北省优质文化产品的国际影响力和市场占有率。利用深圳文博会、北京文博会等对外文化交流平台，办好河北特博会、茶博会和石家庄动博会以及各类文化节、文化大集等展示展

销活动，搭建河北名优特文化产品互联网营销平台，建立面向国内外市场的展销体系，将传统"小工艺"做成现代"大产业"。

四 推动河北文化产业高质量发展的保障措施

（一）强化要素供给，筑牢文化产业高质量发展的支撑与保障

一是加快融资体系建设。积极协调、引导金融机构创新信贷方式，针对文创企业轻资产特点，探索开展知识产权、版权、专利、技术等无形资产质押和收益权抵（质）押贷款等业务；积极争取设立文化产业创业投资引导基金、专项投资基金，打造专业化投融资服务平台，创新市场化投融资机制；设立风险投资及担保基金池，为文化企业提供资金担保，畅通融资渠道。二是开辟重大文化产业项目绿色通道。建立重大文化产业项目联动推进机制，从规划、用地、环保、资金、税收、人才、知识产权保护等方面提供重点支持，推动引导重大项目快速落地。三是构建全省文化产业互联网公共服务平台。推动文化产业发展与互联网、大数据融合，建设完善河北省文化产业大数据平台，搭建河北省文化消费云平台，免费为企业和社会公众提供文化消费服务和文化产品交易服务。四是集聚培育文化产业人才。积极推进产学研用，合作培养文化产业人才，探索学历教育与职业培训并举、创意和设计与经营管理结合的人才培养新模式。完善政府、用人单位和社会互为补充的多层次文化产业人才奖励体系，对各类创意和设计人才的创作活动、学习深造、国际交流等进行奖励和资助。每年举办河北省文化创意设计大赛，培育、发现和推出文化创意和设计人才，为文化创意和设计人才提供全方位服务。

（二）推动政策落实落地，优化文化产业发展环境

重点推动解决各类文化经济政策解读落实不到位的问题，对已有政策进行梳理汇总，督促各地各部门加强政策宣传和会商沟通，实化、细化配套措

施和实施细则。严格落实文化产业各项税收优惠政策,加大对转制文化企业、中小微文化企业、动漫企业和高新技术文化企业的扶持力度。严格落实文化产业用地优惠政策,确保重大文化产业项目用地,鼓励盘活利用闲置低效工业用房、仓储用房、老旧建筑等存量土地房产兴办文化产业项目;对省文化体制改革和发展工作领导小组认定的重点文化产业项目,优先供应建设用地。同时,加强学习交流,借鉴外地经验做法,针对制约全省文化产业发展的关键性问题,积极研究制定一些突破性支持政策,提高文化经济政策含金量,促进文化产业加快发展。

B.4
河北省文化产业集群发展路径研究

郭晓杰*

摘　要： 伴随文化产业发展的突飞猛进，文化产业集群也得到了大发展，其空间集聚效应日益凸显。紧抓文化项目、实施重点措施使河北文化产业蒸蒸日上，也涌现出一批以文化产业园区、基地为代表的文化产业集群，为文化产业成为国民经济支柱性产业的发展目标提供了有力支撑。本报告通过相关理论回顾，对河北文化产业集群发展过程中存在的问题进行了对比分析，同时对文化产业集群在"十四五"及未来新时期面临的文化产业发展新趋势进行了深入分析。最后对河北文化产业集群发展路径提出建议，认为要强化 IP 引领文化产业集群发展，加大科技创新投入力度，延伸拓展文化产业链条，实现京津冀文化产业集群协同发展。

关键词： 河北省　文化产业　产业集群

众所周知，文化是一个国家能够立国的精神根本，是一个民族列于世界民族之林的灵魂。正如习近平总书记曾指出，没有文化的繁荣兴盛，就没有中华民族伟大复兴。① 但文化繁荣兴盛离不开文化产业的有力支撑。党的十

---

* 郭晓杰，河北省社会科学院京津冀协同发展研究中心副研究员，主要研究方向为区域经济、产业经济。

① 《习近平提出，坚定文化自信，推动社会主义文化繁荣兴盛》，中国共产党新闻网，2017 年 10 月 18 日，http://cpc.people.com.cn/19th/n1/2017/1018/c414305 - 29594501.html。

八大以来，文化产业的持续发展为坚定文化自信、推动文化兴盛提供了坚实基础。十九届五中全会通过的《中共中央关于制定国民经济和社会发展第十四个五年规划和二〇三五年远景目标的建议》中明确提出，要繁荣文化产业，提高国家文化软实力。近年来，文化产业发展取得很大突破，从空间层面来看，文化产业集聚效应日益凸显，大量文化产业集群不断涌现。以创意产业为例，截至2010年，我国创意产业已初步形成长三角、环渤海、珠三角等六大创意产业集群①，产业集群已经成为文化产业升级发展的重要助力。河北是文化资源大省，近年来通过抓文化项目、实施重点措施，河北文化产业蒸蒸日上，也涌现出一批以文化产业园区、基地为代表的文化产业集群，为文化产业成为国民经济支柱性产业的发展目标提供了有力支撑。但相比于发达省份而言，河北文化产业集群发展相对较弱，还存在许多发展瓶颈，与河北"十四五"期间建设文化强省的目标不相匹配。因此，有必要在理论研究基础上深入剖析河北文化产业集群发展存在的问题，并据此提出未来的发展策略。

一 研究进路

从时间维度来看，产业集群是产业区位理论的扩展。20世纪二三十年代以来，以马歇尔、俄林为代表的一批经济学家不断丰富完善了区位理论，并从微观研究的角度提出集聚是企业选择区位的重要变量之一。随着空间经济学、经济地理学、管理学等学科的发展，对产业集群的研究日益呈现出多学科、跨学科特点，以波特、克鲁格曼为代表的一大批学者纷纷从不同角度、不同目标对产业集群开展研究，使产业集群成为近年来的研究热点。更进一步，随着研究的深入，许多国家政府也日益从政策层面表达出对产业集群的关注。21世纪初，美国有关研究机构发布了《集群政策白皮书》。此外，以经合组织、世界银行为代表的国际机构也纷纷开展关

---

① 郑国：《青岛市创意产业园业态现状与优化对策》，《青岛职业技术学院学报》2010年第4期。

于产业集群的相关研究。至此,产业集群不仅从内涵上得到广义拓展,在实践上也日益在世界范围内传播。我国对产业集群实践、研究和政策制定肇始于20世纪90年代末①,二十多年来不论是理论研究还是实践都取得了丰硕的成果,而文化产业集群作为产业集群研究的一个分支领域也得到了学者的广泛关注。

Scott被认为是最早关注文化产业集群的研究者,他通过对聚集在大都市中心区域复兴的工艺产业,如电影业进行观察发现,文化产业独特的生产与创造活动使其在地理空间上具有更强烈的集聚趋势。正如文化产业内涵具有复杂性、多样性,并充满争议性,对文化产业集群范畴的界定尺度学界尚无定论,诸如文化产业园、群落、艺术村、街区等名称都被用来界定文化产业集群。但综观国内研究可以发现,我国学者更多是从空间和要素两个维度对文化产业集群加以定义的。比如,有学者认为文化产业集群就是众多从事文化生产的企业及相关机构,因分工协作在一定地理空间上的聚集。② 但也有学者更强调创新在文化产业集群定义中的重要作用,认为除了空间邻近性、要素聚集等因素外,创意、创新是文化产业集群区别于传统产业集群的最本质特征。③

文化产业集群作为文化产业各要素聚集的空间形态,其发展方向和质量反映了文化产业的内在需求。因此,推动文化产业集群升级发展日渐进入学界的研究视野。有学者在对国内外关于文化产业集群形成机制的研究进行回顾后发现,总体上文化产业集群形成机制分为市场自发集群模式、政府主创模式和市场政府协同推动模式,但也指出当前关于文化产业集群的研究还不成熟,未来应在完善文化产业理论体系、定量实证研究方法等方面继续深入研究。④ 还有学者从区域视角考察了国内文化产业集群形成类型,认为区域

---

① 王缉慈等:《超越集群——中国产业集群的理论探索》,科学出版社,2010。
② 周珊珊:《文化产业集群形成机理研究进展及启示》,《商业时代》2013年第12期。
③ 詹绍文、王敏、王晓飞:《文化产业集群要素特征、成长路径及案例分析——以场景理论为视角》,《江汉学术》2020年第1期。
④ 柳江、侯雪:《文化产业集群研究综述》,《兰州文理学院学报》(社会科学版)2017年第9期。

性文化集群现象可以分为基于社会网络形成的、基于产业转型形成的、基于遗产利用形成的和基于产业创新形成的四种类型。① 综观这些研究可以发现,不论研究视角如何不同,学界普遍认同创新对推动文化产业集群成长升级具有重要作用,原因在于创意、创造是文化产业的灵魂,是企业成长的原动力。但也有学者指出,对于文化产业集群中的大多数中小企业而言,创新活动的不确定性使其难有动力对创新加大投入,进而产业集群也难以通过创新实现升级,因此需要政府介入予以支持。②

二 河北文化产业集群发展现状

(一)文化产业集群数量少,缺乏竞争优势

文化产业集群内涵的丰富性使其外在形式具有多样性,但总体来说,把文化产业园区、示范基地等作为文化产业集群的承载形式已得到社会各界的共识。从设立级别来看,分为国家级、省级、市级;从设立部门来看,除了文旅部,还有工信部、科技部、中宣部、广电总局、新闻出版总署等其他国家部委。文化和旅游部是文化产业主管部门,早在2004年就开始陆续对各省份上报的符合条件的文化产业示范园区、文化产业试验园区开展命名。根据智研咨询发布的战略报告,2004~2015年,文化部开展了6批国家文化产业示范基地命名和5批国家级文化产业示范(试验)园区命名,其中共有10个示范园区、8个试验园区、339个示范基地。③ 这期间,河北有12个国家级文化产业示范基地,但没有园区入选示范(试验)园区。随后,为了加强对文化产业园区的规范引导,示范区认定标准由原来的直接命名制改为先创建后命名模式,并于2017年公布了第一批国家文化产业示范园区创建资格名单,

---

① 高乐华、张美英:《中国区域性文化产业集群发展模式与趋势》,《企业经济》2018年第6期。
② 王娜、夏杰长:《创新驱动下的文化产业集群升级研究》,《黑龙江社会科学》2015年第6期。
③ 《2015年中国文化创意产业现状(图)》,中国产业信息网,2016年10月9日,https://www.chyxx.com/industry/201610/454618.html。

创建期为3年，河北"21世纪避暑山庄"文化旅游产业园区成功入围。2020年，对10个创建园区进行验收，正式命名为"国家级文化产业示范园区"，至此，河北在国家级文化产业示范园区方面实现零的突破。与此同时，中国曲阳雕塑文化产业园在保留试验园区称号的基础上开展创建工作。但相比江苏、浙江、山东等省份，河北高级别文化产业平台数量相对较少，以国家级文化产业示范基地为例，山东拥有15个，江苏和浙江各有13个。

（二）省会文化产业集群发展不强，缺少增长极引领

文化产业示范园区和示范基地聚集了优秀的骨干文化企业，培育了具有核心竞争力的文化品牌，打造了文化产业链，带动了周边文化产业发展，推动了文化消费升级，促进了经济转型，为文化产业的发展起到了不可替代的作用。截至目前，全省有34个省级文化产业示范园区、154个文化产业示范基地。其中，省会石家庄拥有的省级文化产业示范园区和文化产业示范基地数量最多，共有26个；秦皇岛拥有的省级文化产业园区、基地数量最少，仅有10个。① 不论是从文化产业优先聚集在大城市的产业特性上还是空间非均衡发展理论在文化产业的体现上来讲，省会城市具有成为地区文化产业增长极的区位优势、资源优势、环境优势。近年来，石家庄不断推进文化产业供给侧结构性改革，不仅将文化产业纳入"4+4"现代产业格局的战略部署中，还以培育文化企业、建设文化产业项目为抓手，不断推动石家庄文化产业省内集聚，根据《石家庄市文化建设三年行动计划（2018—2020年）》，2020年底，石家庄文化产业增加值达到450亿元，占全市GDP的6%以上，上市文化企业在原有精英动漫、白鹿温泉、百年巧匠、众美传媒、东方视野等5家文化企业之后再增加5家。从全省角度来看，2020年第三季度石家庄文化产业营业收入为175.2亿元，占全省文化企业营业收入的比重达到29.5%。但相比于实力较强的省会城市而言还有不小差距，比如杭

---

① 《河北省国家级省级文化产业示范园区/基地》，河北省文化和旅游产业协会网，2015年11月16日，http://www.hbwhcyxh.com/new_content.asp?id=1171。

州，近年来杭州市文化产业保持两位数增速，发展迅速，早在2017年文化产业增加值就已达1580亿元，是石家庄的3.5倍，占全市GDP比重达12.6%，已成为杭州国民经济重要的支柱产业。从产业集群角度来看，石家庄文化产业的极化作用没有凸显。有统计显示，虽然石家庄文化产业省级平台数量在全省范围内最多，但国家级文化产业平台极度缺乏，目前仅有1家文化产业示范基地。而杭州现有国家文化与科技融合发展示范基地、国家文化产业示范园区、国家数字出版产业基地、两岸文创产业合作实验区等11个国家级文化产业重点平台，成为全国拥有国家级文化产业园区最多的城市。①

（三）文化产业链不完整，集群效应有待提升

根据产业链释义，文化产业链主要是指以文化创意为主线，经过内容创作、艺术表现、市场消费等上中下游的各个环节，通过各种传播渠道不断提高文化产品附加值的过程。整个产业链构建中需要政策、资金、创意人才、技术、空间等要素的共同协同配合。一般情况下，文化产业链包括内容创作、文化生产制造与营销推广、文化产品传播渠道、消费者四个关键环节，缺一不可。② 从文化产业结构来看分为文化制造业、文化批发和零售业、文化服务业。

近年来，特别是"十三五"期间，河北省文化产业取得长足发展，形成了一批特色文化产业集群，比如以武强、肃宁、饶阳为代表的乐器文化产业集群，现有生产企业200多家，河北省西洋管弦乐器生产规模居中国第一、世界第二，民族乐器占全国市场份额的60%；曲阳县石雕文化产业集群，现有雕刻企业3000余家，实现产值120亿元；蔚县剪纸从业人员有3万余人，产品畅销70多个国家和地区；衡水内画、宁晋工笔画、定州缂丝、藁城宫灯等已经形成产业集群。③ 从文化产业营收角度来看，文化制造业营收最高，而最

---

① 过灵芝、韩慧：《城市因文化更精彩，生活因创意更美好》，《杭州》（周刊）2018年第42期。
② 左惠、王慧：《京津冀文化产业链协同发展的现状、问题与对策》，《产业与科技论坛》2018年第6期。
③ 《十三五·河北答卷丨踏歌而行，奋力迈向文化强省》，网易网，2020年11月22日，https://dy.163.com/article/FS0Q31LV0514TTN3.html。

核心的文化创意和设计服务业以及文化信息传输服务业的营收水平较低。2020年第三季度，河北省文化产业制造业营业收入为341.7亿元，占文化产业总收入的近58%，而最具有创新含量的文化创意、设计产业的营收为136亿元，仅占22%①，由此可见，河北文化产业创意能力较差，产品科技含量较低，产业影响力较小，产业链相对不完善的现状没有得到根本改变。

三 "十四五"时期文化产业发展趋势及对文化产业集群的要求

"十四五"时期是我国全面建成小康社会、实现第一个百年奋斗目标之后，乘势而上开启全面建设社会主义现代化国家新征程、向第二个百年奋斗目标进军的第一个五年。中共中央在《国民经济和社会发展第十四个五年规划和二〇三五年远景目标的建议》中对新时期文化产业发展方向和目标也提出了明确要求，即要扩大提供优质文化产品，推动文化产业数字化，发展新业态、新消费。因此，未来"十四五"乃至更长时期内，文化产业将出现以下几方面趋势。

（一）IP赋能文化产业向纵深发展

IP（Intellectual Property），最初指知识产权，随着互联网、新媒体的不断崛起，现在已经成为耳熟能详且具有巨大开发变现潜力的一种文学艺术作品、一种文化符号。美国是较早运营IP并获成功的典范，依靠米老鼠等一批广受欢迎的形象IP，衍生出主题乐园、玩具、服装等多种产品，收益远超电影本身。2014年，IP概念在国内一经兴起就迅速蔓延开来，其中表现最为突出的就是网络文学的破圈出位。在之前的很长一段时间里，网络文学一直进入不了主流视野，虽然网络文学用户和手机网络文学用户都突破3亿人。而2014年IP大火，网文IP不仅被"囤货式"抢购，更从影视化蔓延

---

① 数据来源：《河北文化及相关产业统计季报》，2020年第三季度，河北省统计局内部资料。

到动漫化、游戏化、音频化。如今,"网文+"范围进一步扩大,音乐、舞台剧等艺术形式也积极参与网文IP改编,比如热播剧《三生三世十里桃花》播出时,不少人是先听了歌曲《凉凉》才选择追剧的。再比如连载小说《择天记》刚写了开头,舞台剧《择天记——初入尘世》已经开演。随着文化IP的深入人心,消费升级、消费者行为分化、消费模式的个性化和差异化,IP赋能文化产业将成为未来趋势。

(二)科技创新将是文化产业大发展的主要助力

创新是引领发展的第一动力,在我国现代化建设全局中具有核心地位。近年来,科技日益深度介入文化产业发展,随着以5G、人工智能和大数据等为代表的新技术革命勃发,科技创新正从业态结构、文化创作、传播方式、管理体制等多方面深度赋能文化产业。以综艺行业为例,近年来,各大综艺节目不仅注重节目内容创新,也在现代科技手段运用方面不断加大力度,CG特效、AI、全息投影、VR、AR等技术让综艺节目极具"大片"质感,既有娱乐功效,也能产生视觉享受。比如2020年浙江卫视综艺节目《天赐的声音》邀请的音乐合伙人之一是二次元虚拟偶像洛天依,使该节目迅速登上各大平台热搜。可以预见,文化产业与科技融合发展日益普遍,特别是在新冠肺炎疫情的深刻影响下,科技化、数字化、"云时代"渐成为文化创新发展的新动力。

(三)文化产业发展深度融入"双循环"新发展格局

近年来,世界格局正面临深度调整,以美国为主导的全球化体系开始龟裂,原有的产业链、创新链开始重组,我国正处于百年未有之大变局。因此,党的十九届五中全会指出,要"加快构建以国内大循环为主体、国内国际双循环相互促进的新发展格局"。所谓"国内大循环",就是把满足国内需求作为发展的出发点和落脚点。随着我国人均GDP首次超过1万美元,文化消费出现了很多新变化。文化消费意愿不断增强,随着收入水平不断提高,人们对于文化产品消费的意愿日益高涨,周边游、夜间演出、电影夜场等正成为热门消费现象,反映出较高的文化活跃性。消费主体的多元和圈层化,互联网时代下,文化消费主体正呈现多元特征,Z世代、小镇青年、都市白领、精致宝妈、银发族等扩展了文化消费群体范围,也体现了消费需求的多层次、多样性。根据联合国人口调查统计消息,"Z世代"人口在2019年占全球总人口的37%,在中国这一数字为22%。"Z世代"正在成为文化消费新主力。

(四)新时代下对文化产业集群的要求

第一,内容创作是文化集群发展核心。文化消费的精神属性决定了内容创作是文化产业核心,有统计数据显示,2020年第二季度全国内容创作生产实现了14%的同期正向增长以及5920亿元的营收,占行业的份额为25.4%,不仅弥补了第一季度的大程度亏损,也是文化产业行业整体恢复的有力支撑。① 因此,文化产业集群的发展要凸显文化个性,充分挖掘地区长期积累的特有的文化资源潜力。在推进文化产业园区等集群载体建设过程中,要避免出现有"园"无"区"、有"产"无"文"的尴尬局面。

第二,以产业链推动集群高质量发展。产业链是产业集群的核心和基础,产业链的扩展延伸与高质量发展决定了产业集群的发展质量。因此,未来文化产业集群发展需要开展主导产业培育,强化文化产业龙头企业与专业化小微企业之间的协调发展,打通园区内部产业构成与外部辐射扩散互动等之间的关系,从而能够实现主导产业特色突出、产业生态和链条完整、园区功能和扩散效应突出、引导规划产业集聚化发展的目标,从而整体上推动实现文化产业集群高质量发展目标。

四 河北文化产业集群升级优化发展策略选择

(一)挖掘整合河北丰富文化资源,强化IP引领文化产业集群发展

河北文化资源丰富,从地域特色来看,游牧文明、农耕文明和海洋文

---

① 《内容创作生产疫中纪:痛感与狂欢并存,文化产业应反思什么?》,腾讯网,2020年8月6日,https://new.qq.com/omn/20200806/20200806A0B9FM00.html。

明齐全；从内容来看，既有璀璨的传统民间艺术，也有慷慨激昂的红色文化。因此，如何挖掘河北丰富的文化资源，打造更多具有知名度的IP，成为新时代文化产业集群升级发展的题中应有之义。可从以下几个方面入手。第一，大力开发传统文化IP。充分利用河北拥有"中国剪纸"、井陉拉花等丰富物质和非物质文化遗产资源，活化IP传播渠道和传播方式，既要融入生活，在创新中"活起来"，又要利用网络等现代传播手段将传统文化IP推而广之，可借鉴故宫超级IP成功打造的经验，让大众了解非遗、参与体验非遗，推动优秀传统文化资源转化为优质文化资产。第二，加快推进文化IP与其他产业的跨界融合发展。当前，产业融合既是新的经济增长极，也是未来文化IP发展的重点方向。近年来，许多省市都在着力推动文化IP发展，可借鉴浙江省提出推进"文化浙江""诗画浙江"建设，打造文化和旅游融合发展IP工程。文化IP也可与工业融合发展，赋予工业产品文化内涵，比如，可依托蔚县剪纸产业园区，将剪纸与书画、家居装饰等相结合。

（二）加大科技创新投入力度，打造数字化文化产业集群

加大科技创新在文化产业发展中的战略支撑作用，利用"文化+科技"的融合推动文化产业集群高质量发展。坚持规划引领，通过专项规划做好顶层设计，明确发展目标和重点项目。加强数字基础设施建设，中共中央发布的《国民经济和社会发展第十四个五年规划和二○三五年远景目标的建议》中明确指出，要实施文化产业数字化战略，河北省在落实中央要求过程中既要推动传统基础设施数字化改造，又要加快数据中心、云平台、App、小程序等新型数字基础设施建设，完善文化产业"云、网、端"基础设施，打通"数字化采集—网络化传输—智能化计算"数字链条。[①] 借鉴中关村软件园探索文化与科技创新双螺旋驱动发展模式，通过聚集文化与科技融合型创

---

① 《文旅部：推动数字文化产业高质量发展，加强IP开发和转化》，搜狐网，2020年11月26日，https://www.sohu.com/a/434406211_260616。

新主体，搭建文化与科技融合型场景和平台，使文化产业集群具备文化与科技双基因。

（三）延伸拓展文化产业链条，构建文化产业集群生态

一般来讲，产业链拓展有水平分工和垂直整合，前者是指产业链上各类企业根据自身优势进行分工，以降低成本、提高产业链效率；后者则是指通过兼并生产、分销等产业链的不同阶段，达到外部交易内部化的经济目的。因此，河北需要发展水平分工与垂直整合相结合的文化产业链集群。一方面积极培育和引进行业龙头企业入驻文化产业园区（基地），围绕某个文化主题进行产业链上下游的拓展；另一方面根据特定产业链吸引不同环节的文化企业进入产业园区。比如北京某产业园区以"影视+国际交往"为主题，根据产业链上下游情况引入影视行业龙头企业华策影视，并围绕影视和国际交往先后引进了投资、制作、艺人、演出、综艺等不同方向的文化企业，实现了园区产业的集聚。

（四）充分利用京津文化产业优势，实现京津冀文化产业集群协同发展

京津冀地区是我国文化发展最富活力的区域之一，更好推动京津冀文化产业协同发展是京津冀协同战略这一重大国家战略的重要内容之一。要做好前期谋划，对三地文化资源、产业发展进行梳理，对文化产业园区布局、产业发展规划进行科学评估，提出三地文化产业园区错位发展目标。加快京津冀三地共同成立文化产业发展政策协调机构，推出相互衔接、配套完善的相关政策。需以各地的比较优势为依据，促进资源优化配置，实施不同的区域政策，张家口可借助与北京共同筹办冬奥会的契机打造冰雪文化产业集群，承德可依托生态绿化资源优势和皇家文化与北京共谋北方最大皇家休闲文旅融合产业集群，唐山、秦皇岛、沧州可充分利用海洋文化资源与天津共同打造环渤海南段文化产业带。同时，还可根据文化产业项目的不同性质，给予不同的支持，投资支持政策要体现区域差别，应按照促进区域均衡发展的原则落地。

（五）不断强化优化对文化产业园区的服务内容和服务方式

升级发展以文化产业园区为代表的文化产业集群，需要不断提高管理水平和服务方式。从管理方式来看，园区管理要从单一化发展走向网络化组织变迁，实现园区管理组织深化，有利于管理服务标准化、规范化。从管理内容来看，要用好用足国家、省相关文化产业政策，帮助企业获取政策支持，打造服务平台，帮助园区内文化企业一站式获得发展过程中所需的资金、人才等要素资源。从管理环境来看，要做好园区硬件环境，搭建完善园区信息基础设施，实现园区建设与管理服务一体化发展，不仅要注重各类公共性服务的完善供给，还要注重与周边社区服务的一体化衔接，使智慧化园区建设成为文化产业园区服务升级的一个新高度；与此同时，要做好文化产业园区软环境建设，继续优化完善园区营商环境，要尝试打破文化产业园区发展的空间限制，从物理空间向网络虚拟园区延伸，实现两类园区并重建设，努力实现线上与线下融合发展，在园区真正实现便利化、社区化、智慧化服务的全领域贯通，让文化产业园区成为一个自主创新和功能完善的城市文化社区，培育日益活跃和充满活力的创新生态系统，促进文化的创新创造。

参考文献

张占仓：《国外产业集群研究走势》，《经济地理》2006年第5期。

B.5 乡村振兴视域下河北乡村文化旅游资源开发路径提升研究

赵然芬*

摘　要： 乡村文化旅游业是实现"产业兴旺、生态宜居、乡风文明"等乡村振兴战略目标的重要抓手。近年来，河北积极实施多方面举措，乡村文化旅游业取得了显著成就，知名度、美誉度进一步提升，基本形成了全域旅游的新发展格局。但在资源开发方面还存在诸多问题，如产品内涵挖掘不够，同质性较强，开发精度和深度都有待进一步加强；又如资源开发缺乏整体布局和长远规划，区域内各产品之间联动性不强；单体性旅游项目的经营管理和营销模式相对落后，规范化、品牌化仍需进一步加强等。在全面推进乡村振兴的大背景下，优化提升乡村文化旅游资源开发路径，要从三个方面发力：一是要继续做好乡村文化旅游资源开发的顶层设计；二是要全面强化乡村文化旅游资源开发的要素支撑；三是要大力提升乡村文化旅游资源开发的深度、精度和效率。

关键词： 乡村振兴　乡村文化旅游　资源开发

大力实施乡村振兴战略，是党的十九大报告基于国情农情提出的重要决

---

* 赵然芬，河北省社会科学院农村经济研究所副研究员，主要研究方向为农村经济。

断,二十字方针"产业兴旺、生态宜居、乡风文明、治理有效、生活富裕"为我国以及河北省乡村建设指明了奋斗目标。乡村文化旅游作为实现"产业兴旺、生态宜居、乡风文明"等的重要抓手,受到了河北省委省政府的高度重视。2018年11月,河北省人民政府印发《河北省旅游高质量发展规划(2018~2025年)》,为河北省乡村旅游产业高质量发展指明了方向。在省委省政府、各级相关政府部门以及社会各界力量的大力推动下,河北省乡村文化旅游获得了长足发展,开辟了一系列精品乡村旅游路线,打造了数十个乡村全域旅游示范区,带动了一大批美丽乡村项目建设,海内外游客人数和旅游收入保持了量质齐升的良好发展态势。乡村文化旅游的发展大大促进了河北乡村产业兴旺和生态宜居,提升了河北及其他省份人民文化旅游消费的获得感和满足感。但也要看到,目前河北乡村文化旅游还存在诸多短板和不足,制约着乡村文化旅游产业的更高质量发展。

一 河北乡村文化旅游发展成效

近年来,河北不断加大资金和项目投入建设力度,全力提升旅游设施和服务水平,深挖乡村文化内涵和旅游产品,全方位多层面地开展旅游产品宣传,形成了包括锦绣长城、壮美太行、浪漫海滨、京西百渡、坝上草原、冬奥冰雪、红色经典等在内的诸多精品旅游线路和品牌。2019年,河北境内游旅客达到7.83亿人次,旅游总收入达到9313.36亿元,分别比2018年增长15.46%和21.96%。

(一)乡村旅游进一步规范发展

随着《河北省旅游高质量发展规划(2018~2025年)》的制定出台,河北进一步加快了旅游综合管理体制改革步伐。2019年,在省级成立了河北省旅游工作领导小组,各设区市和部分重点旅游县区成立了旅游发展委员会,在全省形成了党政统筹、部门协同、协调联动、齐抓共管的旅游业发展新格局。为推动全省乡村旅游规范发展,出台了一系列推动旅游业高质量发展的综合性政策措施，如旨在推动旅游业高质量发展的10个专项工作实施方案，旨在刺激文旅消费需求制定出台的《关于进一步激发文化和旅游消费潜力的实施意见》等，以及旨在引导规范旅游业发展的《旅游景区安全服务通则》《京津冀旅游直通车服务规范》《河北省农家乡村酒店等级划分与评定标准》《河北省乡村旅游服务质量标准》等87项地方标准，在全国处于领先地位。在一系列政策措施的引导扶持下，河北旅游业规范程度大幅提升，2019年有21个首批旅游标准化试点完成评估工作。

（二）全域旅游格局基本形成

近几年，河北省以召开旅游产业发展大会（以下简称"旅发大会"）为抓手，坚持政府引导、市场运作、整合资源、区域联动、全民参与、新业态引领、产业化发展的建设思路，着力推动全省各重点县市实现全域旅游发展。通过全国省市联动、统筹推进的旅发大会新模式，打造了"京西百渡休闲度假区""秦皇山海休闲度假区""国家一号风景大道"，以及秦皇岛市北戴河区、邯郸市涉县、保定市易县等国家全域旅游示范区，还有石家庄市正定县、石家庄市鹿泉区、承德市滦平县、张家口市怀来县、秦皇岛市山海关区等省级全域旅游示范区等一大批高质量旅游片区、标杆性全域旅游片区和新业态新产品，形成了省市县三级同创的旅游发展新格局。在一系列政策措施的扶持下，重点打造的全域旅游示范区，吸引了大量资源要素的积极参与，大大促进了旅游业从单纯的门票经济向产业经济转变，旅游资源与农业、工业、文化、体育、教育、养生养老等全域产业要素深度融合，休闲农业、乡村旅游、研学游等多种"+旅游""旅游+"业态和模式蓬勃发展，实现了旅游产业从门票经济向产业经济的高质量嬗变。

（三）乡村文化旅游品牌化、特色化大幅提升

近年来，河北通过在主流媒体投放形象广告，举办旅游产品推介大会、2019文旅发布会、第24届中国北方旅交会，与省文明办、中石油、河北航空等开展跨界联合宣传，设立海内外河北旅游推广中心，开展"欢乐春节"

"美丽河北""河北文化和旅游年"等系列境外宣传,以及召开全球旅行商大会等多种方式,高强度、高频率宣传推广河北特色文化旅游产品。推出并打响了锦绣长城、壮美太行、浪漫海滨、京西百渡、坝上草原、冬奥冰雪、红色经典等10大"京畿福地·乐享河北"品牌旅游线路,以及冀忆·田园、冀忆·闲趣、冀忆·乡居、冀忆·绝活、冀忆·家味、冀忆·欢聚、冀忆·人家、冀忆·乡土、冀忆·野韵、冀忆·野韵等"冀忆·乡愁"系列乡村旅游品牌,和以"品乡村之美、享健康人生、助脱贫攻坚"为主题的,包括冀得乡乐康养游、冀野乡居民宿游、冀情乡韵民俗游、冀品乡味美食游、冀忆乡知研学游、冀往乡隅休闲游、冀遇乡礼购物游7大主题、25条乡村旅游精品线路、80个旅游扶贫村、109个乡村旅游点、82道乡村美食的"大美燕赵·冀忆乡情"2020河北乡村旅游乐享季活动。乡村文化旅游的特色化、品牌化发展,不仅提升了河北乡村旅游产品的美誉度,而且促进了乡村产业的繁荣、农业链条的延伸以及农村产品价值的提升,农村产业和乡村旅游的发展动力显著增强。

二 河北乡村文化旅游资源开发模式

河北乡村文化旅游资源类型多样,特色各异,既有山河湖泊、奇山异水等自然风光,又有风土人情、历史名人等人文资源,中药材、观赏植物、时令果蔬等农业农村田园文化旅游资源等也成为时下农村文化旅游的"热宠"。精心布局的37条"春观花"、40条"夏纳凉"、30条"秋采摘"和14条"冬农趣"旅游线路,在为河北及周边省市居民提供美好旅游体验的同时,也成为河北乡村旅游经济收入的重要增长点。总结来说,当前河北乡村文化旅游资源主要有以下几种开发模式。

(一)乡村文化观光游

观光型旅游是乡村文化资源中开发最早、最为普遍、最传统也最被普通大众广泛接受的旅游产品,它以田园风光、自然风貌、人文历史景观、民风民俗、农业生产基地等为核心产品，吸引游客通过参观游览的方式满足其赏心悦目、猎奇等游玩心理。近年来，河北在原有乡村文化旅游资源开发的基础上，加大乡村文化旅游资源的开发建设力度，围绕燕山、太行山"两山"，环大中城市和重点景区的"两环"，以及特色产业区和传统村落的"两区"，开发出了包括正定樱花、赵县梨花、张家口杏花和海棠等在内的花海赏花，包括安国中药材、张家口黄羊等在内的特色农产品欣赏，包括禅宗文化、始祖文化、地质文化、化石文化、农耕民俗等在内的文化探寻，以及包括特色小镇、特色民俗村、古城文化遗址等在内的一系列观光旅游产品，大大提升了河北文化观光旅游产品的丰裕程度，显著增强了城镇及周边村民对旅游消费需求的获得感和满足感。

（二）乡村文化体验游

体验农村不一样的生产生活方式和传统农耕文化是近些年城乡居民热衷乡村旅游的又一重要诱因。围绕传统农业生产过程、农业特色产业生产及农村文化，河北开发出了四季采摘游、赏花采摘游、农耕体验游、四季蔬果采摘游、田园游乐游、亲子植树体验游、茶叶采摘游、农事体验游、热带水果采摘游、葡萄酒文化体验游、寻宝探险游、原始森林体验游、民俗体验游、水乡文化体验游等一系列以乡村体验为主要诉求的乡村文化旅游项目。总的来看，可以将乡村文化体验游归纳为三种类型。第一种是乡村生活体验。这种旅游产品主要是针对长期生活在城市的居民开发的，它充分利用了城市居民想摆脱城市快节奏、高度紧张的工作状态以及钢筋水泥林立的生活方式的心理诉求，利用乡村优美恬静的生态生活环境、舒缓放松的生活方式吸引城市居民利用闲暇时间到农村体验悠闲舒缓的生活，以达到放松心态、舒缓身心的旅游目标，例如河北打造的华北田园农家农耕文化体验、太行山水人家水乡文化体验、坝上草原牧家放牧文化体验、海滨海岛渔家捕鱼文化体验等。第二种是农事体验。这种旅游产品主要是针对城乡居民对农业生产过程，尤其是农产品收获过程的好奇心理而开发的，它把农事体验和农产品销售、新型农业生产、休闲娱乐、亲子教育等内容融为一体，既为城乡居民丰富节假日生活、体验农业生产乐趣、增进亲子关系、增长见识等提供了载体和方式，也在促进农产品销售、提高农业生产价值、转变农业生产方式方面发挥了重要的积极作用。常见的旅游产品有四季蔬果采摘、赏花采摘、热带水果采摘、茶叶采摘、亲子植树体验、儿童乐园、领养农业等。第三种是特色产业及其衍生文化体验。这种旅游产品以特色产业为基础，对特色产业部分生产过程及农产品加工食用过程进行开放式打造，使之成为适合城乡居民体验、学习、享受的旅游产品，如张家口的葡萄酒文化体验、秦皇岛等地的特色海鲜美食体验等。

（三）乡村文化主题游

农业除了具有为人类提供粮食、蔬菜、水果等农产品生产功能外，还具有促进经济社会发展、孕育传承历史文化、调节稳定自然生态、实现国民经济协调发展的经济、生态、社会等多种功能。随着先进生产技术的应用及城乡居民生产生活需求的升级更迭，农业的多功能性逐渐受到重视和开发。与城乡居民日益复杂多样化的旅游消费需求相适应，以生态、教育、科普、康养、体育等为主题的乡村文化旅游产品逐渐兴起且日益丰富壮大。如近几年河北倾力打造的京北生态（冰雪）旅游项目、京张体育文化旅游项目、京西南生态旅游项目，以及依托乡村自然景观、历史文化、红色资源等建设的研学游基地、系列现代农业园区和农业科技示范园、温泉养生项目等。这些不仅满足了城乡居民多样化的旅游消费需求，而且赋予了乡村文化旅游产品特定主题，大大开拓了乡村旅游业的发展思路和模式。

三 河北乡村文化旅游资源开发中存在的主要问题

（一）乡村文化旅游资源开发资金投入不足，旅游设施不完善

河北乡村文化旅游资源的开发和旅游产品的建设普遍面临资金投入不足、旅游设施不完善等难题。以观光游为例，河北很多乡村文化观光旅游项目都建立在现代农业园区的基础上。园区在发展现代农业生产的基础上，着力开

发农业多种功能,把农业生产与农业观光旅游结合起来,在实现农产品销售获得市场价值的同时开发农业观赏功能,获得农业生产的附加价值。其建设主体以新型农业经营主体为主,本身经济实力薄弱,常面临资金短缺难题,农业生产过程中的资金投入尚不能全部满足,用于建设观光旅游设施的资金投入缺口更大,这也直接导致了旅游设施的不完善。如很多景区没有设置指引路牌、照明设施、停车场、卫生间等设施,有的景区卫生状况较差,有的景区内部游览道路不通畅,还有很多景区缺乏与旅游相配套的、完善的餐饮、住宿、购物、医护、金融等服务设施,导致游客的需求无法得到满足,体验感变差。

(二)旅游产品内涵挖掘不够,同质性强,旅游资源开发的精度和深度都有待进一步加强

河北大多数乡村文化旅游资源开发的深度和精度不高,旅游项目和产品同质性高、雷同度大、内涵挖掘和项目开发力度不够。一是乡村文化旅游产品具有较高的同质性。产品雷同是全国各省份乡村旅游业的通病,河北也不例外。河北各地的文化旅游资源大都以田园风光、自然山水景观、农业生产过程、农耕文化、民俗等为主,各地区之间,尤其是地区内部差异度不大,再加上开发主体对旅游消费市场需求和业态发展的关注不够,导致各地甚至是同一县域内的乡村文化旅游产品和项目都具有较高的雷同性。同质化较为严重的旅游项目,既缺乏吸引消费者旅游消费的核心内容物和吸引力,极易被其他旅游产品替代,也导致了其市场竞争力的欠缺,各旅游产品之间竞争的方式只有"价格战",容易引起恶性竞争,进而制约旅游开发市场主体的可持续发展。二是对乡村旅游资源挖掘开发不够深入。河北有很多乡村旅游产品都具有丰富的文化内涵,或者具有鲜明的民俗特色,或者具有悠久的历史,或者具有独特的文化传统,如秦皇岛的始祖文化、邯郸永年的太极文化、邢台的扁鹊药谷以及蔚县古堡群、井陉古村落等。在这些文化特色鲜明的旅游产品中,有很多都只是对传统旅游资源的修葺和完善,再加上一些与旅游资源文化内涵非密切相关的人造景观和游乐设施的补充,以及一些地方性农产品和初加工产品的出售和餐饮服务等,而与旅游文化资源相关的、深

度挖掘其内涵的、精深开发的旅游项目则明显不足，导致文化资源开发模式仅以观光游览为主，极少量的农产品销售和餐饮服务使游客逗留时间较短，体验感较差。

（三）乡村文化旅游资源开发缺乏整体布局和长远规划，区域内各产品之间联动性不强

河北大多数乡村旅游项目的开发主体为社会资本、新型农业经营主体、当地村民或村集体，受观念、资金等多种条件限制，乡村旅游各开发经营主体多按照自身利益偏好开发旅游项目，盲从性较强，项目挣钱就干，不挣钱或亏损了就撤出，基本没有对自营旅游项目的长远谋划。再加上政府宏观调控的缺失，使乡村文化旅游，不管是省级层面、地市级层面还是县级层面都缺乏整体布局和长远规划。各旅游项目多呈点状分布和碎片式发展，项目与项目之间、项目与周边村落之间缺乏关联互动。上述发展方式容易导致以下不好影响。一是容易导致乡村文化旅游资源的过度开发或浪费，当某地出现一个或几个经济效益可观的乡村旅游项目时，常会引起当地资本的"一哄而上"，不受限制的资本介入常会造成同质旅游资源的过度开发；而缺少内涵、没有特色的"大轰隆"旅游项目的可持续性较差，当项目陷入亏损时，"一哄而上"的旅游项目又易演变成大面积的倒闭，过度开发的旅游资源闲置不用，形成资源、要素等的浪费。二是相关旅游项目之间以及旅游项目与周边村落之间联动性不强，一方面各项目单打独斗，相互之间不能通过协作增强对游客的吸引力，延长游客的游玩时间，获得集群式发展的经济效益；另一方面，旅游项目与周边村落之间缺乏互动，既不利于旅游项目借助村落服务设施和资源进一步强化吸引力进而获得更高质量的发展，也不利于周边村落借助旅游景点提升自身经济社会发展空间。

（四）单体性旅游项目经营管理和营销模式相对落后，规范化、品牌化仍需进一步加强

河北有很多乡村文化旅游项目的经营者和从业人员都以当地村民为主，

高层次的管理、策划、导游及各类服务型人才缺乏，整体素质偏低，在项目开发、经营管理、产品包装、服务供给等方面多沿用旧方式，或者简单复制别人经验，创新性较差。而由于专业服务人员的缺乏，以当地村民为主要从业人员的、与乡村文化旅游相配套的餐饮、住宿、医疗、卫生、安全等服务水平低、质量差，规范程度不高，服务的标准性和规范性都有待加强。在市场推广和品牌建设方面，河北很多乡村文化旅游项目存在经营主体宣传推广意识淡薄、经费支持不力等问题，项目经费的宣传推广主要依靠熟人之间的口口相传，有的则依靠各级道路的路边广告牌，有的则借助微信群或朋友圈推广。但不管采用哪种方式，宣传的受众都极其有限，推广效果也不理想，导致很多旅游景点的服务半径过小，游客过少，旅游收入收不抵支。而且，大多数乡村旅游项目的经营者品牌意识较弱，都抱着"搂杆子打枣"的想法，在品牌培养和宣传推广等方面投入建设力度较小，再加上单一的宣传方式和平淡的宣传内容，导致其旅游形象特色不鲜明，影响力不大。

四　乡村振兴视域下河北乡村文化旅游资源开发路径提升思路与对策建议

大力实施乡村振兴战略，实现农业强、农村美、农民富，是党的十九大提出，并在未来很长一段时期指导我国农村农业发展导向的"指路明灯"。乡村文化旅游产业，作为农村新兴产业和业态，其发展必须放在乡村振兴战略大框架下统筹谋划和实施。

（一）乡村振兴视域下河北乡村文化旅游资源开发路径提升的基本遵循

1. 乡村文化旅游资源开发以实现农业强、农村美、农民富为目标

乡村文化旅游资源以"农"为本，其核心不仅包括农村优美的自然环境和田园风光，也包括农业生产过程及其传承几千年的农业生产文化，还包括农村居民经年累月积淀的生存文化、物质精神文明和优秀传统等。其经济

价值的开发转化需以"利农""惠农"为基调，通过"农业+""+旅游"等多种形式的文化旅游资源开发模式，注重美丽乡村、特色小镇等多样化的旅游资源建设培育模式，增扩农业价值空间，激发农村产业发展动能，重塑农村整洁村容村貌，优化农村生产生活环境，促进农民经营性、劳务性、转移性收入的增加，进而实现农业强、农村美、农民富的战略目标。

2. 乡村文化旅游资源开发以融合发展为实现路径

乡村文化旅游的发展牵涉到农村文化、旅游业、农业、科技、教育、生态、文化等多个行业，其资源的开发需从全产业链、农村产业体系等多视角出发，必须走产业融合、景村融合以及生态经济相融合的路径。即通过旅游资源与农业、康养、教育、科技、体育等产业要素的融合，实现旅游景点与附近村落的互动、农村生态价值与农村经济收入的相互转化等，用新型业态、新兴产业等模式推动河北乡村文化旅游产业的高质量发展。

3. 乡村文化旅游资源开发以实现资源的绿色、可持续利用为前提

乡村文化旅游的核心内容是其有别于城市的农村居民的生产生活环境、方式、内容、文化等，关键在于其优美舒适的自然生态环境，即"绿水青山"。开发乡村文化旅游资源，发展乡村文化旅游业，要处理好"绿水青山"和"金山银山"的关系，把生态保护、资源环境的可持续发展利用作为文化旅游资源开发的前提和首要条件，科学考量乡村环境的承载能力和可持续利用的阈值，利用环境友好型技术和模式梯次开发乡村文化旅游资源。深入挖掘旅游资源的文化内涵，最大化保护传承其本土特色、乡土本质和"乡愁"元素，在自然、文化生态保存完好、可持续的基础上，推进乡村文化旅游的多元化、精细化、品牌化、质效化发展。

（二）乡村振兴视域下河北乡村文化旅游资源开发路径提升的建议

1. 做好乡村文化旅游资源开发的顶层设计

顶层设计，是指导乡村文化旅游资源高质量开发的必要条件。河北省、市、县三级乡村文化旅游相关政府部门依托本级行政区划内乡村文化旅游资源的空间分布和发展趋势等制定了相应的发展规划。但综合来看，大都存在

对环境承载力的评估不到位的情况,旅游项目多以"走一走""看一看""尝一尝"的浅层次开发为主,对地方产业、农户的带动性不足。做好顶层设计,引导乡村文化旅游资源实现高质量开发,一是在整体设计上,要高度重视旅游资源的可持续利用以及生态环境保护。规划的设计、内容的确定、路径的选择、模式的甄别等各个关键节点都要强化生态环境保护和资源可持续开发等理念的指导作用,要在科学准确评估生态环境承载力的基础上,省、市、县逐级合理确定本层级乡村文化旅游资源的开发规模、强度和方式,明确发展的思路、方向、重点领域、时间表和路线图等。二是在旅游项目统筹开发建设上,要在全域旅游的视角下,深度挖掘各类乡村文化旅游资源的特性、个性和共性,同类旅游资源之间注重不同区域间的错位开发和同一区域内的集聚开发,不同类型旅游资源注重互补性、联动式开发,同时高度重视各旅游资源开发对毗邻乡村产业要素的带动作用,通过各旅游资源之间、资源与乡村产业要素之间的联动及景区与景区之间和景区与乡村之间完善交通、餐饮、医疗等旅游配套设施和服务,绘制优势互补、景景互动、景村联动的全域旅游高质量发展蓝图。

2. 全面强化乡村文化旅游资源开发的要素支撑

一是强化乡村生态环境建设。践行"绿水青山就是金山银山""山水林田湖草是一个生命共同体"等一系列绿色发展理念,加大农村生态环境保护、修复和建设力度,通过加大退耕还林、退耕还草、休耕、休牧、休渔等环境保护力度和补偿力度,强化农村垃圾、污水治理和厕所改造,继续实施化肥、农药零增长行动,加速美丽乡村建设步伐等一系列举措,进一步优化、美化河北乡村生态环境,为河北发展乡村旅游提供丰裕的生态资源。二是强化乡村文化旅游配套设施和服务建设。坚持全域旅游发展理念,加大乡村文化旅游设施建设力度,打通旅游景点之间、景点与村落之间的交通瓶颈,使各旅游景点之间、景村之间道路都能实现互通互联;加大全域旅游景区指引设施和服务建设,通过广设指引标志、开发旅游地图 App 等多种手段推介区域旅游产品;完善旅游配套服务和设施建设,统筹全域旅游资源开发需要和旅游项目承载容量,合理布局餐饮、住宿、医疗、金融等配套服务和设施建设。三是加大乡村文化旅游资源开发的要素投入力度。加大乡村文化旅游资源开发的人才投入力度，通过引导大中专院校和高职高专加大乡村文化旅游人才从业人员培养力度和规模，推进乡村文化旅游经营机构强化与高校等人才培养机构开展人才合作、人才引进与人才交流，鼓励市县职业培训机构加强对乡村文化旅游从业人员的职能培训等方式，增加乡村文化旅游资源开发的人才投入，提升乡村文化旅游从业人员的整体素质。加大对乡村文化旅游资源开发的资金支持力度。通过设立产业发展基金、加大担保力度、分担金融信贷成本等多种方式，鼓励金融机构加大对乡村文化旅游经营主体的信贷支持，同时加大财政投入力度和政策扶持力度，引导鼓励社会资本参与乡村文化旅游资源开发，共同强化乡村文化旅游资源开发的资金支撑。

3. 大力提升乡村文化旅游资源开发的深度、精度和效率

一是加大乡村文化旅游资源开发力度。一方面，着力拓宽乡村文化旅游资源开发的广度，对河北各地人文、历史、建筑、农业、美食、民俗、手工艺等具有"特""土""乡"特征的乡村文化旅游资源开展全面普查，建立数据库，实施常态化补充完善；另一方面，鼓励引导乡村文化旅游经营主体深挖产品内涵，在原有经营项目的基础上，依托大数据和云计算等新技术开发增设新的、具有鲜明特征的个性化、定制化旅游体验项目，延长游客游玩消遣时间，同时加强旅游服务规范性建设，在提升游客休闲旅游体验观感的基础上增延游客消费链条。二是加大乡村文化旅游产品的宣传力度。以县为单位，按照旅游项目目标客户群体的不同，集合打包同层级县域乡村文化旅游项目，利用电视、网络、微信、小视频等多种媒介分层级开展宣传，扩大产品知名度，吸引更多游客前去消费。三是推进乡村文化旅游资源开发与农业、农村非农产业、农民融合发展。充分开发农业生产、生态、观赏、教育、科普、保健、康养等功能，鼓励引导社会资本以农业的多功能性为基础，开发具有独特乡土特征的，融合旅游群体个性化、感性化、体验化、主题化等需求的，集体验、休闲、购买等多种功能于一体的乡村文化旅游项目，实现农业多种功能开发与旅游消费的深度融合。大力推进农村与乡村文化旅游资源开发相关联的非农产业发展，如以原始建筑、历史人物形象等旅

游资源为核心吸引物，利用毗邻乡村的传统工艺，设计具有历史文化印记的旅游纪念品、手工艺品、生活用品等；又如，在邻近乡村挖掘具有鲜明地方"特""土""乡"特征的美食、住宿、民俗、美景、农产品及其加工产品、传统工艺生活用品等，适当注入现代生活要素和时尚旅游元素，开发建设与旅游景区配套的餐饮、住宿、度假、休闲等服务项目，形成旅游景区与附近村落非农产业的联动发展。

业 态 聚 焦
Business Focus

B.6
河北省数字文化产业的培育重点、前瞻性布局与促进举措研究

陈璐 张彬 潘保海*

摘 要： 本报告分析了新冠肺炎疫情对文化产业的整体影响以及对数字文化产业崛起的催生效应，总结了疫情防控常态化阶段数字文化产业发展的八大趋势，系统分析了河北省数字文化产业发展的基础条件和特征，提出了以"ABCD+7"为核心的发展数字文化产业的核心层，针对未来发展存在的问题，提出了有助于数字文化产业发展的重大工程和保障措施。

关键词： 数字文化产业 培育重点 前瞻布局 促进举措

---

* 陈璐，河北省社会科学院河北省京津冀协同发展研究中心智库首席专家、河北省社会科学院经济研究所所长、河北省文化产业研究中心主任，主要研究方向为区域经济、产业经济；张彬，河北省社会科学院经济研究所助理研究员，主要研究方向为文化产业；潘保海，河北省社会科学院经济研究所副研究员，主要研究方向为区域经济。

从历史经验来看，每一次突发性的外力冲击都是危中有机。此次疫情对于文化产业而言，短期影响的是整体行业的收入、就业、供应链、现金流和资金链，中长期则将加速整体行业的调整和淘汰，促进传统文化产业进一步优化结构和提升效率，推动新兴数字文化产业加速崛起。

一 疫情防控常态化时期数字文化产业崛起的方向与共识性趋势分析

（一）疫情对文化产业的整体冲击及对数字文化产业崛起的催生效应

突如其来的新冠肺炎疫情对文化产业的一些领域产生了较大的影响。从本次疫情对文化产业的影响来看，可以分为三个层次：第一层是最严重层，主要是线下聚集性的文化娱乐消费活动和文化生产活动，包括文化旅游、影视剧拍摄和电影放映、线下的文化娱乐演艺、文化节庆会展活动、综艺节目制作、文化游乐主题乐园、聚集性体育健身、线下文化产品批售等；第二层是较严重层，主要是因文化主流、影视、演出、文体娱乐活动停滞或大幅度减少而受到影响的产业链上下游企业，以及因无法开展线下业务而受到影响的传统广告传播业、公关营销业等，影视演艺节庆活动等产业链上下游则包括编剧、艺人经纪、演出道化服等细分领域；第三层则影响较小，比如大多数文化产品的生产制造、新闻制作与传播、广播电视、创意设计等。

在以线下为主的部分文化产业领域受到较大影响的同时，互联网文化娱乐消费却迎来了高涨的人气。Quest Mobile 数据显示，春节期间，在中国网民互联网消耗时长方面，视频、游戏两大领域占比上涨至38%，新闻资讯也上涨至9%。短视频、直播等互联网文娱消费新用户增加迅猛，而"云放映""云演唱会""云展览""云蹦迪""云旅游"等新模式都显示出在疫情期间互联网文娱消费的创造力和催生新文化产业业态的示范作用。由此可见，在疫情期间，甚至在之后"寒蝉"效应的影响下，线下文娱消费将大量被线上文娱消费取代，并逐步过渡成为文化消费主流方式，消费方式的变化将向产业链上下端传导，由此催生传统文化制造业和批零业加速"数字化"嵌入及新兴数字文化服务产业大量涌现，未来五年，新一代数字文化产业发展模式、发展业态、发展渠道的全面爆发已势不可当。

（二）疫情防控常态化时期数字文化产业变化趋势的共识性判断

趋势一：文化产品批发和零售业将加速"大智移云"化，大数据、智能化、移动互联网和云计算将全面应用融合在批发零售业中。

趋势二：文化旅游、会展节庆、体育赛会、线下娱乐演艺等现场体验型传统文化服务业依托虚拟现实（VR）、数字云服务、区块链、5G 和 8K 视频等技术向非现场的"身临其境"和"互联互动"等新体验模式发展与创新。

趋势三：文化产品制造业中可穿戴文化智能设备和适应新业态的虚拟化数字终端的研发、生产和制造，将进入前所未有的大发展时期。

趋势四：文化传媒和传播服务业在新一代数字网络技术的"加持"下全面整合和效能提升，短视频、长视频、直播、游戏、网文、资讯等互联网文娱平台将加速融合，未来超级平台将出现；视频、直播与社会、商业、娱乐、消费结合将更加紧密，视频、直播可以连接万人万事万物，视频、直播技术和模式将不断创新。

趋势五：文化内容产业数字化转型迅速发展，内容创作、生产段的数字化水平将大大提升，内容创作和生产模式将发生重大变革，借助数字化工具聚拢团队实现内容共创、提高效率、提升创造水平和降低风险，将成为未来内容产业的主流。

趋势六：文化企业数字化演进特征体现出"两个方向"，一个是大型文化企业依托数字信息技术的优势向跨界"巨无霸"和"超级平台"方向发展；另一个是内容创作生产领域的企业"去中心化"明显，依托数字化工具更趋向个体化、民众化、分散化、小微化。

趋势七：以数字文化产业为引领的文化产业区域标识"名片化"重塑

时期到来,以争夺国内文化科技主导权为核心的前沿文化科技的省际竞争将在"十四五"时期进入白热化阶段。

趋势八:文化科技平台"跑马圈地"式快速发展,一方面,BAT、小米、华为等大型技术平台不断进入广播电视、新闻媒体、影视动漫、创意设计等文化产业领域,通过搭建人工智能技术平台、大数据平台、云计算平台、动作捕捉技术平台、云 VR 平台等公共技术平台,为文化产业领域提供技术解决方案。另一方面,文化产业领域的企业纷纷借助公共数字技术平台向媒体融合转型,比如,光明日报社联合影谱科技,借助人工智能技术优势,建设新媒体实验室;长隆集团与百度联合开发出 AR 智慧园区等。

二 河北省数字文化产业发展现状特征和基础条件

近年来,河北省数字文化产业依托京津文化创意产业服务外包的溢出效应,逐步开始构建起面向北京的数字文化产业配套产业链,取得了一定的成效,有了一定的发展,总体上表现出以下几个特征。

(一)从总体特征看,表现为基数小、基础差,但增长率较快

2018 年,国家统计局制定的新版文化产业统计指标体系将文化产业统计指标分为 3 大类、9 大领域、146 个细分指标,其中并没有数字文化产业的专门类别①,但是,按照直接相关指标来看,有 4 个细分指标属于数字文化产业,分别是多媒体、游戏动漫和数字出版软件开发,增值电信文化服

---

① 2018 年国家统计局制定的新版文化产业统计指标体系较以往版本更加规范、更加准确,但由于对文化产业数字化、信息化估计不足,从现在反映的问题看,出现了漏统现象,比如:没有考虑到数字文化产业的特殊性,将 C2B、B2C、C2C 等平台对个人、个人对个人的交易纳入统计范围;C2C 平台,没有将小微企业和个人的交易,以及观众对主播的打赏等纳入统计;没有计算免费服务中产生的海量数据的价值;低估了数字经济活动中的经济或效用增值。预计几年后国家将重新修订指标体系。

务，互联网游戏，其他文化数字内容服务。① 2019年，河北省这4个细分指标规模以上（营业收入1000万元以上）入统的法人单位数只有26家，资产合计仅有12.9亿元，营业收入合计仅有5.5亿元，利润总额仅有0.4亿元，还不及北上深杭等城市的一个文化创意产业园区的企业数量与收入规模多。但从4个指标的同期增长率来分析，2019年总资产平均增长20%左右，营业收入增长为7.5%～23.1%，营业利润增长1.29～9.46倍，显示出强劲的增长态势。可以预见，进入疫情防控常态化阶段后，数字文化产业的发展将更加迅猛。

（二）从区域分布特征看，主要集中在"三地三区"，以中小企业群体为主

河北省数字文化产业的市场主体主要分布在三地和三区："三地"即石家庄、秦皇岛、廊坊，"三区"即经济技术开发区、高新区和留学人员创业园。"三地三区"主要集聚了95%的数字文化企业，除此以外，全省各地的大学生创业园、双创基地、"孵化器"等平台载体内还存在一部分尚未"蝶变"为市场主体的创业团队或"微个体"，也从事部分数字文化产品的开发和服务。

（三）从所属行业划分看，主要分布在六大领域，但缺乏自主品牌竞争力和知名产品

从所属行业看，河北省数字文化产业主要分布在数字出版业、数字传媒业、数字动漫游戏业、数字内容业、网络娱乐业和数字文化装备终端等六大行业。从细分领域和产品链看，除省广电、省出版等国有龙头企业在数字出版、数字传媒等领域有一定影响外，河北省大多数企业从事的是与京津沪深杭等地数字文化强企相配套的供应链产品或劳务类代工型数字化外包服务，

---

① 因河北省直接相关的数字文化企业规模小、数量少，营业收入1000万元以上的入统企业更少，间接相关的、主业是非数字文化的企业其数字文化的增加值和营业收入也没有剥离统计，因而统计的直接相关的数字文化产业规模较小。

如手游动漫的画面批量制作、海量图形处理、数字音频视频内容修整、地理信息数据录入、数字智能化装备终端小组件、部分配套软件外包开发等,也包括一些自主开发的音乐娱乐教育 App 等,几乎不存在有竞争力的自主品牌产品和知名品牌,从总体上看,仍处于数字文化产业链中的低端领域,市场主体并不发达,品牌效应难以显现。

(四)从发展的优劣势和未来趋势看,既拥有难得的组合条件,也面临棘手的制约因素,总体判断具备"后发赶超"的潜力

当前,河北省委省政府高度重视数字经济的发展,河北省已拥有发展数字文化产业难得的组合条件。一是省委省政府已把发展数字经济作为深化供给侧结构性改革、推进创新驱动发展、加快培育新动能的主攻方向,出台了《关于加快发展数字经济的实施意见》《关于加快发展"大智移云"的指导意见》《战略性新兴产业发展三年行动计划》等一系列指导意见、行动计划、政策措施,基本构成了支持数字经济发展的"四梁八柱"政策体系,面向数字文化产业的新技术、新产业、新业态、新模式将不断涌现。二是京津冀协同发展、雄安新区规划建设、北京冬奥会筹办等带来重大历史机遇,河北进入了历史性窗口期和战略性机遇期,不仅为数字经济发展带来了强大势能,也为数字文化企业在河北投资兴业提供了广阔舞台。三是河北省传统工业提档升级和新一轮城市建设"补短板"逐步加速,在传统产品改造升级中文化创意数字化设计体现了智慧城市的文化建设数字化应用,新兴数字化文化消费等领域催生了对数字文化经济发展井喷式的旺盛需求,迫切需要加快发展数字文化产业。

与此同时,也要看到,发展数字文化产业也存在制约因素。一是数字文化产业"有核无界",数字文化产品供应链的布局并不会因地理区位毗邻京津而"傍大款""吃小灶",拥有适应数字产业发育的优越的营商环境才是"至胜关键"。这方面河北省相对于南方先进地区仍然存在差距。二是人才和投资是数字文化产业迅速崛起的"催化剂",河北省仍然是高科技人才"净流出"省份,而投资必然聚焦于"好项目"和"高技术",谋划好项目和促进科技成果转化也是河北省多年的"短板"。

综合发展趋势和河北省发展潜力判断，数字文化经济是时代机遇，在当前和未来相当长一段时间内，数字文化经济将成为经济创新转型的最强劲引擎，给文化实体经济的发展带来颠覆性的变革。如果错过时机，未来河北省的文化产业都将沦为低端产业，所以，必须顺势而为、乘势而上，大力拥抱数字文化经济的浪潮。考虑到雄安新区在文化科技和新一代信息技术研发的能力和水平将进入全球顶尖层级，其布局将于"十四五"中后期陆续落地，河北省完全可借力雄安新区的数字技术研发能力及成果转化外溢来统筹规划布局全省高端数字文化产业体系，必然催生出大规模的高端数字文化装备和文化服务业，未来发挥后发优势，在局部领域和特色产业方面赶超先进地区，是完全有可能的。

三 河北省数字文化产业重点培育方向

（一）以"ABCD+7"为重点锻造河北省数字文化产业的核心层

A 即 Artificial Intelligence（人工智能），B 即 Blockchain（区块链），C 即 Cloud Computing（云计算），D 即 Data（大数据）。依托"ABCD"等数字技术拓展河北省数字文化产业发展空间，重点发展数字出版、数字融媒与传播、数字文化内容、数字影视、数字文化装备及终端、智慧体育健身、智慧文旅娱乐等七大领域。加快引进实施一批发展前景好、技术水平高、价值含量高的重大项目，强化推进新型数字技术和新兴文化产品相融合的研发突破和产业化应用。一是引进培育人工智能、新一代通信设备和信息终端制造项目，以石家庄、唐山、保定、廊坊、衡水为重点区域，支持面向文化娱乐健身的可穿戴设备、智能仪表、智能传感器件、感知终端、娱乐用智能无人飞行器制造等智能硬件及零部件产业链发展。二是以虚拟现实（VR）、增强现实（AR）、混合现实（MR）等新型显示技术为重点，鼓励引导企业研发有关"数字内容"、"数字影视"、"数字出版"和"智能文化旅游娱乐"的产品及软件，培育建立数字化、智能化的服务平台。三是积极推进区块链与大数据、云计算等技术深度融合，拓展区块链应用场景，加强区块链技术在体育健身、赛事展会等行业和河北省相关特色产业中的应用。例如，衡水安平的"马文化"产业近年来发展迅猛，可依托"马"产业链的发展延伸，探索基于马术赛事、竞技结果、伤病、饲料、药品、繁育、马主、骑手、佩戴护具、马匹登记和贸易、马匹跨境流动、退役赛马再培训等全周期的信息管理的区块链技术，率先打造全国独具特色的体育赛事区块链技术应用平台。四是加强云计算技术与物联网、下一代互联网、移动计算的融合，运用云计算技术进行产品和服务模式再创新。积极引进云计算载体和技术，以雄安新区未来建设全国性"云计算"平台载体为核心，围绕文化旅游、展会博览、传媒影视、娱乐健身等重点领域的应用需求，支持建设一批区域混合云服务平台。五是面向出版、广电、影视、文化娱乐、特定文化消费品等重点领域的应用需求，研发具有行业特征的大数据检索、分析、展示等技术产品，鼓励研发新一代商业智能、数据挖掘、数据可视化、语义搜索等软件产品。开展数据分析、咨询、应用等服务，大力发展数据资源服务、数据清洗、数据交换等新商业模式，形成数据汇聚、融通、交易、服务协同生态圈。

（二）以"数字基因+制造+服务"为主线改造提升传统文化实体经济

河北省拥有较大规模的特色民俗产品、民间工艺品、日常文化消费品制造等传统制造产业，以及文化产品批发零售、广告服务、文化艺术培训、各类专业设计、文化软件等传统服务业。在文化产业数字化、智能化的大趋势下，传统文化产业只有与数字化的智能技术、信息网络技术深度融合，才能更好地适应新时代消费需求。一是实施传统文化企业"设计创客"行动计划，拓展文化产品设计中数字科技的创新应用，谋划建设一批"省级特色文产设计基地"，考虑筹办河北省"数字文化创意创客创新大赛"，制定相应的"基地""大赛"管理办法和奖补政策，引导企业加快数字化创新。二是实施"文化企业数字化智能化改造"行动计划，组织实施一批示范项目，建设贯穿研发设计、原料供应、生产制造、营销服务等产品全生命周期的数字化信息集成平台，积极打造智慧供应链。三是大力实施文化服务经济"新业态催生"行动计划。以"新批零、云体验、智消费、轻科技"为核心重构文化服务业"数字基因+服务"新模式与新业态。制定政策，鼓励各类文化新业态企业以产业基地或园区作为集聚的载体，形成相互支持配套的产业生态圈。抓紧制定出台更具包容性的政策，分类施策。创新"基地+基金"的载体建设模式，吸引龙头企业和"链主"企业集聚。

四 促进河北省数字文化产业崛起的重大举措和对策建议

（一）抓好全省顶层设计，以大视野谋划好大格局

发展数字文化产业绝不只是宣传部门或文化旅游部门自己的事，必须以全球视野、全国站位谋划推进河北省数字文化产业发展，把数字文化产业摆到未来打造"万亿级"产业的重要位置，积极创造条件，制定顺应时代要求、具有河北特色的总体规划和促进政策。一是建立高规格的领导协调小组，负责数字文化产业发展的重大决策，并协调解决开发建设中的重大问题。二是成立规划研究专班，研究建立完善数字文化产业的规划体系，研究和编制全省数字文化产业发展战略规划、三年行动计划，明确产业发展的空间布局、重大平台载体和重大战略项目的谋划。三是在当前数字经济的支持政策基础上，研究并进一步完善数字文化产业特色化、专业化的投资促进政策，从财政奖补、土地供给、税收优惠、技术创新等方面，支持培育龙头企业、保障条件和重大项目建设。

（二）构建试点示范体系，以重点突破引导带动全局发展

先进地区经验表明，在省域内构建起系统的数字文化产业"试点示范体系"对于提升产业规模质量、引导产业集聚布局、带动促进产业链投资具有极其关键的作用。建议河北省的数字文化产业构建起"一核、三城、

十园、百企、百亿"的试点示范体系。"一核",雄安新区;"三城",石家庄、廊坊、秦皇岛;"十园",在全省数字经济或文化创意产业发展较好的开发区、高新区、创业园等经济功能区载体中分类挑选10个试点示范园区,或在数字文化产业条件基础较好的高新区中划出区中园,建设"数字文化产业园"专题园开展试点示范;"百企"和"百亿",围绕数字文化产业供应链构建、传统企业数字化改造、新业态数字文化企业等类型,分类培育100家左右的试点示范企业和营业收入达到100亿元级别①的产业群体,为河北省数字文化产业的"后发崛起"创造条件。建议制定出台有关"试点示范体系"实施意见的文件,通过分类型"量身定做"一揽子支持政策措施,引导项目、人才、企业、资金、创新要素加快集聚,同时紧盯国家给予雄安新区的科技、金融、产业等先行先试政策动向,对标先进地区的政策内容,适时调整政策扶持重点和力度,保持政策的灵活性和有效性。

(三)推动实施重大工程,以供给侧发力提升产业层次水平

推动数字文化产业发展,需要以全新的发展理念,立足新城市、新业态、新平台、新企业、新链条等供给侧"五新"来谋划五大工程,持续发力,迅速提升产业发展层级。一是实施"城市大脑"赋能工程。基于"智慧城市"构建起全面的数字化、智能化城市"新基建"系统,利用人工智能、大数据、物联网等先进技术,打通不同平台,推动城市数字化管理,为数字文化产业的发展提供数据信息基础。二是实施"新蓝海"拓展工程。瞄准数字文化产业新业态和新模式,鼓励企业投资应用前沿技术融合创新,催生新的业态和服务;鼓励本土企业积极"拥抱"国内新业态领军企业,融入其供应链和创新链。鼓励探索在线点播、直播等新业态、新模式,推

---

① 从科技型企业符合入统统计范围的企业营业收入占总数的比例推算,入统企业的营业收入一般占产业集群整体营业收入的比例为20%~30%。一个100亿元级别的产业集群从统计局反映出来的入统企业营业收入大约为20亿~30亿元,未来5年,河北实现百亿元数字文化产业集群这一目标应是没有问题。未来10年,考虑雄安新区大规模布局数字文化科技龙头企业的因素,河北可实现营业收入500亿元以上的产业营收目标。

动线上线下融合发展，探索影视、演艺产品多渠道发布、多终端呈现；鼓励开发新型文化消费金融服务，支持文化消费新业态发展。三是实施"平台矩阵"建设工程。围绕数字文化产业的特征和专业化要求，搭建以雄安新区为中心的协同创新的平台与载体群；支持高校和企业合作建设双创"孵化器"、加速器、人才培养学院、人才实训基地等创业创新平台；培育发展数字资源共享平台；扶持发展第三方科技信息与中介服务平台；创新发展金融服务平台，推出文化金融"量身定做"专项服务，包括疫情防控专项贷款、文创园区资金收益权质押贷款、文创小微企业信用贷款、数字文化企业专项融资担保、数文创企业信用担保、投贷联动、股权质押反担保、保证人反担保等多项金融产品创新。四是实施"先锋企业"引育工程。优化企业营商环境，建立本土领军企业培育机制，加快招引省外龙头企业携技术、资金投资数字文化产业项目，对大型数字文化企业采取快速响应机制，开通免于审批的"白名单"服务通道。打造具有国内影响力和创新力的"雁阵"企业集群。五是实施"双链"联动延伸工程。推进产业链与创新链延伸联动发展，以"先锋+集群"的模式在产业链上培育聚集一批竞争力强的重点企业和配套企业，在创新链上吸引壮大一批影响力强的研究创新团队。

（四）完善高效合力推进机制，以大协作强化大保障

河北省文化产业发展之所以缓慢，其中最关键的原因在于始终形不成各地、各部门的推进合力。数字文化产业发展如能乘数字经济的"东风"，反而比其他文化产业发展更能形成推进合力。对此提出以下四点建议。一是强化各市"主官"对数字文化产业的正确认识。不能一说发展数字经济就只想到芯片、机器人等高端制造产品，以新业态、新消费为核心的数字传媒、数字内容等文化产业也同样催生了很多市场空间巨大、盈利丰厚的新硬件和软件产品。二是要为数字文化产业项目在省、市重点项目盘子中的比例设定一个标准，作为考核各地、相关部门负责人的"硬性"参考标准。三是商务、科技部门在针对开发区、高新区、创业园等平台载体发展考核中，要强

化数字文化产业发展内容。四是要针对重点数字文化产业项目的审批与建设，构建由宣传、文化旅游、行政审批、土地、金融、税务、环境保护等相关部门联合推进的高效机制。实行领导和职能部门定点联系企业与项目制度，定期深入重点项目和重点企业开展调研，及时解决项目建设和企业发展中存在的困难。

B.7
新冠肺炎疫情下文体产业发展的特征、趋势及河北应对策略

严文杰*

摘　要： 新冠肺炎疫情虽然对文化产业和体育产业造成影响，但在数字经济引领下，文体企业加速数字化转型，网络直播、在线教育、数字出版、动漫游戏、线上健身等一大批文化和体育产业新业态不断涌现，新动能不断培育壮大。本报告梳理了新冠肺炎疫情对文化产业和体育产业发展的影响，用统计数据分析新冠肺炎疫情下文体产业发展的特征和趋势，剖析"十三五"时期以及新冠肺炎疫情发生以来河北文体产业发展情况，并提出"十四五"河北文体产业发展的应对策略。

关键词： 文体产业　数字化　新业态

一　文献综述

2020年，新冠肺炎疫情对全球经济各行业发展产生了巨大影响，文体产业也不例外，一些学者和专家从不同角度研究了新冠肺炎疫情对文体产业发展的影响。

---

* 严文杰，河北省社会科学院经济研究所副研究员，主要研究方向为数字经济。

（一）有关新冠肺炎疫情对文化产业发展影响的文献研究

新冠肺炎疫情对文化产业发展的影响主要体现在以下几个方面。一是加快传统文化产业升级。云演艺、云展览、云综艺等的文化大数据加速了传统文化产业的数字化升级。[1] 二是对文化消费产生的影响。新冠肺炎疫情虽然抑制了传统线下文化消费，但也催生了宅经济，宅经济带动数字内容消费、数字休闲娱乐消费等一批新型消费和升级消费。[2] 三是对数字文化产业的影响。在新冠肺炎疫情影响下，数字技术加速向文化产业转移，加快推动数字文化产业变革。[3] 数字文化产业迎来爆发式增长，消费场景向线上集中，消费能力在线上释放[4]，尤其是线上数字文化产业出现新业态、新模式，推动了数字文化产业的培育壮大[5]。四是对文化企业的影响。新冠肺炎疫情给一些文化企业带来成本损失、收入减少、现金短缺、用工不足等问题[6]，但对大部分文化企业来说，新冠肺炎疫情驱动中小文化企业运用互联网、大数据、人工智能等信息技术进行企业数字化转型[7]。

总体来看，大部分学者认为，新冠肺炎疫情对传统文化产业特别是文化制造业造成较大影响，但疫情也驱动文化产业新业态不断涌现，文化产业新旧动能转换加快。长期来看，我国文化产业高质量发展的长远目标不会改变。

---

[1] 向勇：《"创意者经济"引领数字文化产业新时代》，《人民论坛》2020年第19期。
[2] 方媛、张捷：《再娱乐——后疫情时期的大众文化消费趋势及对策研究》，《南京艺术学院学报（美术与设计）》2020年第5期。
[3] 杨晓东、崔莉：《疫情防控形势下加快激发数字文化产业新动能》，《社会科学家》2020年第1期。
[4] 陈娴颖、郑裕茵：《疫情之下数字文化产业结构性困境的突破路径》，《艺术评论》2020年第5期。
[5] 蔡晓璐：《"新冠肺炎"疫中我国文化产业的发展特征与疫后格局重组》，《艺术评论》2010年第5期。
[6] 黄永林、黄勤等：《新冠肺炎疫情对湖北文化企业影响的调研报告》，《人民论坛·学术前沿》2020年第9期。
[7] 范军：《疫情面前有关出版业发展的思考》，《出版发行研究》2020年第3期。

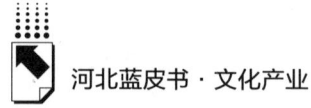

（二）有关新冠肺炎疫情对体育产业发展影响的文献研究

新冠肺炎疫情对体育产业发展的影响主要体现在以下几个方面。一是对体育服务产业的冲击较大。新冠肺炎疫情暴发初期，全国大部分体育场馆、健身馆和俱乐部处于关闭或停业状态，一些中小体育服务企业由于现金流断裂不得不破产倒闭。① 二是在线健身新业态兴起。虽然疫情使体育健身服务产业线下"停摆"，但也激活了线上健身等体育新业态的创新发展。② 受疫情影响，在线健身人群日益增加、传统线下健身用户成为在线健身的主要用户、在线健身内容日趋丰富、在线健身器材销量实现爆发式增长。③ 同时，在线健身进一步推动体育产业线上与线下深度融合发展。三是推动"健康社区"建设。本次新冠肺炎疫情凸显社区在国家治理体系和治理能力中"最后一公里"的重要地位，"健康社区"成为不可或缺的基础力量，需要从社区治理组织体系、治理运行机制、多元主体建设、基础设施配套等多方面进行完善。④

总体来看，大部分学者认为，疫情虽然使体育产业陷入危机，体育产业发展面临挑战，但危机和挑战只是暂时的。长远来看，在数字经济引领下，在居民健康意识逐渐增强的趋势下，疫情不会改变我国体育产业实现高质量发展的目标。

二 新冠肺炎疫情下文体产业发展的特征和趋势

（一）新冠肺炎疫情对我国文化产业冲击较大，但"互联网＋文化"新业态实现逆势增长

受新冠肺炎疫情影响，全国文化产业受到较大影响。从增速看，2020

---

① 吴香芝、张继民、侯喆、刘兵：《我国体育服务产业"新冠"疫情影响和恢复策略研究》，《体育与科学》2020年第3期。
② 张亮、焦英奇：《后疫情时代体育产业发展的空间转向与价值重构——基于新冠肺炎疫情背景下体育产业发展的分析》，《体育与科学》2020年第3期。
③ 钟丽萍、刘建武、范成文、周进：《新冠肺炎疫情下在线健身的实践逻辑、发展态势与推进策略》，《武汉体育学院学报》2020年第9期。
④ 钟秉枢等：《困境与应对：聚焦新型冠状病毒肺炎疫情对体育事业的影响》，《体育学研究》2020年第2期。

年第一季度、上半年、第三季度全国规模以上文化及相关产业企业经营收入比2019年同期分别下降13.9%、6.2%、0.6%,降幅逐步收窄。

1. 从文化产业行业类别看,新闻信息服务行业一枝独秀,营业收入始终保持正增长,其他行业降幅呈现收窄趋势,全年正增长的行业多于负增长的行业已成定局

在全国文化及相关产业九大行业类别中,第一季度除新闻信息服务行业(11.6%)逆势增长外,其他行业全部呈负增长;上半年尾声情况有所好转,除新闻信息服务行业(13.4%)、创意设计服务行业(3.3%)呈正增长外,其他行业全部呈负增长;前三季度情况进一步好转,在文化产业九大行业类别中,实现正增长的行业多于负增长的行业,具体来看,新闻信息服务(17.0%)、内容创作生产(4.1%)、创意设计服务(9.0%)、文化投资运营(0.2%)、文化消费终端生产(0.8%)等5个行业实现正增长,文化传播渠道(-16.5%)、文化娱乐休闲服务(-39.9%)、文化辅助生产和中介服务(-9.5%)、文化装备生产(-3.4%)等4个行业仍处于负增长状态。

2. 从三大产业类型看,新冠肺炎疫情发生后,文化批发和零售业受影响最大,其次是文化制造业,受影响最小的是文化服务业

2020年第一季度,文化制造业(-18.5%)、文化批发和零售业(-27.3%)、文化服务业(-2.9%)均为负增长;上半年文化服务业(1.7%)增速由负转正,文化制造业、文化批发和零售业降幅收窄;前三季度,三大类文化产业发展进一步复苏,文化服务业增速加快,文化制造业、文化批发和零售业降幅进一步收窄。预计2020年全年文化服务业增速会进一步提高,文化制造业有望实现正增长,文化批发和零售业降幅继续收窄。

3. 从全国四大区域看,新冠肺炎疫情对东北地区文化产业发展影响最大,对西部地区影响最小

从全国四大区域看,新冠肺炎疫情发生以来,东北地区文化及相关产业企业经营收入降幅最大,其次是中部地区,西部地区降幅最小。截至2020年第三季度,西部地区实现正增长,中部地区和东部地区增速虽然仍为负,但降幅收窄明显,预计2020年全年除东北地区外,东部地区、中部地

区、西部地区文化及相关产业企业经营收入均能实现正增长。

4."互联网+文化"新业态成为文化产业发展的最大亮点，逆势保持两位数增长，增速不断加快

2020年第一季度以来，受新冠肺炎疫情影响，全国文化产业受到较大影响，规模以上文化及相关产业企业营业收入下降明显，但以互联网技术为基础的互联网搜索服务、数字出版、动漫和游戏数字内容服务、互联网广告服务、可穿戴智能文化设备制造等文化新业态特征较为明显的16个行业小类，逆势保持两位数正增长，第一季度、上半年、前三季度文化产业新业态营业收入分别增长15.5%、18.2%、21.9%。究其原因，新冠肺炎疫情虽然给人与人接触的经济业态带来较大影响，但对人与人非接触的"互联网+文化"等新业态发展影响较小。调查发现，新冠肺炎疫情阻碍了人与人之间的交往，虽然限制了传统文化产业的发展，却刺激了人与人非接触新业态的涌现，挖掘了"互联网+文化"新业态的需求，培育了文化产业新的增长点。

（二）新冠肺炎疫情虽然减少甚至阻碍了我国一些体育赛事和居民体育活动，但加速了智能体育设备的发展

鉴于体育产业数据的可得性，本报告透过体育娱乐用品零售额增速情况来分析新冠肺炎疫情以来我国体育产业发展的特征和趋势。如图1所示，新冠肺炎疫情发生以后，2020年1~2月全国体育娱乐用品零售额增速为-4.0%；3月增速进一步下跌，为-7.1%；4月后全国体育娱乐用品零售额复苏，出现爆发式增长势头，4~6月不仅实现两位数增长，而且增速持续增加；7~10月增速下降，进入个位数平稳增长区间；11月增速直线上升，实现全年最高增速，达到24.0%。从累计数看，1~11月全国体育娱乐用品零售额增长9.1%，高于2019年全年8.0%的增速。总体来看，新冠肺炎疫情暴发以来，初期对体育娱乐用品零售额产生的影响较大，增速由正转负；但随着我国疫情防控取得阶段性胜利，以及居民对身体健康意识的加强，体育娱乐用品迎来了报复性消费，增速高歌猛进，再也没有跌入负增长区间。从体育产业消费亮点看，智能体育设备最受欢迎，浙江、广东、河北

等不少省份可穿戴智能设备实现了跨越式增长，其中，2020年前三季度浙江可穿戴智能设备零售额增长43.2%、河北增长48.8%。

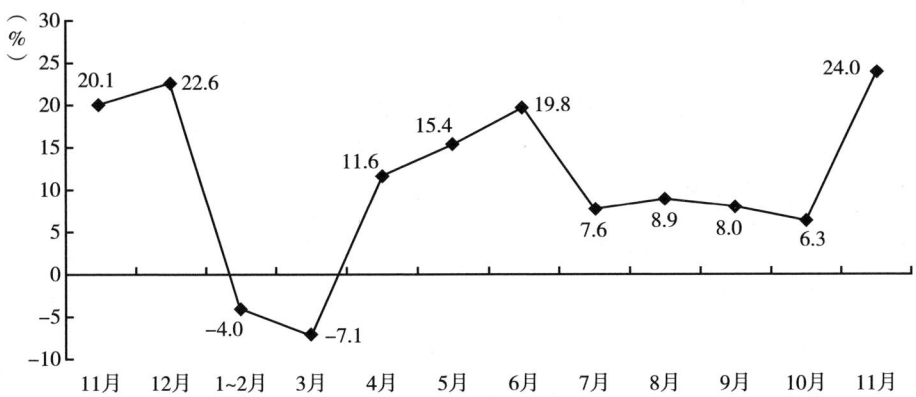

图1　2019年11月至2020年11月全国体育娱乐限额以上单位商品零售额增速情况

资料来源：国家统计局网站。

（三）新冠肺炎疫情对文化和体育消费模式影响不一，数字文化和数字体育新业态加速兴起

1. 疫情对线下传统文化经营单位造成影响，但"网络直播""动漫游戏""在线教育"等新业态迅速兴起

疫情一方面给文化制造业带来较大影响，另一方面在文化服务业领域，传统线下文化企业经营惨淡甚至破产。但在文化服务业领域有一个基本面没变，那就是疫情发生并没有减少居民的文化精神消费需求。由于只能宅在家里或者不能到现场享受文化娱乐服务，越来越多的人开始在网上寻找文化娱乐，越来越多的文化经营单位改变以往的线下经营模式，开拓线上业务，使"网络直播""数字游戏"等文化服务新业态兴起，比如字节跳动短视频受众面广，因传播我国历史文化而培养了一大批国内外忠实观众，也造就了诸多网红；还有数字游戏等。这也解释了疫情发生后，文化制造业下滑明显，但文化服务业在短暂下滑后迅速恢复并保持正增长，这其中文化服务新业态

起到了关键作用。同时，疫情可能改变并保持居民的文化消费习惯，越来越多的人喜欢线上文娱服务，特别在生活工作节奏加快的时代，"短视频""短节目""短游戏"等不占用人们较长时间的线上活动，会受到越来越多文化消费者的青睐。

2. 疫情使国内外体育赛事停摆，给体育服务业造成一定影响，但2020年下半年以来已有复苏迹象

以全球足球和篮球两大运动为例，在国外，由于新冠肺炎疫情，意甲、法甲、西甲、英超和德甲等欧洲足球五大联赛以及欧战赛事陆续停摆；NBA从3月13日也开始停摆，停摆长达4个多月。在国内，由于疫情，CBA直到4月才开赛，中超联赛则直到7月下旬才开赛，而且减少比赛场次，实行封闭的赛会制。然而，2020年下半年或者2021年初进行的足球和篮球赛事，可能会恢复到以往场次，甚至允许部分球迷进场观看。可以判断，疫情暴发之初，全球各项体育赛事和居民体育活动减少甚至停摆，对体育服务业造成了一定影响，但随着新冠肺炎疫情的科学防控，体育赛事的场次数量会逐步恢复到疫情之前，足球、篮球等体育产业会逐步复苏。

3. 疫情只是把更多的体育观众从线下强制分流到线上，但从长期看并没有改变"以线上为主，线下为辅"的体育消费模式

不管是国外还是国内，足球和篮球等体育赛事的重启，都需要解决避免人与人接触的难题，在开赛之初，举办国内外足球和篮球等体育赛事的场馆都禁止向观众开放，以避免新冠肺炎疫情的传播，直到现在也只是允许极少数观众入场观看。这样的结果，对经营单位（足球和篮球俱乐部）而言，不仅面临门票收入减少，赞助收入也减少了，不少经营单位面临破产风险；对观众而言，特别是以前经常到现场看球的观众，只能不看或者通过视频网站和电视观看。但是，现场观赛的球迷毕竟只是极少一部分，大部分球迷都是线上观看比赛。因此，对于体育赛事而言，新冠肺炎疫情只是把现场极少数观众从线下引入线上，并没有改变大多数观众线上消费的模式。从这个角度看，新冠肺炎疫情对体育产业的影响比文化产业小。

三 "十三五"时期以及新冠肺炎疫情发生以来河北省文体产业发展情况分析

(一)河北文化产业发展情况

"十三五"时期以及疫情发生以来河北省文化产业主要呈现以下几个特征。

1. 文化产业综合实力在全国的地位基本没变,仍处于中下游水平

从文化产业三大类型看,2019年河北省文化制造业规模以上文化及相关产业企业营业收入达518亿元,居全国第14位,排位与2015年持平;文化批发和零售业营业收入达195亿元,居全国第15位,比2015年排位上升3位;文化服务业营业收入为248亿元,居全国第20位,比2015年排位下降2位(见表1)。可见,河北文化产业在"十三五"期间基本保持了"十二五"全国中下游水平的地位。

表1 2015年和2019年河北省规模以上文化及相关产业企业营业收入情况

产业类型	2015年	2019年
	营业收入在全国各省份中的排位	营业收入在全国各省份中的排位
文化制造业	第14位	第14位
文化批发和零售业	第18位	第15位
文化服务业	第18位	第20位

资料来源:根据《中国统计年鉴(2020)》有关数据整理。

2. 文化产业规模与先进省份的差距进一步扩大

根据表2测算,规模以上文化及相关产业企业营业收入,2015年广东是河北的11.1倍,2019年扩大到18.9倍;2015年江苏是河北的10倍,2019年扩大到11.3倍;2015年山东是河北的6.8倍,2019年缩小到5.3倍;2015年浙江是河北的5.1倍,2019年扩大到10.9倍。除山东外,河北与广东、江苏、浙江文化产业规模的差距进一步扩大。此外，文化产业增速长期在中低速徘徊，甚至进入负增长，增速长期低于全国平均水平。

表2　2015年和2019年文化产业先进省份与河北省规模以上
文化及相关产业企业营业收入情况

单位：亿元

省份	2015年	2019年
广东	13708	18142
江苏	12454	10860
山东	8475	5129
浙江	6311	10428
河北	1240	961

资料来源：根据《中国统计年鉴（2016）》《中国统计年鉴（2020）》有关数据整理。

3. 文化产业结构整体未变，但内部发生较大变化

由《中国统计年鉴（2016）》《中国统计年鉴（2020）》数据，依次测算文化制造业、文化批发和零售业、文化服务业规模以上文化及相关产业企业营业收入占文化产业营业收入的比重，可得河北2015年文化产业结构比为77.3∶11.9∶10.8，2019年文化产业结构比为53.9∶20.3∶25.8。从文化产业结构看，文化制造业比重下降23.4个百分点，文化批发和零售业、文化服务业分别上升8.4个和15.0个百分点。结果表明，虽然文化制造业仍是河北文化产业的主体，但主体地位严重削弱，反映"十三五"时期河北文化产业规模下滑主要是文化制造业规模不断缩小造成的。河北过早"去文化制造业化"或者文化制造业"空心化"，不利于河北文化产业的高质量发展。

4. 疫情下河北文化消费市场萎缩

自2020年初新冠肺炎疫情发生以来，河北文化消费市场萎缩严重。2020年1~11月，书报杂志类零售额下降2.3%，电子出版物及音像制品类零售额下降29.1%，文化办公用品类零售额下降16.1%。新冠肺炎疫情的暴发使河北文化消费增速下滑明显，文化用品和服务的有效需求不足。

（二）河北体育产业发展情况

"十三五"时期以及新冠肺炎疫情发生以来，河北体育产业主要呈现以下几个特征。

1. 河北体育产业不断壮大

"十三五"时期，河北在支持全民健身活动、体育基础设施建设、调动社会资本投资体育产业、体育彩票事业发展等方面取得显著成效，体育产业规模不断壮大，冰雪运动逐步普及。虽然河北体育产业体量较小，仍处于培育阶段，但随着"健康中国"战略在河北的深入实施，以及城乡居民对体育健身休闲活动需求的增加，河北体育产业将迎来一个黄金发展期。

2. 新冠肺炎疫情对河北体育产业发展影响较大

采用体育娱乐用品零售额增速来分析新冠肺炎疫情发生以来河北体育产业发展的特征和趋势。如图2所示，新冠肺炎疫情发生以来，河北体育娱乐用品零售额除4月和5月实现正增长外，其余月份均为负增长。2019年12月，河北体育娱乐用品零售额下降2.6%，疫情暴发后，2020年1~2月下降15.5%，3月下降16.7%，4~5月情况有所好转，分别增长6.8%、2.6%，进入6月后，体育娱乐用品零售额再次进入负增长，11月跌入2019年12月

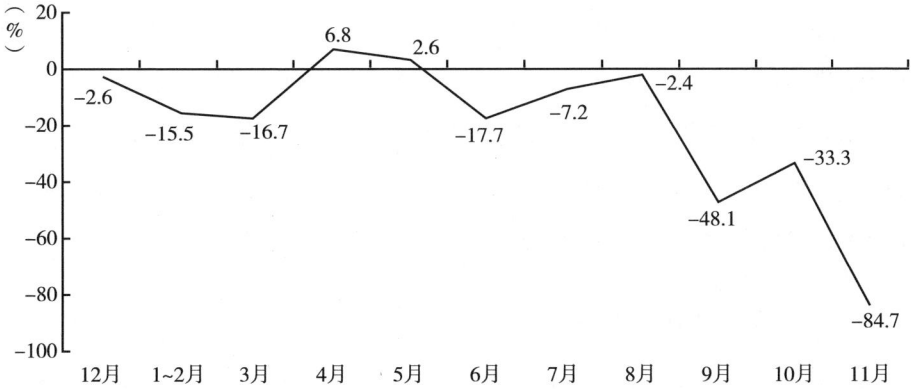

图2　2019年12月至2020年11月河北省体育娱乐限额以上单位商品零售额增速

资料来源：河北省统计局网站。

以来的最低点，下降84.7%。从累计数看，2020年1~11月，河北体育娱乐用品零售额下降42.0%，而2019年全年河北增长96.2%。可见，新冠肺炎疫情暴发以来，河北体育娱乐用品消费增速下行明显，体育用品有效需求未得到恢复。但是疫情下可穿戴智能设备消费需求旺盛，河北可穿戴智能设备零售额第一季度增长37.0%，前三季度增长48.8%，在河北体育娱乐用品零售额增速呈断崖式下跌的情况下，可穿戴智能设备成为河北新的消费增长点。

四 "十四五"河北文体产业发展的应对策略

（一）警惕河北"去文化制造业化"，保持文化制造业比例基本稳定

上述分析表明，"十三五"时期河北文化制造业规模比重不断下降，到2019年，河北文化制造业比重下降近24%。究其原因，既有疫情带来的客观原因，也有向文化产业服务领域转型的主观原因，但从我国先进省份看，即使像广东、江苏、山东等经济发达省份，文化制造业规模以上文化及相关产业企业营业收入占全部文化产业企业营业收入的比重也保持在50%左右。河北属经济欠发达地区，仍处于工业化中后期，完成工业化进程还需大量时间，不应该过早"去工业化""去制造业化"，特别是过早"去文化制造业化"，目前河北文化产业结构中的文化制造业比例适宜稳定在60%~70%。建议河北省在"十四五"时期出台扶持文化制造业培育壮大的政策措施，保持文化制造业比例基本稳定，避免文化制造业比重继续下降。

（二）加快文化产业数字化转型，培育壮大文化产业新业态

近几年特别是新冠肺炎疫情发生以来，文化产业发展较快的地区一般是数字化转型较早、较好的地区。数字经济时代，特别是疫情发生以来，许多文化产业企业被迫数字化转型，但企业的数字化转型需要政府政策配合，因

此建议河北加快出台文化企业数字化转型的政策措施，支持培育发展文化新业态，抢抓数字文化新机遇。在文化产业领域，河北要加快发展基于互联网技术的文化产业新业态，比如可穿戴智能设备、网络直播、数字出版、在线教育、动漫游戏等，加快培育文化产业发展新动能。

（三）大力发展在线健身等体育新业态，促进体育产业线上线下深度融合发展

在体育产业领域，在做大冰雪产业的同时，应加快体育产业数字化转型，布局在线健身等体育产业新业态，发展数字体育，促进"线上体育"和"线下体育"融合发展，实现体育产业线上线下两条腿走路的发展路径。同时，应继续发挥体育消费券拉动体育消费的杠杆作用，在2020年疫情期间发放1500万元体育消费券的基础上，"十四五"期间保持并适当增加体育消费券的发放额度，带动体育企业和人民群众参与体育消费活动。

参考文献

王戬勋、沈克印：《疫情之下体育产业高质量发展的现实困境和推进思路》，《西安体育学报》2020年第4期。

李志萌、盛方富：《新冠肺炎疫情对我国产业与消费的影响及应对》，《江西社会科学》2020年第3期。

B.8
河北省动漫产业发展现状与对策研究

邹玲芳*

摘　要： 近几年，动漫产业作为文化产业的重要领域发展较快。动漫产业以创新为核心，在提高文化软实力，推进文化产业转型升级等方面起到了显著作用。本报告首先系统总结了全国动漫产业的发展历程和未来的发展趋势；在全国动漫产业大格局中对河北动漫产业发展的现状及特征进行了多方位的评估。其次，对河北与我国先进地区发展动漫产业的发展模式、成功经验进行了深层次的比较。进一步分析了河北动漫产业发展面临的制约因素，如动漫产业的发展空间和市场活力有待激发；产业集聚程度有待提升，缺少龙头企业带动；动漫产业链还需继续完善等。最后提出推动河北动漫产业发展崛起，应深挖河北的特色文化资源，立足于产业的深度融合，着力于建立文旅资源与动漫产业对接机制；加快动漫产业资源聚集发展；推动动漫产业的提质升级，打造动漫产品品牌；完善动漫文创全产业链生态体系。

关键词： 动漫产业　产业对接　河北省

动漫产业是以创意为核心，以动画、漫画为表现形式的新兴文化产业，具有消费群体广、产业生命周期长、附加值高等特点。在经济发展新常态

---

* 邹玲芳，河北省社会科学院经济所副研究员，主要研究方向为产业经济。

下，加快动漫产业发展，有助于提升河北省文化软实力和文化产业竞争力，推动产业结构优化调整。经济社会的快速发展和人们生活水平的提高，为河北省动漫产业的发展提供了坚实的物质基础和广阔的市场。面对新的发展形势和任务，要积极转变观念、抓住机遇、主动作为，提高河北省动漫产业的发展实力，增强经济发展动力。

一 河北省动漫产业发展现状

（一）全国动漫产业发展现状

以移动互联网发展和普及为依托，2013年之后，互联网巨头如腾讯、网易等进入文娱产业并开始布局，对动漫产业也加大了资本投入，推进了动漫产业的快速发展。

1. 国家出台一系列政策支持动漫产业发展

国家出台一系列政策措施推动我国动漫产业的发展和完善。2017年发布的《文化部"十三五"时期文化发展改革规划》，对动漫产业发展提出要推进如中国国际动漫游戏博览会等重点展会的市场化进程，对于原创动漫创作生产和宣传推广给予支持；2018年出台的文件《关于延续动漫产业增值税政策的通知》，对动漫企业的增值税政策、税负的优惠政策进行了细化规定，如动漫企业的增值税实际税负超过3%的部分实行即征即退政策；2019年出台《文化体制改革中经营性文化事业单位转制为企业的规定》《进一步支持文化企业发展的规定》鼓励有条件的文化企业利用资本市场发展壮大，推动资产证券化，充分利用金融资源。

2. 动漫产业发展载体建设取得成效

各地建设动漫园区，包括动漫文化产业园、动漫产业基地等，为动漫产业的发展提供了相关载体。2019年，中国动漫产业园区数量超过18个。其中，北京的数字娱乐产业示范基地、天津的国家动漫产业园、青岛的国际动漫游戏产业园、上海的张江高科国家网游动漫产业发展基地、杭州的高新科技开发区动画产业园等动漫产业园区或产业发展基地的建设，为我国动漫产业的发展奠定了基础。2019年，在苏州工业园区驻扎的动漫游戏企业超过100家，实现产值超过75亿元。

3. 动漫产业发展链条不断延伸，利润来源渠道不断丰富

动漫产业链有着动态的、广泛的、变化的特质，随着产业的发展不断延伸，逐渐包含更多的产业领域。产业链上游是原创动漫公司，是创造动漫作品的内容提供方，如动画片、动漫杂志以及越来越重要的动漫电影、动漫游戏等IP内容。产业链中游是依靠动漫产业向外延伸的产业链，是动漫作品的渠道发行方，是主要在电视台、电影院线、网络视频播放平台、网络漫画平台等各种动漫发行和传播的平台，与动漫产业有着较强的关联性。产业链下游是借助动漫作品的创意而产生IP的衍生品开发公司，既有相对独立性又有一定关联性。如对动漫IP的授权和代理；对衍生品，如玩具、日常小用品、动漫主题公园、虚拟的动漫代言人等。动漫产业的利润来源渠道逐渐丰富，动漫衍生品的开发市场广阔。动漫产业的利润来源主要包括广告、用户付费和IP授权等渠道。动漫产业最重要的利润来源是对动漫IP的衍生品，如动漫相关的手办、玩具、动漫主题公园等，为动漫产业带来约70%以上的利润。2019年，我国的动漫电影数量在总电影数量中的比重达14.46%，其中动漫电影的票房在电影总票房中的比重达11.48%，与2018年相较均有所上涨。

4. 动漫产业规模不断壮大，在文化产业中的占比稳步上升

得益于资本、新媒体以及消费人群的多渠道投入和驱动，我国的文化产业内容消费市场发展进入快车道，与此同时，动漫产业在文化产业中的占比也在稳步上升，动漫产业产值也呈持续增长的态势。2013年，我国动漫产业产值为882亿元，2019年我国动漫产业产值达1941亿元。动漫产业的产值主要来自动漫上游的内容市场和下游的衍生市场，其中下游衍生市场是动漫产业产值的主要来源。随着近几年非低幼向国产动漫质量和产量的提升，我国在线动漫内容市场的规模也在快速提升，2013年的在线动漫内容市场规模为10.2亿元，到2018年达到141.6亿元。近几年我国的非低幼向国产动漫投入初见成效，其质量和产量都得以提升，相应地，在线动漫内容市场

的规模也在快速扩大。2013年我国的在线动漫内容市场规模为10.2亿元，到2018年达到141.6亿元。

5. 用户规模不断发展壮大，带来巨大需求市场

电脑、手机等技术的升级换代，互联网的快速普及，动漫用户群体由线下向线上的转移，动漫传播成本的快速下降，以及新生一代（以90后、00后为主要群体）对二次元文化的接纳，中国动漫产业发展进入了快车道。相关数据显示，2016年中国二次元用户规模达到2.8亿人，其中泛二次元用户2亿人，核心二次元用户0.8亿人。2018年中国二次元用户规模达3.7亿人，其中泛二次元用户2.7亿人，核心二次元用户1亿人。国内二次元产业不断发展，泛二次元用户规模持续壮大。由统计数据可知，2013年，我国在线动漫用户规模为0.25亿人，2018年已达到2.08亿人。在此期间，我国在线动漫用户规模处于增长状态，催生了动漫产业巨大的需求市场，为动漫产业的发展奠定了基础。

6. 动漫产业进入调整期，投资策略渐趋冷静

二次元用户规模持续扩大的同时，推进了对动漫产品版权的保护以及对盗版作品的打击，2015年之后资本对动漫产业的投融资力度也在逐渐加大，2016年对动漫产业的投融资规模达到了高峰。其中对动漫产业领域投融资数量达到135件，投资金额达到52.2亿元。之后动漫产业进入调整期。2018年动漫产业领域投融资数量为65件，投资金额达到53.7亿元。从总体趋势来看，2010~2018年动漫产业领域投融资数量不断增加，从2016年之后整个行业发展趋于稳定。虽然资本对动漫产业还保持关注，但资本对动漫产业的部分项目或企业的投资渐趋冷静和审慎。

（二）河北省动漫产业发展的现状

1. 动漫产业发展较为迅速，动漫产业水平逐步提升

与动漫产业发达的省市相比，河北省动漫产业起步较晚，2006年开始进入活跃期，在十多年的动漫产业发展历程中，河北创作了一批优秀动漫艺术作品，这些成果既推动了河北省动漫艺术发展，也促进了动漫产业水平的

提升。比如《麋鹿王》《耿村民间故事》《赵云与咔嗒盒子》《豆丁的快乐日记》《精灵梦叶罗丽》《精灵骑士》《墓王之王》《小鹿芮卡》《赵州桥》等作品，在社会上产生了一定影响。河北的动漫产业发展迅速，动漫产业水平逐步提升。石家庄的动漫产业年产值从2006年的不足1000万元到2018年的15亿元；动漫企业从几家到80余家；动漫制作能力从不足1000分钟到1.6万分钟。从营业利润来看，2010~2012年河北省动漫产业的营业利润为正值且不断增加，2013~2016年，由于动漫产业结构性调整，营业成本大于营业收入，因此营业利润为负值。但从2017年起营业利润转为正值，发展趋势向好。动漫企业建设继续推进，2019年，已有12家动漫企业通过文化部认定。同时，动漫产业的发展也催生出了漫画、插画、动画片制作、网络游戏、手机游戏、动漫衍生产品等多个领域的新兴业态。

2. 动漫产业基地建设不断推进

近年来，河北省对文化类项目投资不断攀升，每年新增投资超亿元的文化产业项目超过100个。2007年，河北省开始在石家庄建设"国家动漫产业发展基地"，动漫产业基地建设不断推进。目前，河北省已形成石家庄、保定两大动漫产业基地，其中一批重点动漫项目如国家动漫产业发展基地创业孵化园、东方文化创意产业基地以及石家庄动漫大厦的投入运营，是河北省动漫产业的有力支撑。石家庄、保定、秦皇岛、唐山、邯郸、承德等国家级展演和动漫基地的建设也一直在继续。如秦皇岛亿维动漫产业基地的建设不断推进，为河北省动漫产业的发展提供了相关载体，推动了动漫产业转型升级。

3. 出台相关政策推动人才回流，扎根河北

河北多地出台优惠政策，吸引人才。2011年，石家庄出台"动漫十条"，在加强人才队伍建设、税收优惠等方面给予全面支持；高校设置动漫相关专业，培养动漫人才，为动漫人才的培养添砖加瓦。2018年，石家庄开设了动漫或相关专业的大中专院校达31所，发展专业动漫公司60余家，动漫的关联企业超过2000家，为推进河北动漫产业发展、培养动漫产业人才提供了支撑。

4.推动动漫产业发展，培育文化新业态

培育龙头动漫企业，延伸动漫产业链，是动漫产业快速发展的重要动力。加大重点动漫企业的支持力度，鼓励原创制作、新媒体动画、网络游戏、移动互联网动漫产业等新业态的发展，催生优秀的原创作品，是对龙头动漫企业的有力支撑。延伸动漫产业链，对动漫产业链上下游进行招商和培育，建立集内容制作、终端播出、形象授权、衍生产品销售于一体的"原创＋衍生产品＋X"的全产业链盈利模式。为加快对动漫游戏产业等文化产业新业态的培育，河北省积极打造文化产品新品牌。为了培育文化大产业、构建文化大市场，河北利用国际和国内两个市场，引导河北文化产业"走出去""引进来"，提升河北动漫产业品牌的知名度。河北省持续建设动漫产业发展平台，到2020年已连续举办十五届石家庄国际动漫博览交易会，逐步形成了独具特色的文化品牌。既促进了本地动漫产业的发展，又为动漫企业提供了更广泛的合作平台。

5.动漫产品内容结合河北地方特色推陈出新

动漫产业在资本竞争和技术创新的合力下发展迅速，已成为较成熟的产业。为了在动漫产业发展中取得突破，应依托本地域独特的文化资源，对原创题材进行挖掘和整理，提炼动漫原创作品，形成自主知识产权，打造动漫产业品牌。河北拥有丰富的文化资源，其独特的文化、非遗和传说，是动漫产品内容结合河北地方特色推陈出新的基础。合理引导地方特色的文化资源与动漫原创衍生品结合开发，形成自有的动漫原创品牌，拓展本土的动漫消费市场，延伸动漫产业全产业链。如河北乐聪网络科技股份有限公司，以河北的名人典故为基础，推出了原创动漫名人IP形象，通过与游戏的深入结合，推动了动漫产品的跨界发展。通过特色文化与科技的融合，河北催生出百年巧匠、深度动画、铸梦动漫等一批文化科技融合示范企业。

二 外省市推进动漫产业发展的经验和启示

"十三五"时期，国内文化产业发展迅速。在积极建设国家级文化产业园区和重点文化产业展会的同时，各地也推进了动漫文化产业园、动漫产业基地的建设。虽然河北的动漫产业发展取得一定成果，但在产业开发、动漫品牌打造方面还存在短板，与先进省市的动漫产业相比更有差距，因而分析北京、上海两地发展动漫产业的经验，寻求河北提升产业发展的路径。

（一）北京动漫产业的发展

北京的动漫产业发展整体状况较好，各要素都处于领先地位。2018年，北京动漫企业的总产值比2017年增长约13%，达710亿元。值得关注的是，原创研发动漫游戏企业出口产值创出了新的增长幅度，与2017年相较增长约57%，达182.47亿元。同时，大量优秀原创动漫游戏作品涌现，彰显了北京动漫网游之都的地位。2018年在中国文化艺术政府奖第三届动漫奖中，《大鱼海棠》等5个项目获奖，占总奖项的1/4。

北京的动漫产业发展离不开不断的创新探索，在政策创新、文化金融融合、产业链延伸、产业服务平台建设等方面都能给予动漫产业发展的经验。一是北京注重对动漫产业发展的政策创新，在支持创新和龙头企业发展方面精准施策。如北京数字娱乐产业示范基地启动时，在执行国家、北京市相关优惠政策的同时，还出台了《北京市数字娱乐产业基地优惠政策》，设立数字娱乐产业发展专项资金，支持动漫企业的项目启动和发展。二是加强文化产业与金融的融合，多方举措解决动漫产业融资难题。在北京文创试验区设立文化企业信用促进会、文创产业发展基金，建立了文化金融服务中心，进一步拓展了动漫产业的融资渠道。三是积极开拓新业态，不断延伸产业链。2018年国内游戏市场增速放缓，市场显露固化态势。北京动漫企业积极开拓海外网络游戏市场，研发的网络游戏产品覆盖了100多个国家和地区。出口产值大幅增长，从2014年的42亿元到2018年的182亿元，增长了333%。四是产业服务平台建设不断推进，为动漫产业发展注入新动力。2012年"动漫北京"活动创立，经过多年发展，对行业交流、产品推介、科技展示、产权交易、信息交汇、漫迷互动的汇聚能力不断提升，构建了包括多语言翻译平台、动漫游戏出口公共服务平台、北京动漫衍生品设计制造资源开放服务平台等一批动漫产业支撑平台。

（二）上海动漫产业的发展

2016年，上海动漫产业的年产值达到80亿元，其优势地位愈加明显。2017年上海发布了《关于加快本市文化创意产业创新发展的若干意见》，进一步推动了动漫产业的发展。2017年上海的动漫企业有250多家，经文化部、财政部、国家税务总局认定的动漫企业有30家。上海的动漫产业发展体现了不同区域文化产业发展模式的构建，在产业创新、动漫游戏创新技术应用、动漫游戏产业集聚区发展、产业融合发展等方面有新的发展构想和发展方式。一是新媒体动漫快速发展，推进产业创新。在新媒体动漫发展方面衍生出新兴产业形态，涉及广泛领域。阅文集团、刀刀狗、哔哩哔哩等公司就是其中的代表，在新媒体动漫发展方面已创作了大量优秀的新媒体动漫作品。如阅文集团已在香港上市，哔哩哔哩与游戏、演艺、旅游、科普等领域融合，进一步向二次元娱乐全产业链公司发展。二是重视动漫游戏创新技术应用，鼓励动漫产业与最新科技发展技术的融合发展。如推进动漫游戏企业进一步运用VR、AR、MR、裸眼3D、互联网、大数据，创新动漫技术应用，研发创新动漫产品。三是加强动漫游戏产业集聚区建设。上海建设的上海张江文化科技创意产业基地，以及上海动漫衍生产业园、上海天地软件园等动漫产业园，正形成具有区域特色的动漫游戏产业集聚区。四是推进动漫产业融合发展。充分发挥动漫产业多业态的优势，通过与传统文化、金融等跨界产业融合发展，开发动漫演艺、动漫教育以及二次元旅游等多种产品和服务。支持与金融融合，为动漫游戏企业提供更多的融资渠道，发挥文化产业创新创业投资基金的引导作用，加快动漫游戏产业基金设立。

三 河北省动漫产业发展面临的制约

（一）动漫产业的发展空间和市场活力有待激发

与国内先进省市的动漫企业相比，河北省的动漫产业发展比较落后。和全国先进地区相比，河北省的文化产业占比低于全国平均水平，而河北的动漫产业在文化产业中的占比偏低。从2019年前三季度的统计看，河北的文化及相关产业企业的营业收入为628亿元，占全国同期文化产业企业营业收入（62187亿元）的1%。其中57.5%的营业收入集中于文化用品设备及相关产品的生产和销售，而高端的设计创意、动漫游戏、网络文化和数字出版等文化服务业的产值为140.1亿元，占当年河北省文化及相关产业企业营业收入的22.3%。可以看到河北动漫产业基地层次偏低，规模较小。河北省动漫产业还处于成长期，成熟的动漫产业链还没有形成，动漫产业的发展空间和市场活力有待激发。

（二）产业集聚程度有待提升

一是缺少龙头企业带动。要做大、做强产业，形成在全国有影响力的产业集群，需要龙头企业带动和引领，在动漫产业中知名龙头企业的支撑作用尤其明显。在文化产业发展成效显著的地区，知名龙头企业彰显了对产业集群发展的引领示范作用。如广东游戏产业中的腾讯、网易等企业；动漫产业中的奥飞、百漫、咏声等企业。这些企业都是所在地区动漫产业的龙头企业，发挥了巨大的聚合作用，带动了一大批相关中小企业的聚集发展。河北拥有动漫企业数百家，但缺乏龙头企业带动。大多数动漫企业规模较小、原创能力不强、自主品牌缺乏、经营模式单一，动漫企业及相关配套企业聚集发展的力度需要进一步提升。二是动漫产业链有待继续完善。河北动漫产业的发展基本涵盖了漫画、动画片制作、网络游戏等领域，但产业链的割裂状态依然存在，产业链有待继续完善。一般而言，动漫产业链包括动漫创意产品生产的上游方；动漫产品营销与推广的中游方；动漫衍生产品开发的下游方。创意是动漫产业产品的核心，但动漫产业的衍生品开发与销售是动漫产业最重要的利润来源，能达到70%之多。河北省动漫产业链中的上游企业在动漫品牌和动漫原创形象的开发方面还比较缺乏；动漫产品营销与推广的平台渠道狭窄，主要以电视播出推广为主。动漫衍生产品开发营运能力不足，面对有商业前景和开发价值的动漫衍生产品的后续运作乏力。三是产业集群发展有待进一步提升。河北省动漫产业主要集中在石家庄、秦皇岛、唐山、保定、邯郸等地,建成了若干国家级、省级、市级动漫园区和基地,但产业集群还未形成。园区内多为中小企业,政府只负责投资前期的基础设施建设,中期的出版发行、中后期的公共平台服务、后期的衍生产品却发展缓慢;产业融入度低,更多的只是空间上的聚拢,集聚效应不明显,聚合度较低。

(三)企业市场开发能力有待提高

2018年中国动漫产业总产值突破1500亿元,较2017年增长13.7%。2006年河北省动漫产业起步发展,经过多年的努力,2018年石家庄动漫企业的总产值达到3.08亿元。河北动漫企业的发展前期主要以"代工"为主,近几年才逐步转为原创。动漫企业以本土文化为题材,做了一系列IP项目,取得一定成效。但也要看到,动漫企业在产品创意构架和战略决策时的市场开发能力有待提高,还需挖掘动漫产品在创作选题、市场定位等方面的潜力。同时企业对动漫产品的市场后续推广计划以及能力比较缺乏,盈利和资金良性循环难以持续。

(四)动漫产业管理机制还需细化完善

文化产业聚集区既包含曲阳雕塑文化产业园这样的传统文化产业集聚区,也催生了石家庄动漫产业发展基地创业孵化园、河北美术学院东方文化创意产业基地等以现代文化要素为主的产业集聚区。一是传统文化产业集聚区和现代动漫产业发展基地的管理机制还不够完善。面对文化产业园区的管理服务、运营方式还未充分体现文化产业不同的发展特质,管理服务方式和内容也缺乏优势和创新。二是动漫产业的管理包含诸多领域和环节。从动漫作品的创作、生产、销售到动漫周边的衍生品,涉及诸多环节,需要不同的职能部门来管理。若动漫产业管理机制还不够完善,责权不明,则难以提升管理效率,成为动漫产业发展的阻碍。

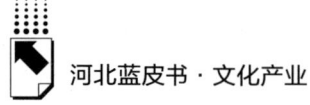

（五）动漫产业的创新性人才相对匮乏

动漫产业的发展不仅需要资金的不断投入，更需要文化创意人才的加入。北京不但聚集了大量高端的文化创新性人才，同时也聚集了规模较大的文化企业，对动漫产业的市场开拓、业态创新、产业升级、人才培养发挥了领头作用。河北动漫产业的创新性人才相对匮乏。在对高层次人才的吸纳和竞争中，河北省动漫企业既要面对诸如学习条件、发展机会、竞争公平度和薪资报酬高低等发展环境对人才引进的制约，又要面临京津对动漫产业中高端文化创新性人才的"虹吸"现象。据统计，在2016年河北省的动漫企业中，创意、加工制作、营销、行政后勤类人员分别占16.24%、47.02%、19.38%、17.36%。作为动漫创作核心的创意开发人才的严重不足，在一定程度上制约了产业发展。

四 河北省动漫产业发展的思路与建议

（一）建立文旅资源与动漫产业对接机制

文旅资源与动漫产业对接，将有效引导文化资源嵌入动漫产业链条，整合文旅资源，推动资源资产化增值。一是借助动漫博览会、文博会等相关展会，积极搭建文化资源、人才与动漫产业对接的平台，导向性地把现有分散的红色资源、历史人文资源、文化旅游资源，甚至城市地标供给动漫产业内容制造，鼓励传统文化传承人才、旅游胜地等和动漫业合作经营、开发，将河北省的历史文化、旅游文化及城市形象呈现于动漫中，在促进动漫业制作优质动漫产品的同时，让河北省的城市地标、文化旅游胜地等成为旅游"打卡"胜地、"抖音打卡"胜地，最终做到河北形象宣传和河北省动漫业发展的双向促动。如日本很多动漫取景日本城市建筑、旅游景点，其中日本镰仓成为《灌篮高手》打卡地，为当地经济发展注入了新活力。二是通过举办动漫创意设计大赛，为实现动漫产业资源、人才、技术对接搭建平台，引导文旅资源、城市地标等静态资源与动漫人才资源、动漫产业良好对接，形成动漫产业链上游研发聚合力，打造河北省多维度的动漫形象。

（二）加快优质动漫产业资源聚集发展

一是制定有竞争力的动漫业优惠政策，并落实动漫产业园区和基地的相关政策。强化石家庄国家动漫产业基地和国家动漫产业发展保定基地的集聚作用，大力宣传动漫产业基地优惠政策，加速河北省内动漫企业、工作室、技术人才向两大基地集聚，同时吸引省外动漫企业入驻基地，建立起由设计、展示到销售的完整产业链，加强企业间交流，集思广益地开发出优秀动漫作品。二是加强动漫产业基地、动漫文化产业园的孵化培育功能，加大对具有自主创新能力和市场运作能力的骨干和龙头动漫企业的支持力度；通过龙头动漫企业的聚合作用，推动中小动漫企业、工作室向更专业化、更集群化的发展方向迈进。三是探索构建动漫产业公共服务体系，促进动漫产业的相关技术、服务信息的资源共享。鼓励动漫企业对原创动漫的创作和生产，建立动漫企业与动漫衍生品生产企业交流的平台，逐步对动漫产业链的重要节点进行完善。

（三）推动动漫产业提质升级，打造动漫产品品牌

一是加强动漫原创产品研发，促进动漫与文学、游戏、影视、音乐等业态融合发展，延伸动漫产业链和价值链。动漫产品进入市场前要进行商标注册、作品登记和专利申请，对已创作核心品牌形象的知识产权加以保护，通过授权许可使用方式，充分发挥产品核心品牌形象的商业价值。推动重点动漫企业发展网络动漫、动漫衍生品、动漫演艺、动漫会展、动漫表情等新型业态，鼓励原创动漫作品在网络新媒体平台播映或上线，同时构建衍生品交易平台，培育衍生品交易的龙头企业及品牌产品。二是坚持品牌化发展战略，着力培育精英动漫、河北乐聪、河北汉典、雨月动漫、河北玛雅、深度动画等动漫骨干企业，争创国家认定动漫企业。与中国动漫集团签署战略合作协议，在动漫产品开发、项目基地建设等方面深入对接合作，引进一批

竞争力强、知名度高的动漫企业落户河北。三是探索设立动漫产业基地专项基金和动漫原创奖项、建立动漫产业基地和文化创投基金的对接窗口，扶持基地内优质的动漫企业、工作室，生产出优质动漫产品、做大企业规模、做强企业动漫品牌，打造出河北省动漫产业基地的影响力和品牌竞争力。

（四）进一步完善动漫文创全产业链生态体系

动漫文创全产业链需要在技术、平台、服务、人才培养、知识产权、潜在消费等多方面加大投入力度，只有不断完善产业环境，才能打造一个成熟的动漫IP，形成可持续发展动漫生态体系。充分利用河北省内动漫基地和其他文创基地的优质资源，构建集动漫作品、动漫文学、动漫游戏、动漫真人剧、动漫周边玩具于一体的动漫改编产业生态体系。一是以动漫为核心，全方位地开发动漫IP，进行文学、游戏生产等多维度的版权经营，覆盖多个层面、不同需求的消费者，做大动漫相关产业的产值。二是以文学或网文作品、游戏作品中的IP元素为核心，经过产权持有者的IP授权，开发相关的动漫作品，不断完善动漫文创产业生态。三是加大政府对动漫企业IP申请支持力度。构建动漫企业IP申请认证、监管维权、授权交易的完整动漫知识产权公共服务平台。运用互联网平台，开通官方IP申请认证便利渠道，消除知识产权申请中介机构带来的信息不对称难题，从IP源头上对动漫企业知识产权进行保护；运用智能化的信息技术，识别IP盗用的侵权行为，加强过程监管，进行实时地版权维护，打击盗版侵权问题，维护动漫产业、动漫IP开发的健康发展；建立动漫IP授权、交易窗口，做到动漫IP申请、维权、授权流程"一网通"，维护动漫IP交易的便利化平台，促进资本充裕者、管理优异者开发动漫IP，加速动漫产业发展。

（五）大力培养河北动漫原创力人才资源

制约动漫产业发展的重要因素之一就是动漫原创力人才资源匮乏。石家庄动漫产业的发展，对高端动漫人才的需求也越来越大。大力培养河北动漫原创力人才资源是推进动漫产业快速发展的有力途径。一是支持依托高等院校加强文化创意人才培养，培育本土动漫创客。鼓励河北美术学院、河北工艺美术职业学院、职业教育学校开设新型动漫专业课程，在河北科技大学、河北工程大学等学校加强数字媒体技术专业授课向动漫业倾斜，促进动漫专业教育与动漫企业实践相结合、与动漫产业实际需求相结合，探索为动漫企业定向培育技术人才新方式、新路径，在创作、制造、生产、出版、销售等全产业链环节进行精准定位式的人才培育和供给。二是建立弹性灵活的动漫高端创意人才引培机制，推动京津等动漫高端创意人才的合作，设立动漫创客空间，吸引文化创客入驻，拓展动漫产业全生态体系。

参考文献

田谧、周文芳：《地域特色文化与动漫产业融合》，《人民论坛》2016 年第 2 期。

艾媒咨询：《动漫行业：青年亚文化繁荣，推动动漫市场发展》，搜狐网，2019 年 1 月 18 日，https：//www.sohu.com/a/289864364_445326。

章旭清、王廷信：《江苏动漫产业现状分析及对策》，《文化产业研究》2016 年第 2 期。

河北省文化厅：《河北省文化产业发展"十三五"规划》，2016 年 6 月。

何婧怡：《简析文化产业政策下动漫产业的发展脉络和时期特点》，《现代商业》2020 年第 2 期。

《文创 50 条 | 七大路径助上海打造动漫产业之都》，搜狐网，2017 年 12 月 18 日，https：//www.sohu.com/a/211133547_260616。

B.9
2020年河北省新媒体产业发展的新动态与新思路
——以直播带货为例

韩春秒 郑敏 贾蓓*

摘　要： 直播带货是网红文化、直播现场和粉丝经济商品化的结果。在经历2019年的爆发期之后，直播带货在2020年进入渗透期。直播带货是流量和商品寻求变现的场域，也是带货者与用户打破娱乐、消费与文化边界的狂欢之所。2020年，河北省直播带货可概括为"主流化"、"转型+公益"与"普遍化"三个方面，同时存在高端电商主播稀缺、知名MCN机构不足、直播供应链搭建滞后、传统产业支撑有限等短板。在对直播带货日益规范化、垂直化、多域化与专业化的趋势把握基础上，从完善产业链配套体系、建构产业应用支撑、引导企业培养私域流量、布局直播带货人才链和完善协同监管机制等方面，对河北省直播带货提出发展建议。

关键词： 直播带货　商业逻辑　垂直化　专业化

在公众消费习惯转变、网络内容形态不断迭代及通信技术加速升级等

---

* 韩春秒，河北省社会科学院新闻与传播学研究所副研究员，主要研究方向为乡村传播、文化产业；郑敏，河北青年管理干部学院教育传媒系讲师，主要研究方向为新媒体产业；贾蓓，河北传媒学院新闻传播学院副教授，主要研究方向为网络传播。

多重因素的共同加持下，2019年迎来"直播电商元年"，"直播带货"进入大众视野，薇娅、李佳琦等人气主播也开始被人们所熟知。伴随5G时代的来临，加之新冠肺炎疫情等非常规因素给公众生活与消费方式带来影响，直播带货在2020年实现爆发式增长，成为视频直播媒介所建构的新兴商业场域。那么，究竟"直播带货"是什么，其演变历程及商业逻辑如何，河北省直播带货的发展现状、特征及短板有哪些，以及如何准确把握发展趋势才能做好河北省直播带货的产业化发展，是本报告试图回答的重点问题。

一 直播带货的发展历程及其产业化逻辑

"带货"，由网络流行语转化而来，指的是网络红人、明星、媒体人、企业家等社会公众人物有意或无意地带动某些商品销售或流行的能力与行为。"直播带货"专指利用网络直播平台试图带动商品销售与流行的行为。直播带货是网红文化、直播现场和粉丝经济商品化的结果。[1]

（一）直播带货的源起

个人利用自媒体社交平台实现创收，发端于美国视频社交平台YouTube。这些视频社交平台兴起之初，用户只为分享生活。2007年自媒体社交渐成浪潮，YouTube顺势推出"网红"，在网红发布的视频中插播广告，并与网红进行收益分成，"网红经济"及盈利模式初步形成。在此基础上，诞生了网红公司，"网红经济"进入规模化、公司化发展阶段。

之后，YouTube、Instagram等各大社交平台又推出LIVE直播功能，网红利用直播进行营销，推荐产品，普通用户被引导进行消费，网红、广告商、网红公司及平台进行利益分成，从此网红直播带货渐成产业。

---

[1] 刘涛、曾岑：《直播带货的商业模式、配置要素和演进趋势》，《视听界》2020年第8期。

（二）直播带货在中国

在我国，新兴网络营销方式起步虽晚，但成长速度极快，在经历十几年发展后，其市场细分程度与销售数据已远超国外。2016年是直播诞生元年，以直播间为最小的信息单元，催生出诸如游戏、秀场、生产、生活等落地场景。直播作为一种新兴媒介形式与文化消费产品，在资本带动下实现了长足的发展，打造出一个个生长于各个直播平台的、服务于商业资本的公共领域。电商直播在经历了2016年的萌芽期、2017年的酝酿期、2018年的探索期后，进入2019年的爆发期和2020年的渗透期（见图1）。

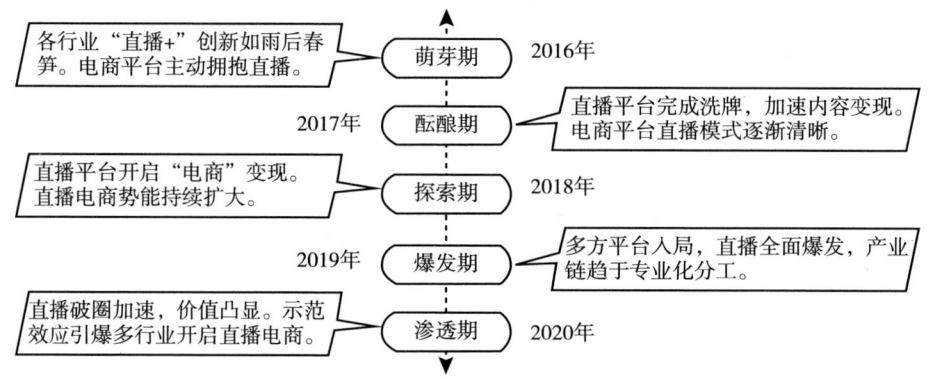

图1　我国电商直播的发展历程

近年，我国直播电商市场呈逐年上升之势，据艾媒报告数据统计（见图2），直播电商市场规模2017年为190亿元，2018年为1330亿元，2019年为4338亿元，预计2020年的市场规模将比2019年翻一番，接近万亿元。① 商务大数据显示，2020年上半年，电商直播超1000万场，活跃主播数量超40万人，观看人次超500亿，上架商品数量超2000万件。②

---

① 《2020中国直播电商入局行业及标杆品牌运行案例大数据检测报告》，艾媒网，2020年4月26日，https://www.iimedia.cn/c400/71136.html。
② 黄楚新、吴梦瑶：《我国直播带货的发展状况、存在问题及优化路径》，《传媒》2020年第17期。

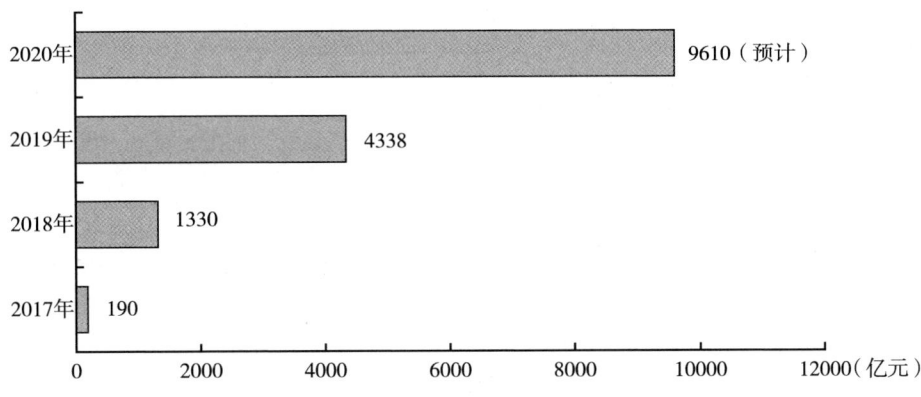

图2 2017~2020年中国直播电商市场规模

"网红"即网络红人的简称,是最早的直播带货开拓者与实践者,从依赖才艺表演、形象包装、社交互动等方式来获得直播打赏、流量分成与广告收入等,发展到后来出现较为专业内容的生产与引流、直播推荐与带货,是一个持续不断的探索过程。当直播带货达到了一定规模,网红"人设"① 打造、内容生产和MCN机构运营达到专业级别,企业在移动营销领域的相关条件不断成熟,直播带货模式便得以迅速发展。

(三)直播带货的商业模式及要素分析

直播带货的网络虚拟空间,是流量和商品寻求变现的场域,也是带货者与用户打破娱乐、消费与文化边界的狂欢之所。支撑狂欢节式的"直播带货"消费神话的,是其背后日益成熟的商业模式(见图3)与产业化逻辑。

基于网络直播这一独特的场域,通过"带货者"的串联,改变了商品供应方与需求方在推介、展示、决策、消费、互动等诸多层面的交往样态,直播带货实现了商品和流量的闭环式变现,这是直播带货商业模式得以实现

---

① "人设":人物设定,即人物形象的塑造或打造。"带货者"的人物设定并非贬义,而是一种生存之道,是带货者希望得到他人接受、欣赏、信赖、追随自己的一种努力方式。

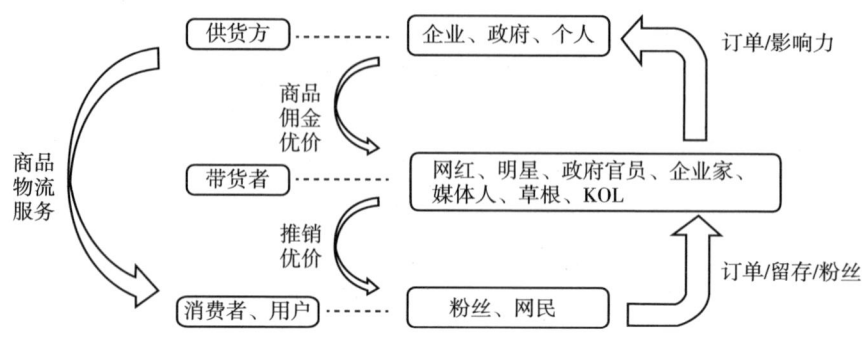

图 3　直播带货的商业模式

的关键所在。

通过简要梳理直播带货的发展历程及其商业模式，不难发现，直播带货并非简单意义上的网络营销或"叫卖"，也并非对网络流量简单而粗暴的"收割"与"变现"，而应该从新场景、新零售的分析框架下认识直播带货的内部要素与运行逻辑。

直播带货，实际上离不开人、货、场三要素。"人"在前端，既包含"带货者"，也包括"带货者的粉丝"或流动"网民"，即"用户"。"货"是直播间被推介或展示的对象，背后其实有"产品供应链""产品品质""价格""售后服务"等。"场"是环境或场域，是网络社群所共在的交往空间，直播间场景营造能力与直播预热，成为影响网民下单的重要因素。

1. 直播带货要素一：人

一方面，直播带货的"带货者"构成呈多元化特征；另一方面，直播带货的"用户"或消费者规模不断扩大，直播间购物渐成流行消费方式。

从"带货者"来看，包括网红、企业家、政府官员、媒体主播、明星艺人、草根网民等，并且不同"带货者"之间往往采取跨界、联合等方式，不断尝试拓展直播带货的边界。但从实际影响来看，"带货者"的个人品牌，是直播带货成功的关键因素。以网红带货为例，网红是黏合商品、平台和用户的桥梁，网红的个人品牌是直播带货的标志性符码，是网络用户围观的对象,是商业人格的近距离、可视化展现,亦是引导用户下单的主要动力源。以李佳琦[①]为例,他对彩妆尤其对口红的了解达到无人企及的专业化水平,被称为"美妆达人"和"口红一哥",所以他最初带货的主打商品是美妆,后续向周边商品不断拓展。

再从直播带货的消费者来看,包括"带货者"的粉丝与一般网民。

直播带货模式具有鲜明的粉丝经济特征,在直播间下单的消费者往往由"粉丝"转化而来,粉丝因为喜欢、信任、追随而购买"带货者"所推荐的商品。对粉丝的吸聚、维护与运营,在打造直播带货价值链条闭环中发挥着重要作用。只有粉丝不断沉淀下来形成可观的"用户流量池",直播带货者方能打破娱乐、文化与消费的边界,创造一场场直播带货的狂欢盛宴。

在直播间购物,逐渐成为网民消费新风尚。第46次《中国互联网络发展状况统计报告》数据显示,"截至2020年6月底,我国网络支付用户规模达8.05亿,较2020年3月增长3702万,占网民整体的85.7%",同时,截至2020年6月,"电商直播用户规模达3.09亿,较2020年3月增长4430万,占网民整体的32.9%"。直播电商通过"内容种草"[②]、实时互动等方式引导、激发用户感性消费,提升购买转化率和用户体验。

2. 直播带货要素二:物

围绕"物"(商品与服务)进行销售或品牌营销,是直播带货的目标。这其中,关于"物"的核心要素有三个,一是产品供应链,二是产品价格,三是产品品质。

产品供应链是驱动直播带货商业模式的关键动力。当前,直播带货的供应链建设更多停留在"供货链"上,包括建立选品规则,过滤出优质产品

---

① 根据2020年11月2日17时的实时查询数据,李佳琦在淘宝直播、抖音和快手的粉丝数分别为3562.1万、4529.3万和846万,三家平台的全网粉丝已达8937.4万。
② 内容种草,即通过内容介绍、展示、体验等方式,分享、推荐某种商品,以激发他人的购买欲望。

等。当然,也有的MCN①机构推出自营优质商品,即从产业链的整合与品牌化方面,使"产品供应链"从"供货链"延伸为涵盖生产、加工、销售、流通、售后等诸多环节的完整链条。

产品品质与性价比是影响一般网民在直播间决策与购买的重要参考因素,这也是头部带货网红与机构纷纷选择销售品牌商品的主要原因。但是,对"低价"的看重和对"品质"的追求,似乎是一对矛盾体。现阶段,价格是促使用户在直播间"下单"的关键因素。有竞争力的价格,是直播间带货成功的重要保障。头部带货网红纷纷拿出"超低价""全网最低价""半价销售"等,通过价格的优惠力度和排他性吸引用户"掏腰包"。

3. 直播带货要素三:场

伴随直播带货竞争的日益激烈,场景营造能力正在成为影响销售业绩的关键因素。直播带货场景营造能力,一是指直播场景,二是指场景预热。

直播间是直播带货最通用、最常见的场景。直播带货一流行,新鲜感、低价效应、互动性、红人效应等吸引用户在直播间停留与消费。但随着直播带货越来越普及和频繁,用户对直播带货的场景体验要求也相应提升,过去坐在直播设备前进行简单叫卖、重复口号的带货场景,渐渐无法满足用户的观看需求。用户不仅会关注直播间的带货者、产品、价格等因素,还会关注收视体验。于是,秀场式直播间、段子手直播间、田野直播间、工厂车间直播间等充斥着形形色色场景的直播间海量涌现。

当直播带货成为常态,对直播带货的"预热"便必不可少,并成为直播带货新的竞争点。直播预热的目的在于用内容聚拢用户社群,提升用户黏性,吸引用户追随,嵌套商品软文,打造直播带货良性生态等,这是直播带货未来竞争的重点。比较成功的案例如罗永浩"交个朋友"直播间创意迭出的直播预告。一是预售商品厂家官方微博发布由罗永浩直播间设计

---

① MCN,即Multi-Channel Network,源于国外成熟的网红经济运行模式,是一种多频道网络的产品形态。它将不同类型和内容的PGC(专业生产内容)联合起来,在资本的有力支持下,保障内容的持续输出与多频道分发,从而最终实现商业的稳定变现。

的直播带货广告，罗永浩微博账号进行转发，依托1600万粉丝基础，产生强大预热效果。二是设计出富有创意的宣传海报，通过极具吸引力的文案、情景短视频等进行重复预热，不断强化网民的直播赴约意识，刺激其产生消费冲动。

二 河北省2020年度直播带货的实践及特征

2020年，直播带货快速席卷全国。尤其在"脱贫攻坚""全面小康"等时代主题的感召下，直播带货表现为多元参与、多方组织、多平台推进的网络景观。2020年，直播带货成为河北省新媒体产业的一个重要组成部分，具有主流化、"转型+公益"、普遍化等特征。

（一）特殊语境下的直播带货"主流化"

1. "助脱贫攻坚 推冀商优品"直播活动

为夺取疫情防控与脱贫攻坚双胜利、着力推进复工复产，河北省委网信办联合共青团河北省委、河北新闻网创新开展了"助脱贫攻坚 推冀商优品"网络直播活动，联合网络平台（抖音、快手、百度等），先后在全省各地开展直播带货11场次。

一是邀请"一把手"示范带动。县（市、区）党政一把手作为直播嘉宾，携手扶贫干部、援鄂英雄、河北名人、青联委员、网红等走进直播间，打造县域带货的最强阵容。其中，沧州献县县委书记为金丝小枣直播带货，1000件鲜蒸枣上架即刻售罄，107万名网友在线观看，县委书记带货销量是线下日均销量的56倍；邢台巨鹿县委书记为"巨鹿三宝"代言助力，开播2小时销售8800多单。二是联合多平台服务基层。组织多家网络平台参与直播，抖音邀请11名抖音达人为活动点赞助力、"吆喝"带货，累计吸引观看达526万人次；百度组织助农联盟，持续发布活动视频、图集、文章等，总浏览量超2800万次；拼多多实施"新品牌计划"，为活动注入亿级流量，优化县域扶贫特色产业提升供应链效率和消费者购物体验，助力品牌创造和产业转型。三是坚持好口碑成就品牌。"助脱贫攻坚 推冀商优品"网络直播活动立足公益助农，以好口碑成就好品牌。据统计，阜平脆枣、赞皇蜂蜜、献县金丝小枣、易县玫瑰花茶、尚义藜麦米、张北胚芽燕麦米和酸奶麦片、山海关大樱桃、"巨鹿三宝"等优质农产品共收到订单近26万件，销售农产品逾125万斤。四是融媒发力营造好氛围。河北新闻网对活动进行创意策划并推出系列直播带货活动的预热海报，联合人民网、新华网、"学习强国"学习平台和河北日报报业集团等省内重点新闻单位，广泛开展直播宣传预热及后续报道。河北新闻网还邀请了中国戏剧"梅花奖"获得者彭蕙蘅、奥运冠军巩立姣、中国男子田径运动员史冬鹏、著名演员邓伦等河北名人为活动录制相关视频，对活动进行线上推介，引起社会公众的广泛关注。

2."战'疫'有我——助农在行动"活动

自2020年2月18日起，河北日报报业集团与阿里巴巴集团合作，在河北新闻网与淘宝平台联合推出"战'疫'有我——助农在行动"活动，通过整合政府、企业、电商、农户等资源，帮助河北省农民解决农产品卖难问题，助力脱贫攻坚。

一是抓住热点痛点，创新"媒体+电商"模式。一方面，对活动上线后的反响及销售情况及时跟进，总结归纳报道；另一方面，分批次对滞销农产品信息进行公开发布，并对滞销情况较严重的农户进行采访报道，为农户争取更多的曝光度和关注度。二是线上线下同步发力，为农户拓宽销售渠道。与电商平台对接，从大量的滞销农户信息中筛选符合标准的农户，第一时间提供给淘宝争取首页推荐流量。与政府部门对接，借助政府部门的力量为农户开拓销售渠道，保证物流运输畅通。与线下平台对接，积极对接社区团购平台，为农户拓宽销售渠道。三是爱心助农，引发公益连锁。"战'疫'有我——助农在行动"活动上线后，很多爱心企业、爱心人士纷纷伸出援手，帮助农户缓解滞销压力并为湖北疫区捐赠爱心物资。融创北京区域石家庄公司购买了滞销苹果、胡萝卜和雪花梨各1万斤，运往湖北疫区。邢台市农户贾江霞将1万斤红薯无偿捐赠给了当地医院。截至2020年8月26日，"战'疫'有我——助农在行动"活动已征集网友上传河北农产品销难信息

1000余条,共帮助农户售出滞销农产品721万余斤,销售额达955万元。

3. "河北省农产品线上销售直播系列活动"

2020年6月12日,"河北省农产品线上销售直播系列活动"在长城新媒体集团冀云融媒体中心启动,该活动由河北省农业农村厅与长城新媒体集团联合主办。活动共分"助农开幕式""助农公益发布厅""助农带货大集市"三个部分。当天,来自河北省7个县区、13个市农业农村局的相关负责人在镜头前推广家乡农副产品,"助农带货大集市"现场搭建了20个网红直播间。截至6月12日晚活动结束,多平台观看直播人次累计超过5000万,销售额累计达1.15亿元。

4. "县长带货 爱心助农"公益直播活动

2020年5~6月,"学习强国"河北学习平台依托总平台"实播中国"频道,策划推出"县长带货 爱心助农"公益直播活动。该活动共组织开展了5期,以"实播中国"为主进行直播,冀云客户端、长城24小时客户端、长城网、河北广播电视台冀时客户端等平台同步直播。据统计,活动总浏览量达到400多万次,带动相关县贫困户10.2万余户,5期节目的销售额突破780万元。如果说河北学习平台的"县长带货 爱心助农"是直播带货的实践现场,那么,"家乡好货 我来代言——助力脱贫攻坚"系列短视频则是对直播带货的"长线预热"。"学习强国"河北学习平台于2019年10月启动"家乡好货 我来代言——助力脱贫攻坚"系列短视频征集活动,以短视频的方式搭建助农平台,提供销售、供需信息等推广服务,发挥新媒体优势,邀请驻村第一书记、乡镇干部代言当地特色农产品。目前已发布173期,被"学习强国"平台采用148期,解决农产品卖难问题,助力农民增收致富。据统计,系列短视频作品的发布,已为贫困地区的农产品销售增加800余万元。

(二)媒介融合语境下的"转型+公益"

"直播带货"被誉为传统媒体实现融合转型的重要突破口。2020年,直播带货进入"破圈期",该阶段的一大表征即主流媒体与互联网平台、网红等联手进行带货直播。当前，传统媒体正处于融合转型的关键阶段，在直播带货的风口期，与社交平台、内容平台、电商平台及网红等建立起新型合作关系，并努力尝试将直播间人气转变为"私域流量"，一方面重塑主流媒体影响力，另一方面谋求传统媒体转型发展的新路径。因此，媒介融合语境下的"转型+公益"是2020年度河北省直播实践的一个重要方面。

2019年11月，河北广播电视台（集团）正式组建河北广电MCN机构①，布局MCN业务板块，并加快与各大新媒体平台构建战略合作机制，不断提升、挖掘新媒体价值潜力。2020年，河北广播电视台依托河北广电MCN机构，春节之后快速启动直播带货，到2020年2月底实现稳中有升，3月份实现平稳运行，2020年上半年实现了2500万元的带货量，完成了全年计划交易额的95%以上。2020年6月，由河北省委网信办、省农业农村厅、省商务厅和省广播电视台（集团）联合主办的"2020河北直播购物粉丝季"启幕仪式在石家庄举行。该活动主要依托河北广电MCN机构资源，联合抖音、快手等官方平台机构，整合省内300多家电商账号全网推介销售河北特色产品，拉动新媒体用户的网络购物消费力。活动期间超过5000万用户关注收看，实现河北特色产品交易额达9000万元。

（三）发展语境下的直播带货"普遍化"

1.县域特色产业踏"云"而行

受新冠肺炎疫情影响，河北县域特色产业纷纷通过直播带货走出困境。保定白沟箱包企业积极创新销售方式，学习直播带货技巧，在阿里巴巴平台支持下，举行了"产地复苏计划——白沟超级产地直播日"活动，白沟中小企业和商户加快了向线上转型的步伐。2020年以来，邢台清河县电商企业依托政府制定的"政府引导、企业运作、第三方平台支持"的发展模式，积极试水网络直播业态。2020年9月15日，"宁晋县农特产品消费扶贫网红直播节"举行。在"网红直播大赛暨谁是宁晋大主播"直播现场，抖音、

---

① 王伟：《广电MCN机构打造全媒体主播的路径与策略》，《中国广播》2020年第9期。

快手、顺联动力、拼多多等多家网络平台同步开启直播间，数十名参赛主播与观众热情互动，对宁晋县的名优特产进行不遗余力的推介。

2. 重要节庆活动的"标配"

2020年农民丰收节与农产品推广活动期间，省内各地市在庆祝活动中，纷纷引入"直播带货"元素。在丰收节活动中，张家口市邀请网络红人到现场，通过直播带货，助力农特产品"出山"。沧州黄骅市组织多名直播销售员，对接本市龙头企业和农业合作社，对黄骅冬枣、海产品、旱碱麦等进行直播销售，提高了地方农特产品的知名度，为农民丰收节增彩。2020年11月7日，"秦皇岛市品牌农产品线上线下推广对接系列活动"在秦皇岛市新天地购物广场拉开帷幕。活动邀请了30名网红，通过10个直播间对25家企业的120种特色优质农产品面向头条、抖音、案例等平台进行全程直播。

3. 个体商户竞相角力的"蓝海"

伴随各大商业平台直播功能的开启，在直播带货明星效应的带动下，个体商户踊跃试水。石家庄市桥西区一名近50岁的个体商户刘女士，一边在早市销售中老年服装，一边在快手、拼多多直播带货。据她介绍，2020年9~11月账号粉丝涨到了3000人，日均销售几单至十几单不等，她表示自己做直播做晚了，同做服装生意的朋友有的两年前就开始电商直播，已经发展成拥有上百万粉丝的博主，她表示今后要在直播带货上多投入精力。衡水市饶阳县34岁农民电商韩先生，以在阿里巴巴和淘宝销售安平丝网为业，2020年开始尝试直播带货，他说虽然目前直播间观看者很少，但一有时间还会坚持去做。

三　河北省2020年度直播带货的主要短板分析

河北省拥有较好的电子商务发展基础和较为独特的区位优势，市场需求总体旺盛。近年来，河北省电商经济虽然取得了较快发展，但作为电商经济最新形态的直播带货，河北省却面临诸多短板。这些短板有些是具有全国普遍性的，有些则具有河北特色。

（一）头部电商主播稀缺

目前，直播行业从业人员规模达到千万级别，并且仍在不断增长。虽然主播的数量在不断增加，但用户的时间却是有限的，所以直播带货已经进入了竞争的"红海"。并且，头部主播或KOL（Key Opinion Leader，关键意见领袖）拥有全品类供应链的强势议价权，所以网络用户或观众大多掌握在头部主播手中，头部主播一旦开播往往能抢走平台70%的流量，留给"腰部""腿部"等中小主播的流量寥寥无几。就河北省而言，能够吸引到巨大流量的电商主播较为缺乏。从省内主流媒体的报道看，"带货网红"主要集中在疫情期间的"县长""市长"等公职人员或媒体主持人身上，有较大知名度的社会"带货网红"还较为有限。

（二）知名MCN机构不足

直播带货的火爆，使一大批MCN机构应运而生。据长城网报道，仅秦皇岛市就有MCN机构87家，主营业务包括直播带货、头部主播、影视节目制作及文艺交流活动等。[①] 从业人员3499人，签约网红10万人，2020年以来，资金流量3亿元以上。河北省MCN机构是否量大质优呢？目前，尚缺乏专业测评机构权威数据的公布。但据2019年统计数据显示，全国150家MCN知名品牌机构中，河北省仅1家入围。[②] 河北省内MCN机构大致可分为媒体类和社会机构类，通过采访省内MCN机构从业人员了解到，河北省社会机构类MCN多由广告公司转型而来，由于门槛低、便于操作，所以鱼龙混杂、遍地开花。

（三）直播供应链搭建滞后

直播带货并不是独立存在的商品营销渠道，其背后是一套完整的供应链

[①] 《秦皇岛："网红经济"御风而行》，河北经济网，2020年7月29日，http://www.hbjjrb.com/system/2020/07/29/100398686.shtml。

[②] 《【危中寻机看亮点 | 网红经济探析】把脉河北直播电商发展——访河北省商业经济学会直播电商专业委员会主任孟华兴》，新浪网，2020年8月19日，https://news.sina.cn/2020-08-19/detail-iivhvpwy1841796.d.html?vt=4。

体系。直播供应链既是直播带货快速发展的重要保障，又是与直播带货相互依存、互相促进的。带货主播们以流量节点为支撑，在直播的驱动下，将消费者、供应商、电商平台、品牌方、工厂、网红机构（MCN）等整合到一起，形成供应链体系。消费者购物方式的改变，直接影响了供应链的响应速度、物流出货速度、去库存的周期等。以最小的成本实现供应链运作最优化，意味着供应链从采购到满足最终客户需求，效率最高、效果最优。就河北省而言，直播货源供应链体系不发达，尚未形成集设计研发、仓储物流、电子商务、展览会务、产业加工等全方位的供应链体系，成为制约直播带货高速发展的重要因素之一。

（四）传统产业支撑有限

直播带货要获得好的口碑和买家的信任，最关键的是靠品牌背书，具备信服力的品牌或特色商品是保障直播带货不"翻车"的重要保障。直播带货，在带货主播个人 IP 与产品品牌"双螺旋效应"的加持下，成为头部主播成功的普选模式。最终理想效果是：凡是某主播推荐的，尽管放心买。因此，品牌商品是直播带货长久发展的必备选择。河北省作为农业大省，拥有深州蜜桃、兴隆山楂、隆化肉牛、巨鹿金银花等一批国字号特色农产品优势区，品牌有了，但产业化发展却相对滞后。另外，河北省作为服装大省，拥有规模效应，但品牌效应却不突出。这些传统产业的品牌化程度与产业化水平，都将对直播带货产生直接影响。没有传统产业的支撑，直播带货很难做出地域特色。

（五）有约束力的监管普遍缺乏

对直播带货的监管依据缺失、监管手段不足，这是全国范围内具有普遍性的问题。从本质上看，直播带货属于在直播和电商两个领域深度融合基础上产生的新型商业模式。由于直播带货涵盖互联网、文化产业与电子商务等多个行业，牵涉主体、业务形态多元，私域流量、海量涌现等，因此其监管主体也牵涉多个部门。从法律层面上看，目前主要有《电子商务

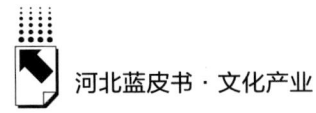

法》《广告法》《反不正当竞争法》《消费者权益保护法》等对直播带货具有约束效力。

四 直播带货的主要发展趋势

2020年，直播电商一路高歌猛进，即将迈入万亿元时代。直播带货在促进经济发展的同时，也在改变我们的生产与生活。在监管部门密集发力、资本不断进入、行业自身迭代升级、消费者需求日益丰富等多元因素共同作用下，直播带货呈现日益规范化、垂直化、多域化与专业化的发展趋势。

（一）规范化：从"野蛮生长"进入"监管时代"

新冠肺炎疫情按下了直播带货的快进键。于是，短时间内大量商家、机构、名人与个体纷纷涌入，直播带货进入野蛮生长期。2020年5月，人社部发布10个新增职业，互联网营销师等新技术岗位上榜，标志着带货主播或直播销售员有了官方认证的职业名称。2020年7月，国家发改委等13部门联合发布意见，提出支持新业态、新模式健康发展的19条措施，首次提出鼓励"新个体经济"发展，进一步开辟了就业和消费新空间。此外，国内多地已出台各类新产业、新业态扶持政策，鼓励直播带货的发展。比如，2020年5月，重庆市、菏泽市、济南市、青岛市等纷纷出台培育直播带货达人与构建直播基地等的利好政策；6月，北京、泉州、杭州、义乌等市纷纷推出推广直播带货模式、确定年度直播电商交易额目标及实施直播电商人才战略等。有了国家与地方层面一系列政策的支持，直播带货加速走向大众，并迎来全民化新阶段。

在这期间，一方面，直播带货这一新业态、新模式得到社会各界称赞和积极响应；另一方面，一些不法商家、机构与个人钻相关法律法规暂时缺席的空子，出现了MCN数据造假、产品与服务费欺诈、冲动消费退货率高、企业获利空间被压缩、明星带货商品质量欠佳等负面新闻。

随着直播带货暴露出的问题层出不穷，直播带货进入监管时代。2020

年以来,国家网信办等8部门明确对主播带货行为进行了规范,以促进网络直播行业高质量发展;国家市场监管总局针对误导消费者、刷单等问题对直播带货加强了监管;中国商业联合会媒体专业委员会牵头制定了《视频直播购物运营和服务基本规范》这一业内首部全国性社团标准;中国广告协会发布并实施了《网络直播营销行为规范》,直播带货不再是法外之地。

直播带货的规范化,意味着业内各环节的专业度、追责与对接流程等,都将有条例可依。同时,行业也会对MCN机构、主播、商业品牌等提高资质要求、明确职责范围,使直播带货的程序与操作规范化,并将完善行业评价体系,划清规则边界。

(二)垂直化:从"粗犷覆盖"转向"垂直深耕"

当直播带货从尚处于"边缘化"的直播电商,演化为2020年度"人人参与"的新经济形态,其中不仅包括传统电商转型升级为电商直播,还有不少传统企业、名人、网络红人、网络草根等直接借用直播技术加入了"带货大军"。比较知名的如吴裕泰、内联升等老字号纷纷开通网店,试水社群经济,走上直播带货之路。活跃在各个平台直播间的商品,除了品牌货、助农滞销农产品,更有"全网最低价"日用品、汽车、电影票,以及专业书籍和"三无"产品等,可谓种类繁多、无所不包。不过,当人们以为直播带货是一把"万能钥匙"时,"翻车"消息、惨淡战绩不断传来,可见,直播带货并非人人可为、货货可带。

通过观察行业态势可知,垂直化、精细化的直播带货正在兴起。也就是说,只有深耕垂直领域的直播带货,才能拥有稳定的交易量。李佳琦的出圈便是典型例证,他以"口红一哥"的身份亮相,成为美妆领域的"带货王"。直播带货的垂直化发展,有利于提前发现用户需求,并通过平台供应链对用户的潜在需求进行转化。同时,垂直化直播还有利于对粉丝的定向选品进行二次定制与产品升级。因此,直播带货的垂直化,有助于满足用户多样化的消费需求,促进消费升级,并有助于产品升级与产业的高质量发展。

未来，伴随直播带货的常态化，用户在直播间购物将更趋理性，对带货主播的专业化要求也将越来越高，而不完全是追随名人、网红等去冲动消费。

（三）多域化：从"单直播间"跨入"多元场域"

直播带货之所以在2020年迎来爆发式增长，除去新冠肺炎疫情的催化作用外，很重要的原因在于直播带货为消费者带来了全新的购物体验。消费者对商品的了解不再基于传统电商的图文详情、短视频介绍或消费者评论，而是基于直播间直观的、立体的、互动式的呈现去充分掌握商品细节，有效解决了消费者在购物之前全面了解商品信息的需求。同时，社交的场域使购物不再枯燥，而是充满趣味。在5G时代，直播带货将进一步放大优势，将最新科技应用于多样化的直播场景。

直播带货将涌现出越来越多的"移动直播间"。目前，比较常见的原产地、外景直播间，比如时令水果、特色美食、旅游地推介、原生态养殖等，通过带货主播亲临现场，带给消费者更真实、更全面、更直接、更愉悦的购物体验。另外，直播带货的"场域多元"还体现在线上与线下体验壁垒的日益打破上，即让虚拟与现实充分融合，推出大量"沉浸式直播间"。比如，基于AR（增强现实）、VR（虚拟现实）、MR（混合现实）技术的"云逛街"等，不断提升消费者购物的科技含量与适配精准度，一再丰富与刷新用户的消费体验。

伴随科技的进步，借助5G、AR、VR、MR、人工智能机器人等技术的组合升级，将使直播带货的场域不断丰富多元，并促进需求侧与供给侧的直接对话，有助于我们的生产生活早日实现现代化。

（四）专业化：从"单纯卖货"趋向"专业服务"

直播间购物诞生之初，是一种引导性消费，即消费者为之掏腰包的不一定是必需、紧缺的商品，而可能仅是特定情境下的对某种需求感的满足。伴随商品的丰富化与供应链的日益强大，消费者的日常所需日益满足，消费者需要的已经不再是单纯的商品，卖货仅成为直播带货的一个方面，它向用户更多提供的将是一系列专业化的服务。比如，专业化的消费主张与意见决策，即在基于个人现实拥有与诉求基础之上的专业化的消费建议；再比如，对某品牌新品的设计理念介绍、面向用户诉求的征集等，以服务的角度培养用户对品牌的信赖与兴趣。因此，对带货主播的专业化要求也将越来越高，他们需要对带货商品有着专业、系统、全方位的了解，并能在短时间内精准介绍带货商品或服务的特点，以及同类商品之间的差异性等，深谙品牌的发展理念与消费者诉求。

对于带货主播而言，要树立起专业化意识，确定优势领域，建构起精深、系统、与时俱进的专业化知识谱系，从而成长为某商品或某类商品的"专家型推荐官"或"咨询人"。对于商家来说，应及时扭转传统营销理念，尽快布局线上渠道，适时培养自己的网络营销师，走社群营销路线，实现精准面向客户、精准对接消费者。对于MCN机构而言，要提升法律观念与社会责任意识，通过法律规章约束、社会监督、自律、优胜劣汰等推动行业健康发展，并帮助签约主播做好商品适配、专业培训与职业规划等，使"网络营销师"这一新兴职业进入良性发展轨道。对平台来说，不仅要把好产品质量关，对消费者权益负有不容推卸的责任，还应根据网络用户大数据"画像"圈定主打商品的范围与品类，进而有利于行业生态的优化。

直播带货的专业化，意味着冲动购物逐渐转向理性消费，意味着消费的真正升级与商品品质的提升，有利于经济的高质量发展，有利于推动社会走出"物质化"窠臼，引领大众走向简约、智慧、高品质的生活。

五 对河北省直播带货产业化发展的思考与建议

直播带货是消费经济的趋势性变革，是尚处于成长阶段的新经济形态。因此，直播带货不会是一时热度，在经历井喷式发展之后，将逐渐走向成熟。直播带货或许会成为推动河北电商甚至新经济继续增长的一个新"火车头"。

（一）完善产业链配套体系

引进并培育一批品牌MCN机构、直播电商平台、直播电商经纪公司与服务机构等优质直播带货运营商。依托全省各市、县重点示范基地与地理标志性特产，建设全省优品、特产集中展示交易中心，通过直播带货形式进行集中推介、销售与后续服务。邀请省内外拥有高知名度、口碑良好的流量主播做河北直播带货的代言人或推荐官。依托重点示范基地与各地重点产业集群，打造高效强大的直播货品供应链体系。

（二）构建产业应用支撑

培育产业集群网红直播品牌与城市主导产业，打造河北省非物质文化遗产、中华老字号等的直播应用场景。利用直播赋能引导专业批发市场转型升级，促进传统产业实现线上线下的融合发展，建立基于河北省主要产品特征的，以服装鞋帽、装饰材料、食品果蔬、特色农产品、健康养生等优势产能的电商流量平台。

（三）引导企业培养私域流量

直播电商将服务于企业全链路，成为服务用户不可或缺的一个重要互动环节。企业培育私域流量应作为一种战略选择，其不单是为了卖货，而是为了企业当前与今后的网络化生存。培养私域流量需以共享思维谋求发展，在商业链路中吸引、服务、转化客户并形成复购等的每一个环节，都可借助直播来进行用户的触达与服务。

（四）布局直播带货人才链

一是通过政策利好，抓紧培育与引进直播带货专业人才。二是筹建河北省电商主播、网红经济等相关协会，加强组织管理，促进行业健康发展。三是成立河北省新媒体电商主播与网红经济研究智库，充分"借脑"，助力人才成长。四是建议有条件、有基础的高等院校开办相关专业,培养直播带货专业化人才队伍。

(五)完善协同监管机制

一是直播带货涉及的政府部门通力合作,全环节监管到位。二是建立政府部门、直播电商行业协会、消费者及平台等的良性沟通机制。准确把握业态变化,及时调整政策方向,避免规范性政策的滞后性带来的不利影响。三是加强直播带货行业诚信建设。直播带货依赖消费者、主播、商家、平台、MCN 机构等彼此之间的信任而生,也只有依托诚信建设,直播带货方能从冲动消费进入合理消费、理性消费,有序纳入我国双循环新发展格局,助力用户抵达美好生活。

B.10
河北省农村电影院线现状及发展策略研究

李倩[*]

摘　要： 党的十八大以来，中国电影产业快速发展，2019年，全国电影总票房为642.66亿元，成为仅次于北美的全球第二大电影市场。全国影院12408家，银幕总数达到69787块，稳居全球第一；全年共生产电影故事片850部、动画电影51部、科教电影74部、纪录电影47部、特种电影15部，总计1037部，数量居世界前三。本报告分析了河北省电影产业发展特征，并对农村电影院线的发展现状、面临的问题进行了深入分析，提出了相应的对策建议。

关键词： 农村　电影院线　河北省

在全国电影奋进发展的良好形势下，河北电影于2010年后进入了高速增长期，全省电影票房从2010年破亿元到2019年的17.57亿元，十年翻了十几番，呈现爆发式增长态势，影院也由2010年的70多家增长到2019年的441家，数量增长了近五倍。制片方面，河北虽然在数量上不占优势，近几年每年完成电影创作20部左右，但也创作生产出了先后斩获中国电影"华表奖""金鸡奖""百花奖""五个一工程奖"等奖项的

---

[*] 李倩，河北省社会科学院省情研究中心馆员，主要研究方向为文化产业。

影片《周恩来的四个昼夜》，以及获得中国电影金鸡奖的影片《一个勺子》，使河北电影创作在国内占有一席之地。在国家大力推行乡村振兴战略的背景下，农民的文化需求、文化权益受到各级党委和政府的高度重视。农村电影院线作为丰富广大农民群众精神文化生活的重要渠道，发挥着积极作用，对于巩固农村思想文化阵地、发展农村先进文化、弘扬社会主义核心价值观、建设社会主义新农村、实现全面建成小康社会目标具有十分重要的意义。

一 农村电影放映开展情况

20世纪末，为解决广大农村群众看电影难的问题，国家广电总局于1998年提出了农村电影"2131工程"目标，即在21世纪初，基本实现"一村一月一场电影"的目标，并于当年设立农村电影"2131工程"专项资金。2006年，"2131工程"升级为"农村电影放映工程"。农村电影放映工程实施以来，得到了国家巨大的投入和支持——目前，农村地区每放映一场电影，农村院线公司可获得场次补贴200元。农村电影放映工程是党和国家为进一步加强农村文化建设、构建公共文化服务体系而实施的一项重大公共文化服务工程，由各地成立的农村院线公司具体组织实施。在国家支持下，全国已基本实现了"一村一月放映一场电影"的目标。

（一）河北农村电影院线情况

河北省农村电影放映工程自2007年下半年开始启动，按照企业经营、市场运作、政府购买、农民受惠的原则，扎实推进农村电影放映服务体制改革。2008年，完成组建农村数字电影院线公司工作。目前，全省共有16家农村数字电影院线公司，分布在全省各市，承担着全省农村电影放映工程任务。其中，石家庄、张家口、承德、秦皇岛、唐山、廊坊、衡水、邢台、定州各1家，保定、邯郸各2家，沧州3家。在各级主管部门的组织、协调、指导、监督下，各农村数字电影院线公司，认真落实每村每年放映不少于

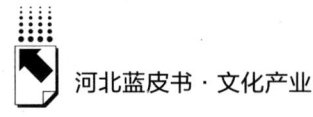

12场电影的国家"一村一月一场电影"的放映目标和公共服务标准,农村年放映电影近59万场,每年均能完成或超额完成放映任务。

(二)围场农村电影放映情况

围场满族蒙古族自治县位于河北省最北部,东邻内蒙古自治区赤峰市,北接内蒙古克什克腾旗。围场是河北省面积第一大县,也是承德市人口第一大县。县域面积9219.7平方公里,辖内共37个乡镇312个行政村,总人口53.6万人。围场是国家扶贫开发重点县、燕山—太行山集中连片特困地区重点县、河北省10个深度贫困县之一(2020年2月29日,围场退出贫困县序列),经济、文化相对落后,那里气候寒冷、山多林密、地广人稀、居住分散,加之交通不便,最远的村组距离县城有90多公里,这些都给农村公益电影放映带来了一定的难度。

围场县农村电影工作站隶属于承德市金田农村数字电影院线有限公司,创建于2008年。工作站现有15支农村电影放映队,15名放映员,均匀分布于全县的37个乡镇。放映员按照县主管部门和工作站的部署,克服山路崎岖、交通不便等困难,自驾机动车开展放映,每年均能实现"一村一月放映一场电影"的既定目标。

二 农村院线公司主要工作举措

(一)放映任务按时保量完成

由于围场县属中温带向寒温带、半干旱向半湿润过渡的大陆性季风气候,年平均气温为-1.5℃~4.7℃,气候偏冷,放映员们一般于每年的5月至10月,在全县的312个行政村、2784个自然营子开展电影放映,每年都能够完成3744场的放映任务。在做好农村电影放映的同时,围场工作站把电影放映推广到社区、学校和企业,拓展了电影放映的受惠人群。2020年夏季,先后在县城及个别乡镇中心学校放映各类励志教育片10场,在县养老院放映戏曲片9场，得到群众广泛的赞扬，也使农村流动电影放映更加深入人心。

（二）放映队伍趋于优化

放映队组建之初，放映员多为原县电影公司的"老人"。由于其年龄偏大，不能熟练使用数字电影放映设备，不会驾驶机动车，不适应围场地广人稀、村组分散的地形。围场工作站按照承德金田农村院线公司的统一要求，逐年把有文化、懂技术的年轻人充实进放映队伍。目前15名放映员中年龄最小的32岁，最大的49岁，平均年龄39岁，学历为高中或中专。每名放映员都有小型机动车，有驾驶执照，能独立驾驶车辆。这些放映员年纪轻、懂技术，工作能力较强，被乡亲们亲切地称为"小伙子放映队"。院线公司、工作站每年对放映员组织培训（一般在4月），强化放映员的责任感、使命感及放映技术水平，进一步提升放映员素质，确保完成公益电影放映任务。特别值得一提的是，目前放映员必须使用智能手机，能够通过微信接受工作任务，并通过无线网络进行手机定位的分享，智能机、无线网不仅是通信工具、生活娱乐工具，还成了农村电影放映的工作设备之一。

（三）资金拨付及时到位

围场为省财政直管县，放映资金由国家资金、省资金和县自筹资金组成，比例为5∶1.5∶3.5，即每场补贴200元，由中央财政补贴100元，省补贴30元，县补贴70元，每年合计补贴74.88万元，均能及时足额到位。除购片费、管理费、设备折旧、人员开支、办公经费和放映员人身保险外，其余经费按照每场156元全部发放给放映员，符合每场放映补贴不低于全部费用的70%（200×70%＝140）的国家规定。放映员补贴直接通过银行卡发放，不存在拖欠问题。

无论是财政直管县还是非直管县，和运营初期部分地区屡屡拖欠放映经费相比，现在全省绝大多数地区的农村电影放映经费均能及时拨付到位，使各农村电影院线公司工作起来不再有后顾之忧。

（四）设备定期保养维护

承德农村院线公司围场工作站现有流动电影放映设备15台，所有设备都由工作站统一发放、统一维护。工作站有专人每月负责各个机器设备的时钟校订、投影仪亮度检测、功放功能检查、播放器存储和片源检查等常规维护，保证放映设备的正常使用。

除承德农村院线公司外，其余各农村院线公司也对放映设备的维护保养等提出了具体要求，以保证放映工作的顺利进行。

（五）放映监管日益加强

曾经，虚报放映场次是河北农村电影院线公司工作中存在的一大顽疾，严重阻碍了电影放映的有序开展。近年来，各农村院线公司在主管部门要求下，采取多项措施治理这一顽疾。互联网技术在其中发挥了重要作用。

以围场为例，围场农村多位于偏远山区，山高路远，监管难度可想而知。为根治虚报场次这一"毒瘤"，加强放映监管，农村院线公司、工作站与时俱进，不断更新监管手段，主要采取了以下4项措施。

1. 填写放映回执单

每名放映员每放映一场电影都要填写放映回执单，并由当地村干部签字盖章予以确认。当然，这是老方法。

2. 进行实时定位

利用智能手机和移动网络，所有的电影放映员都加入一个微信群，每天晚上每名放映员都要和管理员发实时定位，进行位置共享，确定所在的放映位置，并发送当日放映的影片截图或短视频确认放映内容；在通信信号弱、网络不畅的偏远山村，放映员可在微信群里说明情况，公司做好记录，作为抽查的重点区域。

3. 建立工作站放映台账

工作站负责人每日记录放映员的放映地点和放映内容，每月都和回传情况进行核对，确认每名放映员的有效放映场次。

4. 不定期抽查

工作站站长与主管部门负责人不定期到各乡镇实地督导核查，及时发现问题。

由于上述措施的施行特别是移动互联网技术的成功运用，有效杜绝了漏放瞒报现象的发生，智能手机、移动网络以较低的成本促进工作站的日常管理逐步走向规范化。

围场工作站也是全省农村电影工作的一个缩影，全省各级电影主管部门和农村电影院线公司高度重视公益放映场次监管问题，建立并落实放映信息公示、定期明察暗访、放映回执单审核等三项制度；利用数字电影流动放映数据回传平台、GPS/GPRS 监控平台、电信平台"外勤助手"等网络时代的新型技术手段进行实时监控，保障电影放映场次真实有效。在做好农村电影放映的基础上，各农村院线公司积极拓展电影公共服务范围，大力开展军营、学校、社区、广场、干休所、养老院公益放映活动，不断丰富广大人民群众的文化生活。

三 农村院线公司工作难点及原因分析

（一）观影人次下降

据围场工作站的放映员反映，现在在村里放映电影时，一般情况下只有十几个人观看；而据笔者在村里实地观察，农村电影放映时观看群众一般不超过十个人，常常只有六七个人，有时甚至仅有两三个人。座谈时放映员感叹，过去（20世纪七八十年代）放电影时整村男女老幼一齐出动，邻村年轻人甚至不惜走十几里路过来观看，把放电影当过节一般，这样的日子一去不复返了。观影人数急剧减少，导致农村电影放映的社会效益减弱，这是当前农村电影院线公司面临的最突出问题。

造成这一现象的因素有多个。一是农村常住人口中老人和儿童居多，儿童上学，青壮年大多外出务工，老年人观影需求不旺盛。二是随着经济社会的快速发展，广播电视全面普及，农家书屋、村综合文化活动室、文艺下乡演出基本实现全覆盖，互联网、特别是智能手机（移动互联网）在农村推广普及，使农村群众获取信息的渠道比较畅通，可选择的文娱项目增多，即使足不出户也可以通过电视、网络（电脑、手机）看到自己喜欢的节目。互联网在助推农村电影院线工作开展的同时，也造成了观影人数的锐减。三是山村村民居住分散，交通不便。山村地广人稀，不像平原村那样人口集中。

（二）观影感受欠佳

农村电影放映软硬件设施较为落后，在文化生活日益丰富的今天，很难产生较大吸引力。一是观影环境简陋，这是影响观众积极性的重要因素。围场农村电影放映采取露天放映方式，多在村舞台或村广场进行。受季节影响较大，由于气候原因，只有5~10月可以放映，放映时间紧，观影时村民需自带马扎、板凳或站立观看，没有相应的观影设施且不避风雨。二是观影内容不够丰富。农村电影片源有限，以城市下线影片为主，老电影多、新电影少，小成本电影多、大制作的电影少，影片丰富性、吸引力不够，适合农村观众的农村题材喜剧片、戏曲片较少。现在村里喜爱看电影的年轻人，一旦大片下线后，很快就可以通过网络欣赏自己心仪的电影，不愿再出门观看内容更新不及时、相对"陈旧"的农村电影。三是视听效果有待提升。农村电影放映采用的是0.8K的流动放映设备，画面、音效不能和城镇影院的2K设备相比，部分接近使用寿命的放映设备，出现荧幕亮度降低等老化情况，影响了放映的质量和观影效果。

（三）放映操作需规范

一是放映宣传欠缺，部分放映员没有认真执行映前公示制度，放映前没有在所包乡镇村张贴公告牌发布信息，放映当天也不广播、不预告，电影放映前不播放音乐暖场。形成了村里电影放映只有个别村干部和放映点附近村民知道的局面。二是技术操作不到位。个别放映员在放映时存在应付心态，不严格执行放映流程，甚至连荧幕都懒得悬挂，直接用白墙放映了事，严重影响了村民的观影体验。

（四）考核机制待完善

目前考核农村电影放映的主要标准是放映场次，重数量、轻质量，只注重对场次完成率的考核，而忽视对群众满意度的测评。部分放映员、院线公司仅满足于完成放映场次任务，对于如何提高观众数量、更好地发挥农村电影的社会效益却无心关注、无能为力。现在的考核不能真实全面地反映公益放映成效，无法准确评价放映员的放映效果和院线公司的服务水平，可以说对农村电影的考核评价机制尚未成熟，还需要继续完善。

（五）个别村不配合

通过与放映员座谈得知，个别村不重视农村电影放映活动，村干部不配合工作，出现了村里电工不给接电，村干部不让放映，以及放映结束后故意刁难不在放映回执单上签字盖章等问题，造成放映活动无法正常开展；还有个别村出现过不法分子故意滋事或酒后寻衅，损毁放映设备、殴打放映人员的极端案例。当然，这些情况发生后，农村院线公司、工作站及时与乡镇、村及公安等相关部门联系，事情都得到了解决。

四 改进农村院线公司工作路径探析

2016年，《电影产业促进法》《公共文化服务保障法》相继颁布，《电影产业促进法》明确要求将农村电影放映纳入农村公共文化服务体系建设，由政府出资建立完善农村电影放映服务网络，按照国家有关规定对农村电影公益放映活动给予补贴，统筹保障农村地区群众观看电影需求。《公共文化服务保障法》为维护人民群众的基本文化权益，促进基本公共文化服务标准化、均等化提供了法律保障。近年来，国家大力推进公共文化服务体系建设，将农村电影公益放映纳入其中，使其成为体系建设的重要组成部分。全省各级电影主管部门和农村院线公司要认识到自身承担的法律责任和义务，自觉增强法治观念，依法履行工作职责，积极探索农村电影放映转型升级新模式，进一步提高农村电影工作水平，力争早日让广大农民群众实现从"看得上"到"看得好"的愿望。

（一）改善观影环境，加强硬件建设

在巩固已有"一村一月放映一场电影"成果基础上，积极推动农村电影由流动放映逐步转为固定放映，从露天放映转为室内放映。一是充分利用现有的村文化活动室、党群活动中心、会议室等场所，建设固定放映点，利用现有的流动放映设备进行放映，可以不受天气影响，让群众舒舒服服观影；二是基于山区的特殊地貌，对地处偏远、人口较少的村民小组，继续保留流动放映方式放映部分场次，兼顾他们的观影需求；三是依据国家电影局的要求和标准，在人口较多、经济基础较好的村镇，按照政府引导、市场运作的方式，建设乡镇影院。以"先建后补"的手段，通过资助政策，吸引社会资本在人口聚集、经济实力强、对周边有辐射影响的乡镇建设影院，可以解决影院建设不平衡不充分问题，使农村地区观众和城市观众一样，能够享用高标准的放映设备同步看到国内外的商业大片，进一步增强广大农村地区群众的文化获得感、幸福感。目前，河北正在积极推进这项工作，全省确立了48个县试点，2019年新建成并营业4家乡镇影院，初见成效。

（二）加强管理考核，推进标准化放映

各农村电影院线公司要严格执行《河北省农村公益电影放映标准》《河北省农村电影放映工程实施和监管规范（试行）》，认真做好影前宣传、场地布置、电影放映、设备养护等服务保障工作。一是农村院线公司、工作站要在细节管理上下功夫，这方面可以借鉴山东东平、湖北咸宁等县的经验和做法，细化标准，对于功放、音箱等设备的摆放，银幕的洁白度、工整度、悬挂的高度做出具体要求，设备摆放完成后，可拍摄照片并利用网络回传，不合格视为无效场次。二是加大宣传力度。认真落实映前公示制度，放映员

要在所包乡镇村提前张贴公告，发布放映时间、地点、影片简介等信息，放映时提前一天与村干部联系放映事宜，请其在村广播里予以宣传，放映当日提前2小时到达放映点，播放音乐暖场，利用车载广播在行政村所属的自然村之间做映前宣传。同时，各村为方便管理，建有各种微信群，农村院线公司还可通过网络在微信群内及时发布放映信息，提醒广大村民及时观看。三是加强学习培训，教育放映员从为群众提供优质精神食粮、建设党的基层宣传文化阵地的高度上看待工作，进一步提高荣誉感、责任感和使命感，以及职业素质和业务水平。新冠肺炎疫情暴发后，很多学校无法开学，采取了网络授课的方式，农村院线公司可以效仿，对放映员进行网络培训，培训结束，还可进行网络考试以检验学习成果。四是完善考核机制。从重场次到重服务，将观影人次纳入考核标准，激励放映员尽快实现从单纯追求完成放映场次到注重提高服务水平的转变。这方面可向浙江学习，建立第三方评价机制，对电影发行绩效、放映服务社会满意度进行调查考核。还可以开发相关小程序和客户端，采用类似完成网购后对电商进行评价的办法，每次电影放映结束后，让村民通过网络利用手机评价电影放映内容和放映质量，利用大数据对农村电影院线公司工作进行精准评估。

（三）精选影片内容，适应观影需求

一是建立完善自下而上选片机制。选择片源不能靠农村院线公司、工作站负责人拍脑袋、想当然，农村院线公司要广泛征求群众意见，给予放映员特别是基层群众选片权，改变过去"放什么老百姓看什么"的做法。放映员每到一村都要与观影群众、村干部多交流，采取多种渠道尽可能了解、摸清当地农民的主要种养殖经营情况和观影喜好，推行互动式、菜单式订片方式，根据群众意愿订购适合的科教片和故事片。此外，各院线公司应定期举行看片会，邀请放映员和观众参加。同时，可利用互联网征求民意，将数字节目中心提供的影片篇目在网上公布，让村民通过网络投票选出最想看的电影。订购影片时，采取少量多次的方式，加大新片选购数量，让群众看到新片、早看新片。二是加大适宜农村群众观看的优秀影片创作生产力度。农村

地域广、人口多，但其电影市场规模却远远不及城市。建议国家电影局出台政策措施，鼓励影视机构多创作生产农村群众喜闻乐见的反映农村现实生活的故事片、喜剧片、戏曲片和针对性较强的种养殖类科教片；同时，本省电影主管部门也要鼓励河北电影创作机构生产此类影片，以满足农民群众日益增长的精神文化需求。

（四）迎接互联网时代，探索放映新模式

2020年是脱贫攻坚决战决胜之年，随着精准扶贫、精准脱贫工作的有力开展，全国重点贫困地区已纷纷脱贫摘帽，广大农村地区的交通、电力、通信等基础设施已基本实现全覆盖并日益完善。互联网的普及使农村也步入了信息时代，农村电商方兴未艾。当前，大多数农村地区的群众已经能够利用网络通过电脑、电视、智能手机欣赏电影。农村电影院线公司也应积极拥抱新时代，勇于探索"互联网+农村电影"的新模式。可以从以下两方面进行具体操作。第一是软件方面。电影数字节目管理中心等农村电影片源提供者仿照"优爱腾"等视频网站模式，购买影片版权，建立片库，为每个村提供账号密码，村委会通过网络解密下载影片（可以用本村文化经费购买，或电影数字节目管理中心一年免费提供12次下载，超出部分以优惠价格出售），村民们集体协商后，自主决定具体放映时间和内容。第二是硬件方面。放映地点可以利用现有的文化活动室、会议室等场所——即使场地不大也可通过增加放映场次解决，放映设备如投影仪、功放、荧幕、音响的技术标准可以参照国家电影局即将出台的规范制定，点播设备的视听效果虽不及城市影院，但大大优于露天放映（笔者曾到采用高端设备的点播影院体验，其效果甚至比普通影厅的效果还好）。虽然国家要求"一村一月放映一场电影"，其本意是每个月都放映一场，但由于北方冬季寒冷，无法进行露天放映。张家口、承德地区只能在5~10月放映，河北其他地区只在4~11月放映。但放映季节开始农忙，无法放映的冬季才是农闲季节，但因气候因素无法放映。目前，即使个别地区有室内放映场地，可以用流动设备在室内放映，但北方冬天天寒地冻，出行难度增大。特别是张家口、承德地区，冬

季经常出现大雪封路的情况，放映员冒雪开车进山十分危险。只有通过"互联网+室内放映"的方式，才能真正解决北方农村冬季放映的难题。这样做虽增加了对室内影音设备的投资，但放映操作人员可由本村村民担任，乡镇文化站工作人员进行指导，大大减少了场次补贴支出，且可以极大提升农村群众的观影体验，建议选择有条件的地区试点，待取得经验后广泛推行。

B.11
河北文化创意产业助推城市创新发展的路径研究

车同侠[*]

摘 要: 当前,文化创意产业受到越来越高的重视,因为它不仅能够助推一个地方产业结构升级优化,而且能够有效提升一个城市的品质,我国城市化发展已经进入了高速发展阶段,发展文化创意产业正当其时。本报告对文化创意产业进行文献梳理,定义了文化创意产业及其与城市创新的关系。河北省文化产业和文化创意产业近年来有所发展,但在全国比较起来,仍然面临一些问题和困难,本报告分析了原因并提出了建设路径。河北省的文化创意产业发展和其整体产业结构偏重有关,新时代我国在以国内大循环为主、国内国际双循环相互促进的新发展格局背景下,河北省文化创意产业要通过构筑有效机制,破除发展中遇到的障碍,在宣传、人才、创新创业、龙头企业带动、园区孵化等方面加强文化创意产业发展,同时,在城市特色文化、城市文化创意产业发展规划方面加强努力,助推城市创新发展。

关键词: 文化创意产业 "孵化器" 城市文化

---

[*] 车同侠,河北省社会科学院社会发展研究所副研究员,主要研究方向为新型城镇化、文化产业等领域。

一　文化创意产业发展的文献研究

（一）发达国家文献研究

创意产业的概念。从城市角度来看，英国学者尼克·格哈姆（Nick Garnham）起到了先锋引领作用。1983年4月，他被调往大伦敦议会，成立了文化产业部，并且把文化产业写进了城市发展决策意见中。他的主要观点是媒体和艺术等文化创意活动应该有商业思维，贴近市场和大众，而且可能对改变媒体行业格局有一定意义。

英国最早提出了创意产业的概念。英国布莱尔政府在20世纪末成立了DCMS文化创意产业的政府机构，包含文化、媒体和体育部，英文全称是Department for Culture，Media and Sport。文化经济学之父索斯比·大卫认为创业产业的内容主要包括文化产品和服务，其中包括在生产方面的创造力，反映了对知识产权的尊重，同时，他指出，文化产业事实上也隐含了创意和版权产业两层意思。欧洲有些国家采用的创意产业概念认为，内容产业（即所谓高科技产业）中的游戏产业为创意产业。

发达国家文化创意产业和城市发展源于产业结构升级。文化创意城市最早发轫于英国，并且很快成为发达国家在经历了高速工业化和城镇化后的产业选择方向，发达国家利用信息技术解决产业结构重组问题，对城市资源和发展方向进行挖掘，不拘泥于空间，发起了创意城市和创意国家的项目，英国、美国、加拿大、澳大利亚、日本、新西兰等发达国家都出现了著名的文化创意产业城市，20世纪最后二十年间，英国很多地方，特别是一些早期工业发达的城市开始转变产业发展方向，通过发展文化创意产业来创新城市发展，随之英国就出现了一些闻名遐迩的文化创意城市，比如谢菲尔德、伯明翰和曼彻斯特等。欧洲其他国家也纷纷出现了文化创意产业城市，比如有"音乐之都"之称的维也纳、具有最佳设计城市称号的哥本哈根、文化与时尚品牌享誉世界的巴黎等。

发达国家的文化创意产业在更大程度上凸显了社会效益，通过文化创意产业的发展，广大市民的积极参与，市场行为的产生和社会公共产品功能的发展，实现了文化创意产业和城市创新双赢的局面，文化创意产业强调多元性、群众性和创造性，而且在潜移默化的熏陶中逐渐在市场中具有一定的竞争力。[1] 早期的研究者包括华盛顿特区的"宜居城市伙伴"组织（Partners for Liveable Places），进行了一项针对城市设施、设计和文化产业经济价值的项目预算，他们提出了舒适经济学（Economics of Amenity）项目，强调城市社区文化活动、设施在提升人们生活质量、发展经济、创造就业方面的作用，起到了城市文化创意产业的规划功能。帕特里夏·琼斯在1983年代表纽约港务局进行了一项关于"艺术作为一种产业：艺术对纽约—新泽西大都会地区的重要性"的项目，是对文化创意产业助推城市创新发展的典范探索。

文化创意产业在追求艺术和文化的过程中，创造了财富。发达国家文化创意产业供给链加在一起，产业增加值大概能占到比较大型的城市如伯明翰或曼彻斯特经济总量的5%，在伦敦这个数字超过了10%。[2] 有学者在20世纪80年代初就指出英国音乐工业的出口比汽车制造业还大。截至2017年，主要发达国家的文化创意产业发展成绩显著，其增加值占GDP的15%。

Yusuf和Nabeshima认为[3]，文化创意产业的发展和城市创新发展相互影响，关系紧密，特别是一个城市的公共服务水平和商业服务环境，比如城市博物馆、书店、咖啡馆等受气氛环境、天使和风险投资资本、文明和法律保障、商业营销、广告服务、人力资源公司、咨询公司、通信技术和娱乐环境等多重因素影响。

---

[1] 刘容：《国内外文化创意城市建设的对比研究》，《中国名城》2020年第4期。
[2] 查尔斯·兰德利（Charles Landry）：《创意城市：如何打造都市创意生活圈》，Earthscan in the UK and USA, 2000。
[3] S. Yusuf, K. Nabeshima, "Creative industries in east Asia," Cities 22 (2005): 109 – 122.

（二）我国文献梳理

文化创意大都来自一个城市的天赋资源，既有城市的建筑文化，也有城市的历史文化遗产、比较奇特的自然环境，还有相关的城市主题公园和各类艺术资源，以及一些文化符号系统等，构成了城市基本文化素材。在政府引导和规划下，文化创意产业在自身发展的同时，也带动了一个城市的资源开发，从而给城市添彩，增加了其竞争力和吸引力。

近年来我国也涌现出了一批依靠发达先进的文化产业而兴起的城市，比如富于创新的上海和深圳、历史悠久的文化古都北京、国际花园城市及东方休闲之都杭州等，出现了各具特色的文化创意，带动城市创新发展。

文化创意产业的定义。为了适应我国互联网时代文化新业态迅猛发展的态势，国家统计局发布了《文化及相关产业分类（2018）》将原来的大类由10个修订为9个、中类由50个修订为43个，小类由120个修订为146个。在我国，中央政府经常使用的概念是"文化产业"，地方政府经常用的概念是"文化创意产业"。文化产业是围绕社会公共文化活动所提供的大众娱乐、休闲产品、服务以及与娱乐休闲产业相关的各类文娱活动。每个省份都有自己的定义，一些省把它定义为"基于技能和个人的创造力，行业涉及生产具有自主知识产权的产品"，上海最早定义"创意产业"，包含设计新意、设计结构、文化传媒、咨询策划、时尚商务等等。文化创意产业在我国也没有明确的定义，各省份有各自的理解，北京市认为文化创意产业就没有包含动漫产业和高新技术产业，从而是探索文化创意产业的文化本质。台湾学者林泰荣表示，文化是过去式，创意是未来式、产业是现在式。综合以上观点，本报告认为，文化创意产业是植根于该地区的文化，因此，城市的文化有特色，文化创意产业可以助推城市创新发展。

张祖林认为创意产业的竞争力并不仅仅依靠创意产业园区就可以满足，借鉴国内外成功经验和失败教训，需要从城市发展基础等现实情况着手分析，并且有效构建具有实际操作性的文化创意产业园，以集聚文化公司，实现产业链和价值链的链接，更高质量地发展文化创意产业，促进城市创新发展。①

我国的文化创意产业是政府引导的产物，许多城市文化创意产业是依靠财政税收政策来提振的，甚至有的直接有财政资金投入，是一种自上而下的文化创意产业和城市建设。我国的文化创意城市建设容易成为政府主导下的过分强调文化产业发展而稀释了文化创意产业与城市市民的联系，缺乏一个文化创意阶层来支撑和孵化文化创意产业发展和城市创新发展。当然，不排除民间资本投资文化类众创空间，从而带动片区自下而上生成文化创业产业集聚区，但是它们难以带动创意城市文化发展。

二 河北省文化创意产业助推城市发展的现状

（一）星星点火，文化创意产业发展逐渐成长

河北省文化创意产业整体薄弱，还呈现星星点火的小规模发展、分散发展的状态。文化创意产业发展与城市创新发展的关系整体上还不密切，处于分离发展的自然状态。城市文化设施具有启蒙文化创意产业的功能。每个城市都有自己独特的历史和经济社会发展优势，城市文化基础设施比如博物馆、图书馆、剧院、文化中心等都在一定程度上起到了启蒙市民文化素养的作用。通过市民对城市历史文脉的学习和回顾、对博物馆陈列精品文物观赏，可以了解城市发展轨迹，青少年是文化创意产业的生力军，在城市文化设施中受益最多，是文化创意产业和城市创新发展的活力因素。比如，衡水地方的各类特色文化、文化遗址、自然景观衡水湖、武邑的雕刻、侯店的毛笔以及饶阳等地的乐器都体现了衡水市的文化资源丰富。

①

（二）龙头带动，石家庄、廊坊、唐山等城市逐渐创新发展格局初步显现

2019年末，河北省规模以上文化及相关法人单位达1557家，从业人员达15.2万人，逐步形成了龙头带动的文化产业发展雏形。文化创意产业龙头企业和文化产业园给城市的创新发展提供了产业基础，梦廊坊文化产业园地处京津之间，号称"京津走廊明珠"，具有良好的港口和航空交通优势，是京津冀协同发展的中心区域，梦廊坊文化创意产业项目给廊坊市提供了很大的发展和创新空间，助推廊坊市成为世界级城市群的重要城市。

河北省一些发展态势良好的大型文化创意单位，比如邯郸市漳河生态科技园区带动的文化创意产业邯郸方特国色春秋、石家庄市鹿泉区西部长青旅游度假区项目、唐山丰南区通达文化创意产业园项目、曲阳现代雕塑文化产业园项目、张家口市崇礼区富龙四季小镇项目等，都给当地城市带来了人流、物流和文化名城效应；同时河北省也涌现出了一批文化名企，如承德鼎盛文化产业投资有限公司、河北闾里文化传播有限公司、张北县中都原始草原度假村有限公司等，在传播、发展文化产业和创新城市发展中起到了不可磨灭的作用。

2020年上半年，受新冠肺炎疫情的影响，全省规模以上文化及相关产业单位减少到1363家，营业收入下降了10.6%，利润总额下降了14%。在新冠肺炎疫情防控常态化阶段，河北省龙头文化创意企业的培育和发展任重道远。

三 河北省文化创意产业发展中存在的困难和问题

（一）文化创意产业投入不足

河北省文化创意产业在发展和壮大的过程中，所面临的主要问题之一是资金投入不足，缺乏社会融资和投资机构资本的支撑，而且政府对投资的重

视不够，因而投资也不足，文化创意产业整体上仍然存在融资渠道不畅的问题，资金短缺使一些企业不能向规模化发展。另外，河北省文化创意企业还没有形成重要的产业形态，在其产业结构优化升级中仍然没有形成主力。

（二）河北省文化创意产业规模不大

河北省文化资源丰富，但是文化产业特别是文化创意产业发展起步较晚，而且大型文化创意企业少，小微企业是河北省文化产业的市场主体，这阻碍了河北省文化产业竞争力的提升。2019年，全省1557家规模以上文化及相关产业企业，仅占全国总数的2.7%，大型企业只有43家，占比仅为2.8%，大部分都是小型企业，共有1069家，占比为68.7%，微型企业240家，占比为15.4%。其中绝大部分企业收入在1亿元以下，不论是营业收入还是利润，都处于全国中下水平。

（三）区域发展差距较大

河北省文化创意产业从地区分布来看，呈不平衡状态；从市场主体法人单位数量看，石家庄、沧州、保定、唐山、邯郸、邢台和衡水相对较多；但是从营业收入的增速来看，邢台和邯郸增长较快，其他城市则小幅增长或者有所下降。

（四）文化创意产业人才资源匮乏

人才是文化创意产业的基础和根本，而河北省高等院校在相关人才培养上仍然比较落后，而且只有少数院校注重人才培养。总体数量和人才层次结构都不能满足市场需求。现有的人才资源中，国际国内的文化艺术大家数量不多，而且受行政人事制度和工作生活环境的影响，反而外流人才比较多。

四 河北省文化创意支撑的城市创新发展路径

产业结构升级—城市文化创意产业发展—城市创新。城市的创新发展和文化创意产业的发展相辅相成、互相促进。城市的发展离不开产业链、供给链和价值链的环环相扣，当我国城市化率达到62%、河北省城市化率达到57.62%的时候，城市发展的逻辑更加重视三次产业结构的合理性、重视城市环境质量提升，因此，传统的制造业不断被外迁，城市发展更加依靠总部经济、服务经济、头部经济，强调高质量发展，注重服务业、制造业设计和品牌建设，这些聚集起来的创意设计就是文化创意产业，都归入服务业，其附加值高，利于促进城市产业升级和创新发展、绿色发展，因而也成为一个城市产业发展的重要方向。

城市历史建筑—城市文化创意产业发展—城市创新。城市的发展轨迹通过建筑保存下来，建筑文化成为活的城市文化，文化创意产业利用城市的老建筑、工业厂房进行创意改造，更好地把城市的历史文脉通过文化创意产业进行承接。比如，上海挂牌成立的创意产业园区中，有70多家创意产业园区都是由老厂房、老仓库改造的。

城市自然地理景观（城市历史典故）—城市文化创意发展—城市创新。有些城市具备良好的自然地理景观，通过运用现代科技光影打造舞台剧，再加上城市历史故事，可以创造出优秀的文化创意产品，在文化产业发展的同时，宣传城市文化，比如承德康熙大典；相辅相成的是，有些城市将丰富的历史文化故事、典故、传说同现代科技手段相结合，打造文化创意产业，比如邯郸方特国色春秋，利用成语故事、梦文化及牛郎织女等典故打造主题公园，打造的城市文化创意产品集旅游、娱乐和休闲为一体。

城市公共文化项目—文化创意产业—城市创意发展。通过将城市博物馆、书店、美术馆、体育馆、展览馆等公共文化设施及商业文化娱乐设施结合起来，体现政府、市场和市民之间的相互作用，使市民在享用城市文化公共项目服务的同时，提升文化内涵，增加城市服务业增加值，增强城市吸引投资的竞争能力。比如石家庄市国际会展中心（正定新馆）增强了石家庄市以及正定新区的城市、城区凝聚力和吸引力，曾经举办过大型的、著名的国内、省内数字经济展览，助推了城市城区的创新发展。

五 建议

（一）加强河北省文化创意产业发展

1. 加强宣传力度，提高认识水平

一个城市的文化创意产业和城市的创新发展涉及多方面因素，其中文化宣传教育处于重要地位，通过在多种网络媒体平台上进行广泛宣传，才能引起城市各个层面和领域居民的高度重视。从高等院校文化创意专业设置到政府部门重视文化创意政策制定和项目资金支持，从投融资机构、个人有机会参与投资文化创意企业到广大创业创新企业提升文化创意发展的热情，最主要的是，只有对市民的文化素养提高热情进行充分宣传、调动，才能提高一个城市舆论导向的先进性。

2. 立足创业创新，培育文化创意产业，助推城市创新发展

创意产业首先需要创新思维。第一，创新思维来源于社会广大创业者和市场主体在新时代充分利用互联网、大数据、人工智能进行创业创新，孵化文化创意企业；第二，要积极培育文化创意阶层和人才，在文化产业发展和社会经济整体发展中锻造城市的文化创意基础；第三，把文化创意企业和城市旧城改造、传统制造业搬迁结合起来，运用创新创业咖啡屋等形式并利用原有工业遗址和历史遗址，形成文化创意产业，通过城市各类创业创新平台的带动作用，促进文化创意产业企业之间的相互补充、共同集聚，尤其是要充分发挥文化创新创意产业"孵化器"的作用，大力培育文化创意市场主体，完善文化创意产品和服务交易市场，不断发展壮大文化产业发展集群。

3. 加强对文化创意人才和项目的引进，积淀城市文化创意阶层

市政府要积极引进优秀的文化创意人才，制定人才引进和培养计划，在引进人才的同时，积极招商引资，制定文化创意产业人才培育和发展战略，完善和壮大文化产业经理队伍和人才队伍，鼓励制定文化经纪人才培育计划，更好地培育、储备和激励文化创意产业人才的选拔和任用，提升文化创意产业的质量。

4. 充分发挥文化创意龙头企业和文化产业示范园的作用

充分认识到在新时期文化创意产业对城市创新发展的作用，积极主动作为，不断加大对当地文化产业投资的力度，设置专项资金投资创意产业，提升城市文化产业质量，努力在各地打造一批优秀的文化创意龙头企业和文化创意产业示范园，更好带动文化产业项目，提升当地文化品牌和产业影响力，助推城市创新发展。政府对于文化创意产业示范园要进行积极扶持，给予政策支持，培育城市文化符号和文化气质，久久为功。

5. 充分发挥政府和部门的作用，商业、市场和政府有机结合

文化和旅游部门在文化创意产业和城市创新发展中的意义重大，政府和部门在城市不断变化发展中具有很强的影响力和市场引导潜能。建议把体育部门并入文化和旅游部门，成立大文化旅游体育部门，统管文化产业、文化创意产业。文化艺术越来越多地被视为工业部门的一部分。比如音乐产业，它主要由市场主导，倾向于商业性，需要投入的政府公共资金并不多。

（二）强化文化资源丰富的城市文化创意和城市创新紧密结合

1. 制定文化资源富集型城市的文化创意产业发展规划

河北省经济社会发展环境较好，文化资源丰富的市、县、区可以依据本地城市历史文化渊源、自然环境、经济结构特点进行文化创意产业的谋划规划，开放秦皇岛、廊坊等创新氛围浓厚的城市，以及确实需要进行产业结构优化升级的城市。

文化创意产业发展规划的影响会越来越深入，加入更多因素，比如艺术文化对于一个城市的形象、身份认同或游客吸引力所造成的影响，协同一个城市其他软性因素对市民的潜移默化和耳濡目染；再比如看一部电影、看一场音乐剧、看一场地方体育赛事等，这些参与艺术的方式会影响人们对自身力量、自信和胜任能力的感知和提升。从而影响一个城市市民的素质和提升城市文化气质。不同类别的文化创意产业和创意活动，不论

是商业性质还是公益性质,"对城市和经济是重要的"这一理念慢慢也会被大众接受。

2. 重点支持一些具有特殊地域特色的城市创新发展

河北省具备先天的自然地理优势和丰富的文化资源,在文化创意产业上要重视差异性和地域性特征,善于利用已有的地域特色资源,顺势发展文化创意产业和助推城市创新发展,比如邯郸历史文化名城、梦文化、赵文化、成语文化,石家庄的红色旅游文化,唐山的工业文明文化等都是值得开发的良好素材,广泛调动城市各类机构组织广泛参与,不拘泥于形式,进行联合开发城市文化资源,形成创新联盟,结合政府资源、高新技术资源、创业创新"孵化器"、行业协会商会等,形成城市文化创新资源,实现资源优势最大化,助推城市创新发展。设计、广告和娱乐等文化创意产业尤其能够驱动整个经济的高质量发展,形成所谓的"体验经济"。

参考文献

刘容:《国内外文化创意城市建设的对比研究》,《中国名城》2020年第4期。

〔英〕查尔斯·兰德利:《创意城市:如何打造都市创意生活圈》,杨幼兰译,清华大学出版社,2009。

董博:《唐山市丰南文化产业园区发展模式研究》,硕士学位论文,河北工业大学,2014。

厉无畏:《文化创意产业推动城市创新驱动和转型发展》,《文创产业评论》2016年第3期。

B.12 河北省文化与康养产业融合发展研究

张丽 李珊珊[*]

摘 要： 推动文化与康养产业融合发展，既能在一定程度上满足人民对物质文化和精神文化的新期待，又能培育新产业、壮大新动能、激活新消费，这一形式将成为未来文化、康养产业发展的前进方向，迎来产业发展"黄金发展期"。基于此，本报告以分析文化与康养产业融合发展的范畴界定与内涵价值为基础，从政策制定、群体需求、平台建设等方面分析了河北省文化与康养产业融合发展的机遇与实践探索，指出还存在政策合力不足、产业融合度不高、特色知名品牌不多、专业人才不足等问题，从顶层设计、平台建设、树立品牌、科技应用、人才培养、建立和完善投融资机制等方面提出促进河北省文化与康养产业融合发展的对策建议。

关键词： 文化 康养 产业融合

党的十九届五中全会通过的《中共中央关于制定国民经济和社会发展第十四个五年规划和二〇三五年远景目标的建议》（以下简称《建议》），提出"健全现代文化产业体系。加快发展新型文化企业、文化业态、文化消费模式"、"加快发展健康产业"、"推动养老事业和养老产业协同发展，培育养老

---

[*] 张丽，河北省社会科学院社会发展研究所副研究员，主要研究方向为老年社会学、青年社会学；李珊珊，河北省经济信息中心高级经济师，主要研究方向为经济社会学。

新业态,构建居家社区机构相协调、医养康养相结合的养老服务体系"。《建议》强调"文化产业、健康产业、养老产业",这种表述同时出现尚属首次,除强调三个产业"健全、加快、培育"发展外,更注重三者之间的"结合、融合"发展,为推进文化与康养产业融合发展提供了新遵循、指明了新方向、带来了新机遇。推动文化与康养产业融合发展,既能在一定程度上满足人民对物质文化和精神文化的新期待,又能培育新产业、壮大新动能、激活新消费,将成为未来文化、康养产业发展的前进方向,迎来产业发展"黄金发展期"。

一 文化与康养产业融合发展的范畴界定与内涵价值

文化与康养产业融合发展是随着经济社会发展进步而生的产物,是经济新常态、社会结构新变化下多业态融合的表现。正确理解文化产业、康养产业的概念范畴和内涵价值,对于促进文化与康养产业融合发展具有重要意义。

文化产业、健康产业、养老产业目前均有明确的定义。联合国教科文组织将文化产业界定为按照工业标准,生产、再生产、储存以及分配文化产品和服务的一系列活动。健康产业是辐射面广、吸纳就业人数多、拉动消费作用大的复合型产业,具有劳动内需增长和保障改善民生的重要功能。养老产业以保障和改善老年人生活、健康、安全以及参与社会发展,实现老有所养、老有所医、老有所为、老有所学、老有所乐、老有所安等为目的,为社会公众提供各种养老及相关产业(货物和服务)的生产活动集合,包括专门为养老或老年人提供产品的活动,以及适合老年人的养老用品和相关产品制造活动。[①] 文化与康养产业融合发展的范畴,从现有研究视角看,学界和产业界均逐渐倾向于"文化+健康+养老/养生"角度的研究与探索,对于"康养"的理解,更多观点认为是"健康+养老/养生"的统称。本报告主要侧重于从"文化+健康+养老/养生"产业融合角度展开研究,根据三个产业的概

---

① 国家统计局:《养老产业统计分类(2020)》(国家统计局令第30号),2020年2月4日。

念范畴，文化与康养产业融合发展主要涵盖文化、健康、医疗、养老、养生等诸多业态，是为社会公众特别是老年人提供文化康养产品、服务及相关产业生产活动的集合，以满足人民群众日益增长的文化和康养的多重需求。

从内涵价值看，文化产业一直不断向多个社会领域和行业渗透，康养产业属于新兴的现代服务业，它们兼具社会属性和经济属性，文化、康养的产业化根植于它们资源内在价值的开发和利用，是文化与康养相互依存、相互融合的体现，产业间的跨界融合发展必将催生新模式、新业态、新引擎。文化产业较康养产业发展相对成熟，康养产业还处于探索上升期，各类文化资源、文化创意等可赋予康养产业更丰富的文化内容，为产业发展注入活力和创造力，能够在一定程度上带动康养产业转型升级，康养资源、康养理念融入文化产业，为文化产业发展提供了新载体，能优化文化产业结构，促进文化产业链和价值链拓展延伸。从供给侧角度看，文化与康养产业融合发展能进一步实现文化与康养资源的高效利用和优化配置；从需求侧角度看，能满足社会公众对文化与康养的高品质需求。总体而言，文化与康养产业融合发展，具有良好的发展潜力和市场空间，产业间资源共享、优势互补、融合发展，既可以实现优势产业链条延伸、产品附加值提高、服务质量跃升，又有助于推动文化建设和社会建设迈上新台阶，将发挥 1+1+1>3 的成效，呈现几何级数增长的态势。

二 河北省文化与康养产业融合发展的机遇与实践探索

（一）国家和省级层面的政策环境持续优化，产业专项和融合政策不断出台，为文化与康养产业融合发展奠定基础

当前，文化强国、健康中国、积极应对人口老龄化均已上升为国家战略，文化产业和康养产业发展前景广阔、市场潜力巨大。近年来，国家和省级层面都出台了一些扶持和鼓励相关产业发展的指导性意见和政策措施，为文化与康养产业融合发展指明了方向。

从国家层面看，国家先后出台《国家"十三五"时期文化发展改革规划纲要》《文化部"十三五"时期文化产业发展规划》《关于促进健康服务业发展的若干意见》《"健康中国2030"规划纲要》《关于加快发展养老服务业的若干意见》等一系列指导性文件，逐步形成了国家对文化、健康、养老产业发展的顶层设计，扶持政策利好，为文化与康养产业融合发展提供了良好的发展环境和契机。

从省级层面看，河北省作为文化底蕴深厚、康养资源丰富的省份，高度重视文化产业、康养产业发展，以及文化与康养产业相互融合、共同促进，把推动文化产业、康养产业高质量发展作为实现绿色发展、加快产业结构调整的突破口之一，进行了大量有益探索，先后出台了《河北省文化产业发展"十三五"规划》《河北省"大健康、新医疗"产业发展规划（2016—2020年）》《关于支持大健康新医疗产业发展的意见》《关于全面放开养老服务市场提升养老服务质量的实施意见》《关于进一步扩大旅游文化体育健康养老教育培训等领域消费的实施意见》《河北省新时代服务业高质量发展的实施意见》等一系列扶持政策，尤其是2018年出台的《关于大力推进康养产业发展的意见》，明确提出要加快建设康养产业体系，促进医、养、旅、居、文、体等相关产业融合，并从产业培育、平台建设、品牌打造等方面提出了一系列重点任务，以及扶持产业发展的配套政策措施。2020年11月出台的《中共河北省委关于制定国民经济和社会发展第十四个五年规划和二〇三五年远景目标的建议》中也重点强调要带动文化产业、健康产业、康养产业的发展，为河北省推动文化与康养产业融合发展指明了方向，提供了有力的制度保障和政策依据。

（二）受新冠肺炎疫情影响和消费升级推动，社会公众尤其是老年人对文化、康养的消费需求增加，推动文化与康养产业融合发展提速前行

随着居民消费水平不断提高、大数据等新兴技术日益兴起，文化服务体系持续健全、大健康理念深入人心、人口老龄化趋势加剧，社会公众对文化康养服务的需求度持续增加，尤其是新冠肺炎疫情暴发以来，不断出现的银发数字鸿沟、老年照护、疾病和亚健康问题，使社会公众尤其是老年人对文化、健康医疗、养老养生的消费需求更为迫切。

从消费者的个体需求看，不同健康状况的人对文化康养理念和消费需求呈现差异化。健康人注重"文化、康养并重"，消费重点集中在文化学习、休闲娱乐、健康、养老等行业；亚健康人则是"康养为主、文化为辅"，消费重点集中在健康检测、疾病防治、保健康复、休闲娱乐等行业；病患是"医养康养为主"，消费重点在医疗服务、康复护理等行业。从老年人的总体消费需求看，笔者一项关于河北省老年人消费需求的问卷调查数据显示，老年人对文化康养服务的消费需求占比较高，消费潜力巨大。对健康医疗的需求占比达89.4%；对休闲娱乐和文化学习等的需求也较高，占比为51.5%；对物质的需求主要集中在生活照料方面，生活照料和家政服务的需求占比为45.4%，送货上门、老年用品、老年餐桌以及维权服务的需求占比分别达32.7%、37.9%、25.8%、20.8%，老年人的文化康养需求从单一的"生活照料型"转向多元的"医养康养结合与精神文化并重型"。

推动文化与康养产业融合发展，将弘扬尊老、敬老、爱老、孝老的中华民族传统美德贯穿于健康、养老服务全过程，既可以提升国民文化素养、健康素养水平，又有利于丰富老年人精神生活，使老年人能够更加享受幸福的晚年生活，进而促进家庭、社会和谐发展。在消费升级大趋势下，文化康养消费支出增长将带动文化产业、康养产业、数字经济等多领域发展，同时成为新的消费增长热点，对加快实施扩大内需战略、激活国民消费潜力，特别是引爆"银发经济"内需消费的无限潜力都有极大的推动作用，也是构建以国内大循环为主体、国内国际双循环相互促进的新发展格局的强大助力。

（三）河北省各地文化康养资源多元融合步伐加快，文化、康养公共服务质量提升，文化康养品牌建设特色显著，京津冀文化、康养领域协同发展提速，为河北省文化与康养产业融合发展提供强大支撑

"十三五"期间，河北省特别重视康养产业体系建设，以及与文化产业融合发展，引导各地市依托自身的文化康养资源以及产业特点，积极与社会资本合作，打造一批产业发展平台，引进培育特色重点项目，擦亮地域特色品牌，推动京津冀区域文化、康养产业协同发展，稳步推进河北省文化与康养产业融合发展。

1. 文化、康养公共服务取得丰硕成果

河北省作为老龄人口大省，已进入中度老龄化社会。近年来，全省着眼于更好地满足老年群体多层次、多样化的文化及健康养老服务需求，在优化公共文化供给结构、丰富养老服务内容方面不懈努力，取得了一定成绩。老年教育服务取得长足进步，老年教育阵地不断扩大，老年教育途径多样化发展，建成覆盖城乡的省、市、县（市/区）、乡镇（街道）、村（社区）五级社区教育办学网络，实现了社区教育与老年教育有效对接。据不完全统计，2019年末，全省以各种形式经常性参与教育活动的老年人约154.16万人，占老年人口总数的10.2%。老年文化服务质量提升，在公共文化设施建设中合理设置老年人的设施与功能，积极开展面向老年人的公益性文化服务，广泛开展群众性老年人文化活动，进一步丰富老年人精神生活。老年体育服务种类丰富，广泛开展老年人健身指导活动，举办各类适合老年人的健身活动达百余场次，参加人数超百万，一定程度上提高了老年人身体素质水平。积极推进"医养文教"结合，在公益性养老机构开展了"大戏台""中西医知识讲座""健康生活每一天"等活动，受到了老年人的欢迎。

2. 多元化、融合发展的康养产业体系逐步建立

河北省高度重视康养产业体系建设，整合文化产业、康养产业重点项目库项目资源，每年有序谋划推进一批带动作用强、技术含量高、市场效益好的重大项目建设，着力打造康养产业链，促进医、养、旅、居、文、体等相关产业融合，多元化、融合发展的新型康养业态逐步兴起。产业发展平台实力强劲，依托国家级、省级经济开发区及高新技术产业开发区，聚合资源要素，加快智能按摩椅、智能按摩床、多功能机器人等文化、康养产品研发，建设一批文化、康养产品制造基地，初步形成石家庄以高端装备制造和区域服务，秦皇岛以健康监测、康养示范，唐山、衡水等地以机器人、医疗康复

床为特色的差异化产业格局。依托各地区特色资源禀赋、区位优势，打造了一批具有较强区域影响力的文化教育、健康医疗、养老养生等特色文化与康养产业服务园区、康养小镇，如秦皇岛的国家级北戴河生命健康产业创新示范区拥有各类健康服务企业170余家、各类休闲养老院（所）400余家、体育健身场所3000余处，实现了与人类生活健康息息相关的生产和服务领域全面覆盖；张家口的冰雪文化康养基地积极推动旅居康养、运动康养、膳食康养、医疗康养四大业态，已初具规模，形成了新的产业增长极。

3. 多种特色文化康养品牌知名度和影响力不断提升

河北省利用多样化生态地貌、康养资源，深度融合医疗、健康、养老、养生、文化资源，实施了一大批受到老年人青睐的文化研修康养项目，打造出多个优质文化康养品牌，更好地满足了老年人多样化的康养需求。

"中医药文化＋康养"品牌优势显著。依托中医药文化等资源，各地大力发展以提供中医药康复、养老、养生、文化服务等为主题的"中医药文化＋康养"品牌，实现中医药健康、养老养生、文化旅游等优势资源融合发展，推动全省中医药文化、康养产业提质升级。邢台内丘擦亮"扁鹊"品牌，依托扁鹊中医药特色文化资源，发挥现有的优质中药材种植、中医药生产、特色中医诊疗服务等优势，推进扁鹊康养古镇等20个特色文化康养项目建设，举办"中国内丘扁鹊文化节"，研发系列中医药产品，打造中医药文化康养一体化的全产业链条。保定安国依托全国知名的中药材种植基地和深厚的中医养生文化底蕴，引进战略投资者，致力于打造中医药文化旅游、健康养老养生体验特色品牌。石家庄以岭健康城依托中医药名企资源，打造了文化医药康养一体化、吃住购游一站式的国内领先的康养特色品牌。

"太极文化＋康养"品牌特色突出。邯郸永年是全国闻名的太极拳之乡，永年政府致力于将太极文化与康养相结合，打造太极文化康养研学基地，在邯郸学院开设了太极文化学院作为弘扬太极文化的阵地，积极推广太极拳、八段锦、健身气功等适合社会公众尤其是老年人的文化康养项目。邯郸"太极文化＋康养"品牌已成为惊艳世界的一张名片，近年来共举办9

次邯郸国际太极拳大会，来自全球50多个国家的3000余人参会，举行太极拳表演比赛30余场、研讨会20余场，发表论文300余篇，出版专著10部，既进行了太极文化研究与交流，又提升了康养产业发展水平。

"孝文化+康养"品牌深入人心。沧州市泊头福星园养老园区作为社会资本投资运营的文化康养产业基地，由居家社区机构养老、医养康复护理院、文体活动中心、孝道文化园和综合服务中心等部分组成，依托福星园孝道文化园与社区孝道文化馆，将孝文化融入康养产业发展的各个环节，是河北"文化传承、医疗康复、养老养生"产业融合发展的典范。张家口万全县、沽源县弘扬中国传统孝善文化，通过"孝善文化+孝善基金"模式，引领广大群众开展家庭教育，传承好家风家训，不仅破解了农村老年人养老难题，让老年人能安享晚年，而且带动了乡村文化振兴。

4. 京津冀文化、康养领域协同发展加速推进

目前，京津冀养老服务协同发展政策逐步完善，建立了京津冀养老服务合作长效机制，入住河北省养老机构的京津老年人都能异地享受京津购买养老服务补贴，河北省收住京津老年人的养老机构都能享受京津运营补贴。这些政策的实施对河北省的养老服务发展起到了极大的促进作用，全省各地加强与京津康养产业对接合作，着力打造环京津健康养老聚集区，秦皇岛、张家口、承德、廊坊等市实施了一批集康复护理、医疗保健、休闲旅居、文化教育于一体的养老项目，京津健康养老服务聚集区建设已初具规模。

秦皇岛市作为河北省文化康养产业融合发展先行城市，积极承接京津等地区文化康养产业转移，结合国家首批城企联动普惠养老试点城市、国家康复辅助器具产业综合创新试点地区建设，重点打造国家级北戴河生命健康产业创新示范区，通过康复辅助器具的技术创新研发、文化康养服务的环境创新升级，建立起集康养、文化、生态、旅游于一体的康养产业基地。该基地已接纳国际国内上百家医养康养机构进驻，为京津冀地区文化与康养产业融合发展提供了创新引领和试点示范作用。据初步统计与测算，2019年秦皇岛康养产业增加值为152.22亿元，占全市地区生产总值的9.4%，已成为全市重要的支柱性产业，其中第一、第二、第三产业中的康养产业增加值占

比分别为14.3%、19.1%、66.6%。

张家口市紧抓与北京携手筹办冬奥会的机遇,以奥运文化、冰雪文化为核心加强资源整合提升,与北京优质医疗资源进行合作,着力建设"国际文化休闲基地""健康小镇""生命健康园"等文化康养项目,大力发展京张文化旅游、健康养老等大健康产业集群。

承德市从"健康医疗、健康养老、医药产业、健康旅游和文化、体育健身、健康食品"等六大领域着手,建设京津冀康养产业示范区。

廊坊市发挥地处京津冀协同发展核心地带的区位优势,积极推动三河、大厂、香河"北三县"养老产业集群建设和"通武廊"(通州、武清、廊坊)区域合作,签订了合作协议,对接养老服务技能培训、用地需求、优惠政策、养老服务项目建设等,促进区域养老服务质量提升。

三 河北省文化与康养产业融合发展面临的问题与挑战

(一)文化与康养产业融合发展的政策合力尚未形成

虽然近几年河北省出台了一系列关于文化产业、康养产业的政策文件,但对于文化与康养产业融合发展的表述较少,重视程度有待提高。从各地的推进情况看,各地对文化产业发展重视程度较高,各级文化部门推进国家、省、市支持政策的力度也较大,采取开推进会、设立引导基金、建立项目资源库等多项实招推动产业发展;相比之下,各地康养产业还正处于探索期,基本上都在"摸着石头过河",虽然国家、省、市也出台了一系列支持康养产业发展的政策措施,但由于地方一些部门领导认知尚未到位,对于发展思路依旧不明晰,没有建立产业政策支持体系,很多支持仅停留在口号上、讲话中,对园区、企业、项目的很多政策尚未细化落地实施,配套机制更不到位,无法对想进入康养领域发展的企业充分发挥政策的激励和扶持作用,总体而言,全省自上而下并没有在政策出台和实践上形成发展合力。

（二）文化与康养产业现有融合度不高

目前，河北省各市的文化产业市场成熟度相对较高，但文化资源和文化遗产开发利用仍有待深度挖掘，大量文化资源处于半开发或未开发状态，很多有价值的文化资源未得到充分利用。康养产业发展仍处于起步阶段，衡水、承德、张家口、邢台等市将康养产业列为发展的主导产业，但总体来看，发展仍不充分，大多数处于点状发展，尚未形成"以点带面"局面。主打文化与康养融合发展理念的大型企业数量较少，大多数康养产业企业规模小、水平低，受企业规模优势不明显、资金不足、人员素质偏低等多方面影响，仅能提供基本康养服务，对文化的重视程度不够，没有看到文化与康养产业融合发展给企业带来的价值，尚未形成产业发展合力。

（三）特色知名文化康养品牌还不多

近几年，河北省致力于打造文化康养品牌，一方面"中医药文化＋康养""太极文化＋康养""孝文化＋康养"等品牌在国内外有一定知名度，但这些品牌的价值和辐射带动作用发挥还不充分，具有全国影响力的龙头企业、拳头产品还不多；另一方面，河北省的文化底蕴深厚，红色文化、长城文化、运河文化等特色文化资源与康养资源融合度不高，尚未在国内甚至国外形成叫得响、擦得亮的金字招牌。

（四）文化＋康养的专业人才明显不足

行业人才队伍文化素养低一直是康养产业发展的"绊脚石"。康养产业面对的服务对象以老年人和身体欠佳的人为主，年轻群体从事健康医疗行业的比例相对较高，但从事养老行业的比例很低，问卷调查数据显示，仅有不足5%的年轻人有意愿从事养老工作，大部分从事养老工作的服务人员年龄偏大、文化水平不高、专业水平有限，呈现"三低三高"（"三低"即学历低、收入低、社会地位低；"三高"即流动性高、年龄偏高、劳动强度高）的特点，专业养老服务队伍和管理人员力量不足也影响了文化与康养产业融合发展。

四 促进河北省文化与康养产业融合发展的对策建议

文化与康养产业融合发展切忌一蹴而就、盲目而行，要以满足群众对文化、健康、养老的需求为根本出发点，做到循序渐进、有序推动、优势互补，深入挖掘文化与康养资源，推动资源有效配置与结合，注重对优势发展要素进行吸纳，培育发展新业态、壮大发展新载体、拓宽发展新空间、延伸完善产业链，以提升产业附加值为导向，在康养产业中融入文化资源和文化创意元素，在文化产业中注重健康养老理念渗透，形成融合型的文化与康养新业态。

（一）强化顶层设计，政府部门加大文化与康养产业融合发展扶持力度

2021年是"十四五"开局之年，河北省各地应抢抓有利时机，依据国家出台的一系列利好政策，充分吸收各省经验启示，对接自身优势资源、发展基础、区域特征，积极推动文化与康养产业融合发展。一是建议省级层面出台专项规划或实施意见，提出推动文化与康养产业融合发展的发展路径、重点任务和目标要求，强力推动文化与康养产业融合发展。二是将文化和康养产业融合发展写入全省"十四五"文化产业、康养产业发展相关规划，推动各级各部门做好政策配套衔接，研究制定专项政策和标准，做到切实"落地生根开花"。三是针对推进重点区域具有影响力和带动效应的产业承载平台建设，制定推动文化与康养产业融合发展的新政策、新措施，如出台加强康养特色小镇文化建设的指导意见，在康养产业园区、服务基地建设标准中加入文化元素评价指标等。以产业承载平台建设为突破口，探索研究推进全域文化与康养产业融合发展的政策措施。四是整合省级文化产业、康养产业重大项目资源和数据库，每年筛选确立一批文化与康养产业融合发展的重大项目，建立项目资源库，加强对项目退出、增补、推进、监管、服务的全程指导。

（二）打造文化康养综合体，树立特色文化康养品牌

建议河北省各地充分利用当地的人文资源、康养资源和地理区位优势，秉承因地制宜和以人为本的原则，注重文化传承和设计创新，推进养老机构与医疗机构的结合，针对不同群体需求，打造普惠型的"医、养、护、文"一体化文化康养综合体，加快文化与康养产业的融合发展。

培育壮大文化与康养产业融合发展领军企业，在文化教育、医疗健康、养老养生等领域，每年选定一批发展前景好、行业信誉高、资金实力强、业务能力优的文化康养骨干企业，在投融资、科技创新、品牌培育、企业人员培训等方面加大支持力度，打造具有区域影响力的文化康养综合体。鼓励社会资本与国有资本投资公司合作，采取"部分国有企业管理制度＋民营专业养老机构管理运营"模式，提高企业管理现代化水平。推进服务集团发展模式，支持龙头企业跨界合作，加快建立覆盖文化、康养全产业链条的大型企业集团。

优质品牌的培育有助于提升河北省文化、康养产业的影响力。一是完善提升"中医药文化＋康养""太极文化＋康养""孝文化＋康养"等已有品牌美誉度，整合红色太行、壮美长城、诚义燕赵、神韵京畿、弄潮渤海等河北省特色文化资源，以沿海文化产业带、太行山文化产业带、长城文化产业带、大运河文化产业带为支撑，融合河北省各地医疗健康、养老养生、生物医药、康复器具制造等特色康养资源，开发培育一批具有河北特色的文化康养新品牌。二是加强与国际国内文化康养大型机构合作，引进先进理念和运营方式，培育本地特色品牌文化康养机构，建成一批示范效应带动显著、文化底蕴深厚、产业特色鲜明的文化康养特色小镇。利用长城、运河、皇家等京津冀三地共有的文化元素，联合打造文化与康养产业融合发展带和文化品牌。

（三）推动信息技术应用，实施"科技＋文化＋康养产业"三融合工程

信息技术已经成为产业发展的重要支撑要素，是提升产业发展质量、拓

展产业发展空间的重要手段，文化与康养产业的融合发展同样离不开信息技术的支撑。一是打造文化与康养产业融合发展的大数据平台，加快构建文化与康养产业融合发展的大数据产业链。二是打造"智慧文化康养公共服务平台"，促进信息技术与文化康养服务的结合，不仅有助于实现社会公众的文化、健康、养老等信息数据的集中存储、统一管理、共用共享，更有助于政府和社会各界通过大数据分析进行需求评估、服务监管，为社会公众提供更精准、高效、高质量的服务。三是充分运用信息技术改造提升传统文化康养产品，研发适合老年人和病人使用的智能设备，培育打造一批具有核心竞争力的文化康养科技企业，加强融合发展示范基地建设。

（四）建立多层次人才培养机制，打造有助于文化与康养产业融合发展的专业化、复合型人才队伍

人才是推进文化与康养产业融合发展的重要智力支撑，可采取阶梯模式，推动建立文化与康养产业融合发展的专业化人才队伍。一是实施康养人才培养工程。依托省内高校和职业院校的智力资源，建设康养青年人才培养基地，分层次培养康养管理型、康养医护型等各类人才。对就读康养服务专业的学生，免除在校期间的学费、住宿费，鼓励开设康养服务专业的院校实行订单式培养。建立康养师资人才储备库，构建培训康养人才的专业师资队伍，补足老年大学师资短板。二是加大康养人才文化素养和专业能力的培训力度。加强康养管理和研究型等高层次人才外出培训，对外联系康养产业专业人才培养培训平台，定期组织养老机构、医养机构等康养产业领域的管理人员、研究人员等到康养产业发展先进地区参加学习培训，提升康养产业管理和理论型人才队伍的文化素养和业务能力。提升一线康养服务人员的文化水平和实操能力，省内各地定期组织一线康养服务人员参加由国家、省、市、县组织的线上或线下业务培训和实践课程，或选拔和组织文化素质高、业务能力强的技能型人才开展上门培训、指导实践。三是实施京津冀三地之间康养人才联培工程，加大高文化素质康养人才的交流培养，创新人才互动模式，探索康养人才共建共享合作机制。

（五）建立完善投融资机制，破解文化与康养产业融合发展资金瓶颈

改善投资环境、加大融资力度是保障文化与康养产业融合发展的关键要素。深化文化与康养领域的金融合作，发挥财政政策、金融政策、产业政策的协同效应，采取"政府引导、市场运作、社会参与"的运作方式，建立健全河北省文化与康养产业融合发展投融资机制，引导各类社会资源加大对文化与康养领域的投入，多渠道筹集文化与康养产业融合发展中的重点项目建设资金，推动重点示范项目建设。推动建立相应的投融资机制可从以下几个方面考虑。一是加强各级财政对文化与康养产业融合发展的支持力度和出台相关指导文件。各级财政可以通过贷款贴息、融资担保、直接融资补贴、运营补贴等方式支持相关企业发展，让更多信贷资金和社会资金投向文化、康养产业。二是设立文化产业与康养产业融合发展引导投资基金。完善河北省文化产业引导投资基金的运营机制，探索建立河北省康养产业发展基金，吸引撬动更多战略投资者和社会资本加入，不断扩大基金总体规模。三是加大银行、保险等金融机构对文化与康养产业融合发展的支持力度。扩大文化康养企业银行贷款规模，保持贷款余额合理增长。探索出台向产权明晰的社会力量办机构发放资产抵押和应收账款质押贷款等政策。鼓励各类保险机构通过全资、股权投资、投资信托基金等模式参与文化与康养产业融合发展。

参考文献

河北省人民政府办公厅：《关于大力推进康养产业发展的意见》（冀政办字〔2018〕160号），2018年10月9日。

张晓林：《文化康养的智慧》，《前线》2019年第4期。

陈刚：《文化先行打造智慧养老之城》，《中国社会报》2019年8月9日。

案例策划
Case Planning

B.13
国家全域旅游示范区创建的"涉县样本"

宋东升*

摘　要： 本报告从涉县的旅游资源基础与旅游业发展现状出发，提出了涉县全域旅游示范区创建的主要路径，包括全景化布局与片区化打造，以文化与旅游的创意融合以及农业农村与旅游的特色融合为主要内容的旅游业与相关产业融合发展、旅游产品线扩展与优化提升，以旅游与交通及生态建设融合为重点的全域旅游与环境建设的融合，以建立一体化管理体制和市场化运营机制为支撑的旅游管理体制机制的改革创新，等等，并在最后提出了涉县经验对河北省全域旅游示范区创建的启示，包括以全民共建和全面融合为特征的全域共建，以打造主题片区、发展景区交通依托型乡村景区和建设旅游道路

---

* 宋东升，河北省社会科学院经济研究所研究员，主要研究方向为区域经济、产业经济、开放经济。

为内容的全景布局、特色打造等。

关键词： 涉县 全域旅游 全域旅游示范区

全域旅游就是将一个特定的旅游目的地进行整体性规划、全景化打造和一体化营销，通过资源整合、产业融合、品质提升、全民参与实现全域共建、共融、共享，是依托旅游业带动以至统领经济社会全面发展的区域旅游业发展新模式。

目前，我国旅游业发展已步入全域旅游的新时代。2016年，国家旅游局开始启动全域旅游示范区创建工作，共确定了7个省级示范区、近百个市级和400个县级示范区的创建工作。在省级层面，河北省是7个全域旅游示范省（区）创建单位之一；在县（市、区）级层面，河北省内3个设区市、14个县（市、区）被列为"国家全域旅游示范区"创建单位。县域是全域旅游发展的最大多数主体，也是"国家全域旅游示范区"创建的基层单元。2016年，河北省涉县被国家旅游局确定为首批国家全域旅游示范区创建单位，并于2019年9月被文化和旅游部验收认定为首批国家全域旅游示范区，是河北省首批通过验收认定的3个县（区）之一。本报告对涉县的个案展开研究，旨在分析总结国家级全域旅游示范区创建的经验与模式，从而为河北省全域旅游的整体发展提供一些启示与借鉴。

一 涉县的旅游资源基础与旅游业发展现状

涉县位于太行山东麓深山区的晋冀豫三省交界处，是千年古县、红色圣地、生态名县，拥有丰富的自然旅游资源和文化旅游资源，是全国旅游资源最为富集和多样化的区域之一，古时曾有"三槐、九景、十八峪"的美称，今有"露天博物馆"之美誉，拥有5A级景区"华夏祖庙"娲皇宫、4A级景区八路军129师纪念馆以及太行五指山、青塔湖、太行红叶大峡谷等100

多个景区景点，先后荣获"国家级风景名胜区""美丽中国旅游十佳县""中国优秀旅游目的地""中国最美生态旅游名县""中国最佳红色文化体验旅游名县""中国最美休闲度假旅游名县""全国休闲农业与乡村旅游示范区""国家级生态示范区""国家园林县城""中国最佳人文宜居城市""全国四好农村路示范县""国家新型城镇化综合试点城镇"等30多项国家级荣誉称号。

近年来，特别是2016年2月涉县被列为"国家首批全域旅游示范区创建单位"以来，涉县以全域旅游理念举全县之力深入实施"旅游兴县"战略，把发展全域旅游作为县域转型升级和高质量发展的重要抓手与强大引擎，充分挖掘和利用自身的自然生态和历史文化资源禀赋，按照"政府主导、市场运作、精品带动、品牌引领"的发展思路，高站位规划、高标准推进、高水平建设，发展大旅游、构建大产业、推动大发展、形成新动能，全力创建"生态肺城、诗画涉县"国家全域旅游示范区，打造全国优秀旅游城市和休闲旅游胜地。

国家全域旅游示范区创建促进了旅游资源的全域开发、旅游产业的全业融合、全面提升和跨越式发展。2018年，涉县全域游客总量达1600万人次，是2015年的3.8倍，连续17个月位列河北省第一，旅游综合收入104.6亿元，是2015年的7倍。同时，全域旅游的聚合、黏合与引擎效应更是拉动了县域经济的高质量发展。2018年，涉县经济转型出现了历史性拐点，由钢铁产业"一钢独大"转为三产崛起，第三产业占比突破50%，开始成为县域经济的第一大产业。2019年，涉县入选"年度中国旅游百强县"。2019年9月，涉县被文化和旅游部认定为首批国家全域旅游示范区。

在全域旅游示范区创建中，涉县坚持把旅游业作为县域经济社会发展的总统领，以全域旅游促进县域全面振兴和高质量发展，并探索出了一条具有区域特色的全域旅游发展路径，受到了新华社、人民日报、中央电视台等主流媒体的关注。在国家文化和旅游部主办的全国第二期全域旅游培训班上，涉县县委书记成为唯一对全国众多全域旅游示范区创建单位进行授课的县委书记。

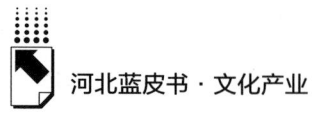

二 涉县全域旅游示范区创建的主要路径

（一）全景化布局与片区化打造

1. 全景化布局

涉县以顶层设计进行全域旅游的全景化布局，把涉县全域作为一个整体景区规划建设，全域整合旅游资源，全域开发自然和人文景点、景观，形成全域覆盖、全景融合的"板块+廊道"全域旅游网状布局。

涉县依托丰富的红色文化资源、底蕴深厚的女娲文化资源和独特的太行生态资源，按照以红色文化旅游为主体、根祖文化旅游和山水生态旅游为两翼的"一体两翼"全域旅游总体框架，将全域旅游资源在空间上整合为东部千里旅游大道带、中部休闲养生带、西部生态支撑带"三带"联动，构建了太行红河谷、太行梯田大峡谷、太行红叶大峡谷"三谷"支撑，以及娲皇宫、八路军一二九师纪念馆、太行五指山、韩王九寨、符山洞天福地、七佛湖等核心景区"极核"带动，辐射清泉寺、九峰山、南山寺等众多中小景区的全域旅游景区体系。同时，以"千里旅游大通道"旅游多彩廊道贯穿全境各旅游板块，形成了路景交融、互联互通、景点景观串珠成链的"千里画廊、太行漓江"美景。

2. 片区化打造

在全域旅游全景化布局的总体框架下，涉县精心打造各综合旅游片区，绘制精谨细腻的全域旅游"工笔画"，其中又以太行红河谷片区的打造最具代表性。

近年来，涉县按照"太行山水、漳河画廊"的总体构思，依托自然生态、红色文化和特色农业等资源，以清漳河为轴线，全力打造了"山清、水秀、田韵、绿脉、文魂、村美"的太行红河谷主题景区。

太行红河谷片区总面积为120余平方公里，片区内景区景点密集、举步见景，既有娲皇宫、八路军一二九师纪念馆、太行五指山等核心景区，又有星罗棋布的众多中小规模景区景点，包括晋冀鲁豫边区政府旧址、红色记忆小镇、太行民俗小镇、清泉寺、九龙槐、药园花海、水上玻璃栈道、知青文化园、佰泉渔村、山水连泉、常乐酒庄、韩王九寨、"东山览胜"观景平台、红色赤岸、湿地风光、大地画廊"溪水杉林"、清漳河漂流等，打造了涵盖红色旧址、文化古镇，河流湿地、乡村田园等历史文化和自然生态景观的"山、水、红、古、田、庄、遗"特色片区，建设了以清漳河为纽带将景点串线连片的世界第一条七彩旅游通道，形成了在天地间展开、高山河流间延展的"中国太行红河谷"美丽画卷，被誉为太行山最美之地。

（二）旅游业与相关产业融合发展

在全域旅游发展路径中，旅游业与相关产业融合发展居于首位，其中文旅融合与农旅融合又是融合发展的重中之重。

1. 文化与旅游的创意融合

文化是旅游之魂，文旅融合可为旅游业赋能增值。随着经济的发展与国民素质的提升，人们对旅游产品的文化偏好日益增强，文化与旅游的创意融合开始成为旅游业高质量发展的重要标志。在全域旅游示范区创建中，涉县全面推动文化与旅游的创意融合，用文化养分充实、丰富旅游产品内涵，将更多的文化元素融入旅游产品，丰富旅游产品中文化内容的表现形式，创意开发艺术化、多样化、体验化的文化旅游产品，形成了旅游业发展提升的新动能。在具体路径方面，涉县依托丰富多元的历史文化资源，着力推动以红色文化、民俗文化和女娲文化为主体，以时尚文化为辅助的文旅创意融合，其中又以形式多样的文化活动最为出彩。

涉县依托红色文化、女娲文化、民俗文化等特色文化资源，在景区中引入形式多样的文化活动，以文化活动增强旅游吸引力、提升区域旅游知名度和美誉度、聚集旅游人气、促进文旅融合、赋能全域旅游。目前，蓬勃发展的文化活动已成为涉县全域旅游"招牌式"旅游内容，基本能做到月月有活动、周周有专场、天天有节目，仅2018年涉县就举办了80多场形式各样的文化活动。

在红色文化方面，涉县打造了"太行英雄"大型演艺节目、举办了"红色涉县唱响中国"活动以及八路军129师纪念馆景区"当一天八路军，做一回老区人"角色扮演等特色文化活动。

在女娲文化方面，涉县娲皇宫景区不仅每年举办女娲公祭大典，打造了《娲皇颂歌》大型演艺节目，而且举办了风车节、中华母亲诗会、"中华女娲杯全国旗袍大赛"等多项文化创意活动。

在民俗文化方面，涉县更是将县域民间特色文化资源优势发挥到了极致，将民俗风情、民间艺术等充分融入全域旅游，其间共推动当地47项非遗项目走进景区景点，举办了中国北方年文化节、北方六省民俗庙会、五指山风景区《威风锣鼓》民俗表演等系列大型文化节事活动。2018年，涉县举办"红红火火过大年暨中国北方年文化节"新春旅游活动；2019年，涉县又举办"迎禧接福到涉县·欢乐祥和北方年"第二届中国北方年文化节活动，其间围绕"吃住行游购娱"旅游六要素设计了非遗展演、社火巡回表演、冰笋节、风车节、大型撞钟迎新年、电子烟火晚会、根雕博览、逛庙会、舞狮、跑驴、扭秧歌、踩高跷、传统武术展演、年货展销等几十项精彩的民俗节庆文化活动。

在时尚文化方面，太行五指山景区滑雪场举办"中国·涉县太行五指山音乐节"，营造了传统与时尚融合的现代文化氛围，充实扩展了太行五指山景区的文化旅游内容。为把音乐节打造成高品质、高水准的音乐盛会，景区特地邀请国内著名乐队驻场演出。音乐节的举办为景区增添了现代时尚气息，音乐节现已成为太行五指山景区文化旅游的新亮点。

2. 农业农村与旅游的特色融合

乡村景区是县域全域旅游场的主体，农旅融合是县域全域旅游的重点领域。

在全域旅游发展格局下的农旅融合方面，涉县注重旅游与乡村振兴和美丽乡村建设的联结，确立了美丽乡村、旅游扶贫、休闲农业、乡村旅游和山区综合开发"五位一体"的发展思路，挖掘和依托当地特色自然生态、农业和农村资源，实施了以旅游为导向的乡村振兴"百千万"建设工程["百颗明珠（塘坝水体）耀太行""千家林场（家庭林场）绿太行""万家民俗（民俗旅游节点）活太行"]，按照"一镇一特、一村一品"的总体思路打造了一批业态多元、各具特色的集休闲观光、生态康养、文化体验等于一体的乡村旅游示范村：'太行红薯小镇"郝赵村依托红薯种植优势拓展红薯加工、建设红薯交易市场、发展红薯特色旅游；王金庄、张家庄依托"多彩梯田"打造"梯峡青阳椒香谷"，发展农耕文化、石头文化旅游；刘家村依托建设的小型山谷水坝和蓄水湖泊打造水上乐园和象牙山民宿；江新村打造融民俗记忆、自然生态、历史人文等为一体的"将心京连"部落；南艾铺村依托八路军总部旧址发展红色文化旅游；圣寺驼村打造月亮湾民宿、路游文化园等；刘家寨、大洼村、原曲村等发展传统村落游；等等。

　　涉县特色乡村旅游业态主要分为观光休闲、民俗体验、节事活动三个板块。在观光休闲板块，涉县依托农业采摘园、水产养殖场、荷塘、核桃园、花椒园、中药材园、有机稻米园等特色农业基地发展农业观光休闲旅游。在民俗体验板块，涉县充分利用当地民俗资源发展特色乡村旅游，精心打造了精品民宿等特色民俗旅游业态。在节事活动板块，涉县依托当地特色农业和饮食文化资源，举办了涉县特色小吃以及花椒、核桃、槐花和柿子采摘等特色农业节事活动。在特色乡村旅游空间布局方面，涉县不仅依托各核心景区的"点状支撑"进行乡村旅游的"面状布局"，还依托千里旅游大通道重点打造沿途乡村旅游景点景区，依托千里旅游大通道的"线状联结"形成了乡村旅游的"带状布局"。

（三）旅游产品线扩展与优化提升

1. 旅游产品线扩展

　　涉县以往虽有八路军129师纪念馆、娲皇宫等知名景区，却由于旅游开发很不充分、形式单一、内容较少，旅游产品线短，维度和深度不够，旅游产品之间缺乏相互联结与融合互动。在全域旅游产品开发中，涉县充分利用旅游资源的自然生态和人文吸引力，结合游客的观光与体验需求创意开发旅游新产品，丰富旅游产品内容，扩展旅游产品线，延伸旅游产业链条。

红色文化是涉县的核心旅游资源，红色文化旅游是涉县旅游的主体。从1937年到1949年，涉县曾是130多处党政军机关或团体的驻地，拥有八路军129师纪念馆、晋冀鲁豫边区政府旧址等红色文化旅游资源。在全域旅游示范区创建中，涉县以129师红色文化资源为基础和支撑，复建了38处红色文化遗址，修缮保护了遍布全县的革命遗址和遗迹，打造了太行颂文化园、红色记忆小镇、水上玻璃栈桥、将军大道、赤水湾湿地公园等系列性红色文化景点，扩展了八路军129师纪念馆红色景区规模和红色文化旅游产品线，开发了影视拍摄、休闲度假、教育培训等多项新的旅游功能，成为"全国最美十佳研学基地"。在旅游产品线扩展中，涉县也十分注重文创旅游商品开发，相继开发出娲娃、摩崖刻经拓片、五色石、编织、剪纸等2000多种特色文化旅游产品，进一步延伸了旅游产业链条。

2. 旅游产品线优化提升

在扩展旅游产品线的同时，涉县还注重全域提升现有旅游产品线（景区景点）的供给品质，具体实施主要体现在以下三个方面。

（1）高标规划

为确保高水平科学开发，涉县先后投入1000余万元聘请全国知名旅游规划设计机构进行高标准规划，先后编制了《旅游总体规划》《红色旅游规划》《娲皇宫和清泉寺景区修建性详细规划》等一系列旅游开发规划，委托北京大地风景规划设计院高站位、高标准编制全域旅游发展规划，确立了全域旅游发展的纲领性指导。

（2）优化提升

涉县将2017年承办首届邯郸市旅发大会作为推动全域旅游发展的重大契机，全方位实施作为旅游产品主要形态的景区景点提升改造，高标准优化、提升景区景点的设施建设与旅游功能，全域促进景区景点的提档升级，优化提升了娲皇宫、八路军129师纪念馆、太行五指山、红叶大峡谷、多彩梯田、韩王九寨、符山洞天福地等九大重点景区，比如，改造、拓展和提升娲皇宫景区生态停车场，大幅增加停车位和绿化面积，改造提升太行五指山景区索道、道路工程，修复提升九龙槐景区伏羲庙、槐仙阁、钟楼、鼓楼，等等。

（3）重点打造

太行红河谷景区是涉县全域旅游的重点片区。涉县以太行红河谷景区为基础，高站位谋划、高标准建设太行红河谷高质量旅游经济带，旨在通过对景区旅游产品线的整合和优化提升将其打造为具有全国影响力的旅游精品。

太行红河谷高质量旅游经济带是涉县全域旅游的主要支撑，被列入了省市重点工程。2019年7月29日，太行红河谷高质量旅游经济带建设全面启动。在"中国特色、国际品质、差异化发展"的高标准定位和总规划框架下，涉县还聘请北京顶峰等规划设计机构和中央美院团队分片、分节点编制详规，按国家5A级景区标准配套建设各类基础设施，业态上着力打造个性化、精致化的旅游特色小镇，并将特色小镇建设与山水景观、乡村振兴和发展特色产业有机融合、统筹布局，高标准谋划了赤岸研学小镇、常乐长寿小镇、七彩创意小镇、连泉田园水镇、固原民俗古镇、王金庄太行部落、刘家寨家风小镇等9个特色小镇。赤岸研学小镇以129师红色文化精神体验为特色，主要包括博物馆群、赤水湾湖、太行山干部学院、赤岸连心巷、太行红河谷艺术中心等；常乐长寿小镇临近娲皇宫、冰葡萄园、鲟鱼养殖园等旅游景点，突出休闲养生和女娲文化体验，主要包括娲皇田庄、娲皇行宫、桃城湖以及中药研学体验、养生度假等；七彩创意小镇依托渔家乐、无公害蔬菜基地等特色农业资源，突出农业食文化，主要包括可食绿色农园、生态营地等；连泉田园水镇以山水连泉、稻香荷美的美丽乡村为特色，主要包括连泉水街、百亩莲海、虾稻共生园等项目；等等。

（四）全域旅游与环境建设的融合

道路、绿化、水等环境建设不仅是全域旅游的基础支撑，也是全域旅游的新型业态。近年来，涉县大力推进"四好农村路"、造林绿化等交通环境和生态环境建设，不仅改善提升了全域旅游发展的基础支撑，而且形成了新型旅游业态。

1. 全域旅游与交通建设的融合

近年来，涉县全力推进"两纵四横三天路"旅游道路建设，促进全域道路的互联互通和旅游景点的道路串联，并与河南、山西等周边省市景点形成了顺畅的道路连接，大大改善了旅游景区景点的可进入性，尤其是在高耸的山脊和悬崖峭壁上修建了一条纵贯南北、连接三省、跨越10个乡镇158个村庄、总长660公里、宽9米的"七彩千里乡村旅游通道"。"七彩千里乡村旅游通道"将5个综合旅游片区内的主要景区和旅游节点串联起来，全面提升了涉县全域旅游的可通达性，成为涉县全域旅游最重要的支撑条件，极大地助推了涉县全域旅游的跨越式发展。

"七彩千里乡村旅游通道"不仅是涉县全域旅游的大动脉，其本身也是旅游与交通融合的道路景观。在千里乡村旅游通道建设中，涉县本着"路景融合"的原则打造旅游风景廊道，通过栽植白皮松、红枫、白蜡、樱花等外地树种和各类苗木绿化、美化旅游大通道，打造"车在林中行、人在花中游"的旅游绿廊，同时借山路自然通达的特点因势打造了圣福、韩王、云中、王后、盘龙等7条太行天路奇观（其中"圣福天路"入选全国"最有诗意的路"），并与地方特色文化融合，就地取材精心打造了"移步换景"的道路文化景观节点。

2. 全域旅游与生态建设的融合

绿水青山就是金山银山。涉县全域打造山绿、水碧、天蓝、土净、气新的生态环境，不仅改善、提升了全域旅游的大环境，而且因势创造了生态旅游新业态。

在绿化方面，涉县实施包括城区、荒山、廊道等八大绿化工程的"绿美涉县"行动，通过造绿、增绿打造郊野公园，初步实现了全域花园化、处处景观化。

在治水方面，涉县创新治水兴水模式，建设了清漳河国家湿地公园、百里漳河湿地公园等，并将污水沟、垃圾河等改造修建为景观河沟，废旧河滩等改造为"药园花海"美景。

在修路方面，涉县确立了7条生态保护原则，在道路建设上尽量顺山势、护树木、少动土，最大限度地保护山体与植被，并以修路为主导实施山路、水路、林路、田路综合治理与景观营造。

在造林方面，涉县创新植树造林方式，实施"667"造林法，将生态修复、植树造林与生态旅游相结合，通过不同颜色林木的巧妙组合栽种创造林海景观。

在城建方面，涉县通过"＋旅游"在县城建设中融入旅游元素，使山、水、景、城浑然一体，依山顺势构建疏朗精致、山水绿文、一步一景的旅游城市。

（五）旅游管理体制机制改革创新

体制机制创新是推动全域旅游发展的体制机制保障。涉县旅游管理体制机制的改革创新主要表现为一体化的管理体制和市场化的运营机制两个层面。

1. 一体化的管理体制

涉县成立了由县委书记挂帅、党政统筹的全域旅游发展领导小组，设立了有综合协调、规划设计、项目建设等10个专项工作组的旅游发展指挥部，形成了全县一盘棋、上下联动推动全域旅游发展的一体化管理体制，并将全域旅游作为重要工作目标和考核内容融入各级各部门的日常工作中。

在推进全域旅游管理体制一体化中，涉县于2017年在邯郸市率先组建旅游发展委员会，以全面整合和协调各相关部门的工作职能，形成了景区内外一体、旅游全业融合、管理综合统筹的全域推进体制。在具体机构设置上，涉县在全国首创旅游检察室机构，形成了"旅游发展委员会＋旅游检察室、旅游巡回法庭、旅游派出所、旅游市场监管分局、旅游信息服务中心＋景区"的"1＋5＋X"全域旅游统筹管理模式，并创立了县、乡（镇）、村旅游综合驿站和关联景区的"3＋1＋X"综合监管模式。为强化作为县域全域旅游场主体的乡村旅游，涉县在"3＋1＋X"综合监管模式基础上又推出在每个乡（镇）、村建立基层全域旅游发展服务站的创新举措，在县、乡、村三级共打造了300多家综合性全域旅游驿站。

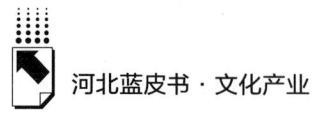

2. 市场化的运营机制

涉县对旅游景区和旅游业态项目确立了"管理处+公司"等市场化的运营机制。比如，娲皇宫管理处就与中景信旅游投资开发公司签订战略运营管理协议，借助中景信的资金与专业经验提升景区旅游设施和运营管理水平，太行红河谷等也对幸福花海、玻璃栈桥等项目进行招商引资和公司化运营。同时，涉县还用市场化思维创新文化旅游活动举办方式，把文旅活动包装成旅游产品对外招商，从传统的"政府办活动"转为"企业办活动"，借助企业资本及其市场化运营能力提升了文旅活动的规模、水平和市场影响力，探索出了文旅活动市场化运营经验。

三 涉县经验对河北省全域旅游示范区创建的启示

（一）全域共建

1. 主体上的全民共建

涉县建立了由政府统筹、部门联动、全民参与的全域旅游综合推进机制，为推进全域旅游提供了最大限度的组织、财力与人力保障，凝聚起各方共同参与推进全域旅游的强大合力。

从政府层面来看，涉县通过统一领导和顶层设计构建了推动全域旅游发展的一体化管理体制，政府统筹协调旅游、工商、交通、公安等相关部门各负其责、合力推进，旅游业发展从单一的旅游部门性工作上升为引领带动区域经济社会整体发展的综合性、全局性工作，并创新设立了自上而下、多层级、全覆盖、接地气的全域旅游推进机构。

从民众层面来看，涉县全民动员共同参与全域旅游发展，其中最典型的案例莫过于千里乡村旅游大通道的全民共建。在千里乡村旅游大通道建设中，涉县调集聚合全域人力物力，发扬革命老区强大的红色文化基因，在崇山峻岭、高山深谷间，用远低于预期的投资和时间成功修建了千里乡村旅游大通道，用现代"人民战争"创造了又一个中国筑路奇迹。

2. 客体上的全面融合

旅游业是无边界产业，几乎能和一切具有旅游属性的产业、资源和环境融合发展。全域旅游是旅游业在空间上的全域布局，更注重旅游业与全域产业、资源和环境的全面融合，从而形成了"大旅游""泛旅游"产业。

在国家全域旅游示范区创建中，涉县全面推动旅游业与文化、农业农村、交通建设、县城建设、生态建设等区域经济社会发展的全面融合、共荣共生，通过"旅游+"或"+旅游"开发区域内产业、资源和环境的旅游功能，创意开发交通、生态等新型旅游业态，拓展旅游业发展空间，最大限度地发挥旅游业的关联与融合效应，形成旅游业主导的经济社会发展格局，充分发挥旅游业对经济社会发展"一业带百业"的整体带动作用。

（二）全景布局

在全域旅游空间布局方面，涉县整合全域一切旅游吸引物资源，将全域作为一个"大景区"进行整体布局，重点打造产业聚集发展的主题片区，发展景区依托型和交通依托型乡村景区，建设串联性、景观化的旅游道路，形成以主题片区辐射带动、乡村景区为主体、旅游风景道为联结体的全景化旅游布局。

1. 打造产业集聚发展的主题片区

产业集聚是提高产业竞争优势的最佳空间布局。基于旅游需求的多样化、互补性、市场共享性、空间通达便捷性、时间约束下的成本节约等，旅游产业具有围绕旅游核心吸引物（景区景点）集聚布局的空间集聚特征，旅游产业的规模化发展必然形成产业的集聚化发展，并形成以核心景区景点为依托，通过内容互补、市场共享等效应辐射带动周边旅游业联动发展的"雁阵"式主题旅游片区。

主题片区是以核心景区为支撑的多体景区，既包括人文景区、观光休闲、生态康养等多类互补组合，也包括同类景区的大小互联与主次分布。涉县分片打造了以娲皇宫、八路军129师纪念馆、五指山等核心景区为依托的多景区组合、主题鲜明的复合型旅游片区，形成了以点代面、以优带全的全域旅游产业集聚化、集群式发展，构建了太行红叶大峡谷、太行梯田大峡谷等5个主题旅游片区次第连接、互联互通的集成化、系统化的全域旅游综合体，并重点打造了太行红河谷高质量旅游经济带主题旅游片区。

2. 发展景区依托型和交通依托型乡村景区

乡村旅游是大众化、遍在性的旅游，宜依托市场知名度较高的核心景区带动发展，同时，由于乡村地域广大、景点分散、道路通达性较差，也宜依托便捷的交通设施来提升通达性。因此，景区和交通干线周边往往是乡村旅游优先发展区。

涉县重点发展景区依托型和交通依托型乡村景区。一方面，涉县重点在核心景区周边进行村镇、田园的景区化建设，通过"景区带村"形成核心景区与周边村镇的景区化融合，以"景村一体"理念将周边村镇纳入主题旅游片区，连片打造特色农园、特色旅游小镇等乡村旅游产品与业态，太行红河谷美丽乡村重点片区就是涉县打造景区依托型乡村景区的典型案例。另一方面，涉县按照"一镇一特，一村一品"理念重点对交通干线周边乡村进行景区化打造，千里旅游通道沿途乡村旅游区域就是涉县打造交通依托型乡村景区的典型案例。

3. 建设串联性、景观化的旅游道路

作为旅游联结体的交通设施是旅游业发展的基础支撑与前提，也是推动旅游业发展的重要引擎，通过改善提升旅游区域的可进入性增强了旅游资源的市场吸引力。在全域旅游示范区创建中，涉县着力构建便捷化、网络化的道路交通体系，尤其是千里乡村旅游大道作为一条旅游主轴线将全县旅游片区、景区有机串联在一起，形成了一个互联互通、链接融合的全域旅游综合体。同时，涉县顺应大众自驾游和风景绿道慢行时代的旅游特点，按照"一路风景一路行"的风景廊道理念对旅游道路进行了景观化打造，通过建设道路两侧景观实现了"旅游公路"与"公路旅游"的路景合一，打造了具有道路风景观光休闲功能的交通旅游新业态。

（三）特色打造

特色创建的关键是培育独树一帜、别具一格的旅游核心吸引物。在全域旅游示范区创建中，涉县注重打造特色化的旅游业态、产品等旅游供给，通过打造全域旅游 IP，强化全域旅游的市场吸引力并塑造全域旅游的核心竞争力。从特色业态来看，涉县重点打造了千里乡村旅游大道，使其成为涉县最有特色、最有市场影响力的旅游 IP。从特色产品来看，涉县重点打造了圣福天路"响石农庄"、世界最长的七彩马拉松赛道、国内最长的七彩漫游道、国内第一贴崖索道等世界之最、中国第一，成为游客来涉县旅游的"打卡"地。

参考文献

汪涛、张金山：《全域旅游撬动全域发展，诗画涉县实现铿锵崛起》，中国旅游出版社，2020。

黄莉、何志贵：《农旅融合视角下的全域旅游发展困境与出路》，《农业经济》2020年第 8 期。

许倩雯、江月英：《福建省安溪县全域旅游的发展与创新研究》，《文化产业》2020年第 17 期。

魏小丹：《海南省全域旅游发展现状分析》，《经济研究导刊》2020 年第 15 期。

周琛烨：《溧阳全域旅游：乘春日东风，澎湃前行》，《中国经济周刊》2020 年第 9 期。

郭晓康、李玺：《全域旅游背景下广东西江经济带旅游产业融合发展研究》，《广东经济》2020 年第 4 期。

B.14
筹划正定"乡愁文化"示范区建设的总体思路与方案

张 彬*

摘 要： "乡愁文化"具有鲜明的地域特性，它是人们的精神依托、情感归宿与文化认同，它又透过自然、文物、文化遗迹和非物质的文化传承而呈现在眼前。在全国开展乡村建设以推进乡村振兴战略的过程中，乡愁文化无疑是其中重要的动力源泉。正定在乡愁文化建设方面具有得天独厚的历史基础、文化底蕴和现代发展经历，其在建设乡愁文化示范区中的优势地位凸显。建设正定乡愁文化示范区符合国家战略与地方需求，契合当前国际、国内发展形势，可谓势在必行。

关键词： 乡愁文化 乡村振兴战略 乡村建设 示范区

2013年7月，习近平总书记到河北调研，视察了正定县塔元庄，在塔元庄的讲话中，习总书记首次提到了城乡建设要记得住"乡愁"的思想；随后12月在全国城镇建设工作会议的讲话中，正式提出了城乡建设"乡愁文化"的概念。那什么是"乡愁"呢？"乡愁"就是家乡文化的传承、文化的记忆。中华民族数千年的历史和广阔的地理空间孕育了无数根植于乡村的乡土文化，遍布全国的形式内涵多样的乡土文化经过数千年的洗刷、提炼与

---

* 张彬，河北省社会科学院经济研究所助理研究员，主要研究方向为产业经济。

曲折渐进的发展形成了优秀而深厚的中华传统文化。随着时代的发展、社会的变迁、城镇化建设的加快，乡土文化的体现形式受到了必然的改变与限制，但是不变的是根植于人类意识中的乡土文化的传承与记忆，也就是"乡愁"，乡愁是情愫，也是文化的表达。

一 "乡愁文化"展现的外在表现要素和精神内涵

每一个乡村、每一个城镇都因自己独有的地域和独特的历史人文而塑造了独特空间文化特性，这种特性滋养了这个地域空间的文化灵魂，使每一位在这里生活过的人都有了这种文化灵魂所赋予的独特而鲜明的文化标志，而带有相同文化标志的文化灵魂形成了不同地域、不同形式的乡愁文化。

（一）乡愁文化是人对家乡的精神依托与情感归宿的体现

心理学家认为人有"归属与爱的需求"，情感归属的需求就是这种属于人的需求理论的高级需求，这包括对家乡的文化认同、文化归属、人文怀念与历史记忆。这种对于乡愁的情感需求贯穿人生的每个阶段而不受空间、时间与环境的限制，即使是与家乡相隔万里抑或是离家时间长久、社会环境发生变化，这种体现在思想与情感上的对于乡愁的怀念、对于乡愁的情感归属不会受到当前思想观念的束缚，反而会越发浓烈。这是对于家乡故土的最原始与美好的记忆，在心理上是最温情的依恋，在每个人的心灵深处都安放着自己的精神依托与情感归宿——乡愁。同时，个人的精神情感与乡愁文化紧密关联，乡愁文化在个人的精神需求载体上不断发展、不断深化、不断升华，在历史长河的延续与变更中不断获取着新的载体，在时间的流转与跨越中不断呈现出新的内涵与价值。[①]

---

① 聂永乐：《留住乡愁是文化自信之根》，《人民论坛》2018年第21期。

（二）乡愁文化体现于对不同的、传承久远的地域历史文化认同

每一座城镇或乡村都经过漫长的历史文化演进，不断地发展、积淀和冗杂，长久以来形成丰富的内涵、鲜明的表现形式来反映城镇、乡村的发展脉络，是一切历史与现实资源资本的综合性、集成化的外在体现，表现出特有的人文气息。各地不同的历史文化、不同的人文气息塑造了多样性的乡愁文化，多样性与差异性正是乡愁文化之所以吸引人的原因。拥有相同地域历史文化内涵的群体凝聚在一起，拥有一致的行为准则和道德准则，彼此间文化共通、文化信任，形成整体的文化认知力、文化凝聚力，不断增强着相同的文化认同感。对于本地域独特的历史文化的文化认同是乡愁文化发展延续的基础，只有拥有人们充分的文化认同，才能真正意义上稳固和推进本地域乡愁文化的延续和发展。

（三）历史遗迹、自然景观是乡愁文化的具象表现

乡愁文化既具有精神领域的非物质属性，也具有看得见、摸得着的物质属性。一个地区的自然景观、历史遗迹都是经过时光长河的磨砺与历史岁月的沉淀而形成的，它们承载着这一地域的自然变迁与历史记忆，它们记录着这一地域色彩斑斓的风物故事，它们是乡愁文化的记忆载体，是乡愁文化的具体表现，也是乡愁文化的物质基础。透过这些独具特色的载体，身处其中的人们就能感受到迷人的、浓厚的乡愁文化气息。保护、传承与开发利用历史遗迹、自然景观是乡愁文化发展延续的重要路径。

（四）乡愁文化在建设新时代中国特色社会主义中的体现

党的十八大以来，习近平总书记高度重视文化自信，提出了新的时代课题。习近平总书记指出，在"四个自信"中，文化自信是更基础、更广泛、更深厚的自信，是更基本、更深沉、更持久的力量。① 习近平总书记强调：

---

① 《习近平谈治国理政》第 2 卷，外文出版社，2017，第 349 页。

"提高国家文化软实力,要努力传播当代中国价值观念。当代中国价值观念,就是中国特色社会主义价值观念,代表了中国先进文化的前进方向。"①"在5000多年文明发展进程中,中华民族创造了博大精深的灿烂文化,要使中华民族最基本的文化基因与当代文化相适应、与现代社会相协调。"②而乡愁文化的延续正是基于文化认同,文化认同是在现代思想与实践相结合的情况下对历史文化价值的肯定,也是文化自信的最终体现。乡愁文化所承载的地域归属、精神依托、文化认同、自然风物与传统美德的记忆、传承与发扬也正与我们提倡的社会主义核心价值观相契合,表明了乡愁文化是建设习近平新时代中国特色社会主义中不可或缺的一部分。

二 建设正定乡愁文化建设示范区的必然性

(一)乡村振兴战略与"十四五"规划建议所带来的重要发展机遇

2017年党的十九大报告将"乡村振兴战略"列为决胜全面建成小康社会需要坚定实施的七大战略之一。2018年9月发布的《乡村振兴战略规划(2018—2022年)》再次提出要"留住乡愁记忆,满足人民日益增长的美好生活的需要","重现原生田园风光和原本乡情乡愁"。进入新时代,我们在传承中华优秀传统文化的同时应该结合新时代的特征与需求勾勒新时代的文化符号,在做到"望得见山、看得见水、留得住乡愁"的同时推动乡村振兴战略的实施。实施乡村振兴战略既是建设现代化经济体系的重要基础,也是建设美丽中国的关键举措和实现全体人民共同富裕的必然选择。乡村振兴战略实现的有效途径就是传承发展乡愁文化。

在十九届五中全会上通过的"十四五"规划《建议》第七部分的一大

---

① 《习近平谈治国理政》,外文出版社,2014,第161页。
② 《习近平谈治国理政》,外文出版社,2014,第161页。

亮点就是提出"实施乡村建设行动",这也是"十四五"时期和以后很长一段时间内全面推进乡村振兴战略的重点任务。党中央提出的实施乡村建设行动更是凸显了乡村振兴在社会主义现代化建设中的重要位置,力争在"十四五"时期夯实乡村振兴的基础。在当前国际大环境和经济社会发展的时代背景下,实施乡村振兴建设也是扩大投资空间、改善投资环境和理顺国民经济循环环节的迫切需要,而乡愁文化正是乡村建设行动的关键抓手与主要切入点。

(二)筹建正定乡愁文化建设示范区的先天优势

正定拥有悠久的历史文化,乡愁文化的表现要素与精神内涵突出。

第一,正定古称常山、真定,历史上曾与北京、保定并称"北方三雄镇",是国家级"历史文化名城""中国民间艺术之乡"。春秋时期白狄族人即在此建国,至今已有近三千年历史,在这不间断的三千年历史变迁中,正定一直保持并传承着自己鲜明的历史文化特色与思想,正定人不论在哪里、在何时都始终能找到自己的精神依托与情感归宿。

第二,悠久辉煌的发展历史造就了正定深厚的文化积淀。正定拥有国家级非物质文化遗产项目两项:国家级非物质遗产常山战鼓和国家级非物质文化遗产正定高照(中幡);同时正定县还拥有省级非物质文化遗产保护项目4项:正定宋记八大碗、真定府马家卤鸡、正定竹马和正定腊会;市级非物质文化遗产保护项目9项。正定也是一个人才辈出的地方,仅列入"影响中国历史进程的河北名人"就有7位,历史名人148位,历史上曾考中进士的有95位,出现过著名学者百余人。灿烂的人文历史形成正定独特的文化认知力、文化凝聚力,不断增强着正定的文化认同感,推动着正定乡愁文化的延续和发展。

第三,正定历史文物丰富、乡愁文化承载力雄厚。在源远流长的滹沱河畔矗立着正定古城,正定文物古迹众多,现存隋唐以来建筑38处,其中,国保9处、省保5处、县保24处,馆藏文物7672件,其中国家一、二级文物264件,国宝级文物数量在全国县级行政区中位居第二。素有"三山不见,九桥不流""九楼四塔八大寺、二十四座金牌坊"的美誉。始建于隋开皇六年的中国十大名寺之一的隆兴寺,被梁思成先生称为"京外第一名刹",寺内铜铸千手千眼观音堪称世界之最,摩尼殿是世界古建筑孤例,龙藏寺碑被誉为"隋碑第一",倒座观音被鲁迅先生惊叹为"东方美神"。开元寺钟楼是中国现存唯一的唐代钟楼。天宁寺凌霄塔、开元寺须弥塔、临济寺澄灵塔、广惠寺多宝塔等建筑造型奇特,工艺精美,具有极高的建筑学、美学价值,被誉为"古建艺术宝库""佛教文化博物馆"。还有赵云庙、长乐门等复建文物古迹。文物古迹遍布这座历史文化名城,数千年来承载与传承着厚重的历史文化,穿行城中犹如漫步在历史的长廊里,身旁的古迹在静静诉说着正定千百年来的沧海桑田。正定的乡愁文化建设具有雄厚的历史承载物基础。

第四,独特的地理位置与现代发展轨迹是乡愁文化建设示范区的不二之选。正定位于滹沱河畔华北平原的交通枢纽之上,地理交通位置优越,自然景观丰富多样。正定又因其特殊的历史轨迹,在从古至今的发展中一直走在历史的潮头,取得了绚丽夺目的成就,拥有众多名号头衔,他有京外名刹之首、三国子龙故里、佛教临济祖庭、世界冠军摇篮、古建筑艺术宝库、中国民间艺术之乡等称号。在改革开放后的经济社会发展中,它还荣获"省级文明县城"荣誉、国家可持续发展先进示范区、全国最具投资潜力中小城市百强县、全国科技进步先进县、全国文化先进县、全国体育先进县、全国粮食生产先进县、全国生态示范县。尤其在近几年的中国特色社会主义建设中,正定拥有自己独特的优越性。习近平总书记数次到访他曾经领导并与之共同奋斗过的"第二故乡"——正定,并为其指明发展方向。2013年7月,习近平总书记到正定县塔元庄村视察,首次提出城乡建设要记得住"乡愁"。在塔元庄村的视察讲话中习近平总书记提出,把农业做成产业化、养老做成市场化、旅游做成规范化,在全国率先建成小康村。有了总书记的指引、寄语与期望,在各级党委和政府的坚强领导下,正定的乡愁文化建设必将拥有广阔的发展空间与瑰丽的愿景。

三 正定"乡愁文化"示范区建设的示范作用和目标状态

在国家"十四五"规划《建议》中提出的"推进社会主义文化强国建设"和推进乡村振兴建设的重要任务"实施乡村建设行动"等战略部署都是基于历史、着眼全局为适应国际国内发展形势和国计民生的要求，放眼未来长远发展而做出的重要的正确决策。为了践行这一决策且不走弯路，就需要进行"乡愁文化"示范区建设，示范区作为文化的引领、精神的支撑去引领乡村振兴建设，而正定"乡愁文化"示范区的建设将充分结合自身特点、发挥自身优势、紧贴当前形势，全面推进历史文化发掘、保护、传承、转化与利用，力争打造成传承中华优秀传统文化、建设社会主义文化强国先行先试文化示范区、模式试验区、产业先导区。建设正定"乡愁文化"示范区成为国内一流的文化示范区，在"乡愁文化"示范区实现历史保护与精神传承相结合、人类生活与自然相和谐、旅游资源保护与开发利用相结合、文化内涵的产业化升级转化，在推进乡村振兴战略实施、助力文化强国建设方面发挥了重要的示范、引领、辐射、带动作用，对其他地区的发展起到了引领和示范作用，有效地带动了全省乃至全国农业、农村的现代化发展步伐。

四 建设正定"乡愁文化"示范区建设的推进措施

（一）摸清历史文化名城的文化家底，建立文化资源与文化产业档案

示范区的建设离不开文化家底这个基础数据，只有在摸清文化家底的基础上才能为"乡愁文化"示范区建设的科学化、规范化打下良好的基础、提供精准的数据保障。首先，要建立文化家底的档案库，对域内文化资源有一个整体的梳理，摸清文化资源与文化产业的总量、规模，建立相关档案名录数据库。其次，对入库的文化资源与文化产业进行科学、细致的分类，确定资源与产业的类、目及其相关性，为文化资源保护、文化产业的相关发

展、互相推进打下良好基础。最后，邀请专家共同分析档案库文化家底数据，找出在发掘、保护、传承、开发利用上现存的问题，提出合理改进措施，并且提出整合优势资源、推进利用发展等相关策略。

（二）历史遗迹的保护与复建

作为乡愁文化的承载物，历史遗迹的保护毋庸置疑，没有了历史遗迹这个承载物乡愁将无处安放，文化也将无从谈起。保护与复建有价值的历史遗迹也是对历史的一次回顾，可以重现往事勾起人们的怀念，本身就是一次文化的再现与传承。不论是保护还是复建，这个对历史真实再现的操作过程对文化相关产业起到了推动作用。

（三）历史人文资料的发掘、整理与现代技术下的呈现

2020年是大数据、云计算、AI、5G相关技术爆发的一年，各个行业都在经历数字化转型，历史的数字化也是未来发展的方向。在乡愁文化历史人文资料的发掘、整理上也必须创新发展，以知识、技术、信息和互联网思维为根本条件，以大数据、云计算、AI、5G为技术手段，以3D全息、虚拟现实和增强现实等现代科技手段为呈现形式，将历史再现于眼前。数字化技术手段不仅保护了年代久远的历史文物，而且增加了人们对于历史的认知维度，增强了人们对于乡愁文化的直观认识。

（四）农业产业化与文化产业化的升级转化

"乡愁文化"示范区最终要落实到文化的产业化升级利用上来。在这方面，正定古城和正定塔元庄村已经做出了示范举措。塔元庄村践行习近平总书记的指示，走出了发展特色、休闲、智慧农业的全产业链现代农业的一步。正定古城在文物的发掘、保护、复建和综合开发利用上也已迈出了坚实的一步。随着时代发展、技术进步、社会环境的变化，文化产业形式也应创新升级以继续引领产业潮流的发展，在数字经济的融合下，智慧式、沉浸式、体验式文旅项目和互动性、数字化文创项目将成为文化产业的发展路

径。更高的参与度、真实的再现性将使人更易沉浸在真实的历史文化与自然景观中,并产生独特的自然与历史认知,在充分享受休闲乐趣的同时更深地激发对于乡愁文化的精神依托与归属感。

五 正定"乡愁文化"示范区建设需要的保障措施和改革创新方向

(一)以社会主义核心价值观为指引,创新管理服务与体制机制促进乡愁文化建设发展

从社会主义核心价值观出发,引领乡愁文化在社会意识形态中的融入与发展,乡愁文化的注入是推动整个社会意识形态进步并促进文化产业发展的重要举措。提升全区域文化产业的规模化、集约化水平,发展文化产业集群、培育壮大一批龙头企业、树立一批文化产业品牌,全面带动乡愁文化建设全产业链做大做强。

加强政府宏观指导、完善组织领导机制。在推进乡愁文化建设的过程中,政府必须切实以"社会主义核心价值观"为引领,做好文化产业项目的实际推进。充实原来的文化产业相关领导机构,建立新的专门乡愁文化建设领导组织,研究制定相关政策,组织推进乡愁文化重大项目建设。

完善政策配套机制、开辟形成新的保障条件。建立专项资金保障机制,依据各级财政情况增加相应的引导资金而确保专项资金支持;抓紧建立健全相关土地、投融资、财税、人才激励等方面的优惠和扶持政策,降低准入门槛,切实鼓励、支持文化企业加快发展;在产业管理服务机制上,扩充文产办力量,建立起高效的组织、综合、协调、考核机制,对重大文化产业项目统筹安排、提高效率。

广开门路、实现投融资机制创新。文化产业项目要吸引更多社会资金融入,就必须把目光转向市场,鼓励民营资本进入文化产业,形成企业投资为主体而财政、信贷、外资为补充的多元化投融资机制。在积极争取中央和省

级资金支持的基础上,广泛吸收社会资本。借鉴北京等地成立文化创意产业投资基金公司的做法,在财政拿出部分资金的基础上,吸收各类社会资本加入成立基金,从而放大财政资金规模,形成既按市场规律办事又便于掌控资本运营方向的格局。

提升管理理念、完善宏观管理与微观运营机制。在推进乡愁文化建设的进程中,要不断更新管理理念,从宏观管理到微观运营,以高质量、创品牌的标准来提升建设的内在质量。一是要加强宏观管理,要进一步加强科技创新引领,提高乡愁文化与相关产业深度融入,从而不断提高文化产业项目的档次、附加值和文化含量;要以创意为源头,以文化创意的注入为产业带来核心竞争力。二是要落实管理模式创新和品牌创建推进机制,突出严把质量关,在产品、服务等各个层面予以全面落实;通过有效的策划、包装,大力实施品牌创建工程,培育众多具有正定特色的文化产业知名品牌。三是要完善微观运营机制,在推进建设的过程中,认真研究项目运行规律而形成环环相扣的运营机制;实行项目全程跟踪管理机制,及时查找进度滞后的问题症结,采取有针对性的措施。四是要协调好文化产业的中介组织、行业协会等与文化建设紧密相关的衔接配套环节,完善整体的运营和协调体系,确保"乡愁文化"建设的各项工作高效运转。

(二)搭建乡愁文化建设的综合平台,完善创新发展的软硬环境,以协同发展促进乡愁文化建设

第一,在乡愁文化建设发展模式上,搭建文化发展的综合平台,平台内建立乡愁文化产业集聚区,打造乡愁文化产业链,强化产业集聚。对目前已经具有规模、取得较好发展潜力的企业或项目进行重点培养、品牌推广,注重打造具有影响力的本地乡愁文化品牌,树立本土乡愁文化品牌形象。同时以政府、龙头企业、科研单位为主导建设平台,加强规划,这样更有利于多方资源的汇入,更易形成规模,更易产生影响力。还要以平台为主要载体,发挥其集聚作用与扩散影响,从而加快推动乡愁文化产业发展。

第二,作为乡愁文化建设的重要依托,制度软环境是决定建设持续进行

的保障。制度软环境的建立健全与标准化将形成更加规范的经营市场、更加安全的法治社会与更加完善的历史文化资源体系,从而使乡愁文化建设在这样的环境中获得更加有效的发展。这其中,政府提供的政策环境是更关键的因素,尤其是独特的农业与文化产业导向政策能有效地引导现代产业化农业与文化产业的集群发展和较快速发展。特定的历史文化背景、良好的相关产业形态、创新性的现代企业和特定的市场产品服务需求,都能诱发现代产业集群的形成,这是乡愁文化建设综合平台成功建设的诱导因素。在这些特定因素中,深厚的历史文化底蕴是最为基础的特定因素。正是在这样的历史文化底蕴基础上积淀起的经济社会,具有相当的知名度和独特的品牌效应。[1]

第三,在京津冀协同发展的环境下,政府要注重引导和促成资源资本与京津之间的资源整合与共享,在开发、建设平台的过程中依靠集约高效的链式发展来实现共荣共生。特别是在建设发展实践中具体地与京津实现"园区结对",进行地区互动,借鉴优秀案例。向北京、天津等城市学习,借鉴他们文化产业发展的策略,并结合自身情况将先进的理念、技术运用到乡愁文化建设上来。要突出打造文化品牌形象,拓宽合作渠道,不断优化、提升乡愁文化建设新格局。

(三)培养建设合理的人才队伍

人才的储备是任何建设能否健康发展和竞争成功的关键,因此必须大力加强人才队伍建设。党的十九大报告明确指出:"文化是一个国家、一个民族的灵魂。文化兴国运兴,文化强民族强。没有高度的文化自信,没有文化的繁荣兴盛,就没有中华民族伟大复兴。要坚持中国特色社会主义文化发展道路,激发全民族文化创新创造活力,建设社会主义文化强国。"[2] 因此,重视对乡愁文化人才队伍的建设,政府要不断发挥自身统筹协调作用,企业

---

[1] 顾江、昝胜锋:《亚洲国家文化产业集群发展模式比较研究》,《南京社会科学》2009 年第 6 期。
[2] 《中国共产党第十九次全国代表大会报告》,中国政府网,2017 年 10 月 18 日,http://www.gov.cn/zhuanti/19thcpc/index.htm。

要发挥自身灵活的市场与资金吸引优势，更好地服务于乡愁文化建设。

第一，加强对高端文化产业人才和文化产业园区管理者的引进和培养。以政府为主，构建人才引进和本土培养体系，通过积极宣传城市形象、提供创业优惠和有竞争力的待遇及居住条件等，引进人才；与高校和科研单位开展合作建立专业人才培训基地，建立健全专业人才梯队与人才库；组织相关专业人员参加文化保护活动、文化创意大赛，深入参与乡愁文化建设实践。

第二，基层文化建设"人才资源"是最基础的资源。在加大对基层文化工作者和文化能人、民间艺人的培训、扶持力度的同时，从文化馆、专业文艺院团招聘文化工作人员，或从社会上招募具有音乐、舞蹈、摄影等才能的文化志愿者，到乡镇、社区进行文化帮带，发挥专业人才队伍的作用，传承历史文化精髓，提升、巩固农村、社区基层文化建设成果。与此同时，还可以在农村、社区建立高校艺术专业大学生实习基地，争取每年有一定数量的艺术专业大学生活跃在基层，有利于带动基层文化活动的开展，更有利于把乡愁文化根植于群众中。

（四）促进与加强知识产权在乡愁文化建设中的重视程度

乡愁文化建设投入的核心要素是智力资源，产出的主体是知识产权。国家关于"加大知识产权保护力度，依法惩处侵权行为，维护著作权人合法权益""加大对拥有自主知识产权、弘扬民族优秀文化的产业支持力度，打造知名品牌""加快培育产权、版权、技术、信息等要素市场""积极吸收借鉴国外优秀文化成果，开展知识产权保护国际合作"等论述，都在表明知识产权在社会文化发展进步中的先导性作用，揭示了知识产权文化建设对于推动社会主义文化大发展大繁荣的重要意义。文化产业领域的知识产权保护，虽然已经取得了较大进步，但仍然是一个比较薄弱的环节。应该将知识产权保护纳入乡愁文化建设的大系统中，要特别充分地利用政府已经出台的各种有利、有力政策，对乡愁文化建设中的知识产权保护具体起到实际的引导、推动和支持作用。

（五）做好乡愁文化建设中的需求侧改革

中共中央政治局在2021年经济工作会议中提出了"注重需求侧改革"，这是综合考虑"十四五"时期是我国全面建成小康社会、开启全面建设社会主义现代化国家新征程的第一个五年和2020年的国际国内政治经济形势而提出的实现"新发展格局"的关键核心。而2020年需求被抑制、产业发展受影响较大的就是文化旅游业。面对当前形势应该深刻认识"注重需求侧改革"在乡愁文化示范区建设中的指导意义，以需求为导向，分析需求特点，寻求示范区建设中的创新发力点。主要途径就是分析现有需求是什么，并以创新型、高质量发展的文化产品满足现有需求；分析潜在需求是什么，提前布局、提前谋划、抢占产业高地，并激发潜在需求变为新的文化消费增长点；自主创新产品与产业模式，并加大与创新宣传引导，进而创造出新的需求点。

参考文献

聂永乐：《留住乡愁是文化自信之根》，《人民论坛》2018年第21期。

郭步山：《"记住乡愁"与新时代乡村文化的重塑》，《新华日报》2018年4月11日。

崔璨：《传承发展中华优秀传统文化视野下〈记住乡愁〉的价值研究》，硕士学位论文，河南工业大学，2019。

河实老磊：《走进正定县塔元庄——全国率先建成小康村》，美篇网，2018年8月4日，https：//www.meipian.cn/1hzvqhkf。

B.15
河北大运河文化公园建设对策研究

张葳*

摘　要： 当前，大运河国家文化公园建设正在有序推进，河北作为重要节点，必须深入挖掘自身文化底蕴，在做好运河综合整治与保护的基础上，恢复生态功能、延续历史文脉、弘扬运河文化。本报告从河北大运河文化旅游资源开发现状入手，深入分析了文旅融合视角下大运河文化公园建设面临的形势和问题，系统提出了河北大运河文化公园建设的对策与建议。

关键词： 大运河　国家文化公园　对策与建议

一　河北省大运河文化旅游资源开发现状

（一）旅游资源丰富，多元文化交织

大运河河北段历史文化遗存丰富、遗址完整，是中国大运河中河道保存最为完整的河段，至今保留着原生古河道形态，河道沿岸的武术、杂技、曲艺等享誉国际，大运河水运及其相关的古城、古镇、码头、仓储、船坞、闸所、墓葬、庙祠、石窟、石刻、茶庄、会馆、寺庙等遗存都具有极高的科学价值和历史价值。沿线共有文化遗产资源117处，非物质文化遗产70项，沧州的拳械门派多达53种，吴桥杂技艺人享誉国际。在建筑方面，历史文

---

* 张葳，河北省社会科学院旅游研究中心副研究员，主要研究方向为旅游经济、文旅融合。

化名镇3处,特色小镇26处,美丽乡村26处,博物馆、展示馆8处。因大运河而生的科学技术、沿河物产、商贸移民、名人轶事、历史故事、文学作品、民风民俗等文化遗产,积淀了开放包容、重德尚义的深厚文化底蕴,形成了独具河北特色的大运河文化。

京畿文化、燕赵文化、齐鲁文化、中原文化在大运河河北段融合,形成了独特的运河文化,沿线还分布着众多的红色文化资源,以抗日战争为题材的白洋淀雁翎队、小兵张嘎、新儿女英雄传、平原枪声、敌后武工队等经典红色文化体现了中国人民艰苦卓绝的抗战历程;胜芳文化体现了冀津文化交融碰撞的火花;清河是水泊梁山故事的发生地,体现了冀鲁文化在此共同绽放;邯郸平调落子体现了冀豫文化在此融为一体。

(二)区位优势突出,综合发展潜力逐步释放

大运河河北段总长530多公里,上串京津雄、下联鲁豫,兼具真实性和完整性,沿线资源丰富,战略区位突出,是展示北方运河文化特色的重要窗口,是大运河极其重要的组成部分。河北大运河具有较好的旅游区位优势,北部连接环首都休闲度假旅游圈,向南贯穿现代乡村休闲旅游片区。以大运河为纽带,能够有效地把北京、天津运河沿线的优质旅游资源串连起来,同时,有利于吸引来自京津的大量游客。京津为中国三大城市群之一,集聚着约3700万人口,消费水平高、出游频次高,是河北的核心客源地,也为河北与北京、天津的大运河文化旅游形成一脉相承的关系奠定了基础。

(三)文旅产品类型较为多样,开发与保护工作并行

大运河河北段沿岸旅游景区共有20个,其中5A级景区1个,4A级景区4个,3A级景区6个,2A级景区9个(见表1),特别是吴桥杂技大世界、沧州铁狮子、大名古城等旅游资源和产品在全国乃至世界都具有一定的独特性和较高的垄断性。同时,大运河河北段原生态景观与人工弯道交融,体现了北方大运河的磅礴气势,特别适合发展多业态复合型的旅游产品。优良级旅游资源,即五级、四级和三级旅游资源单体数量合计有88个。其中

临漳县数量最多，有36个，所占比例为41%；数量较少的有青县、清河、临西馆陶、故城、阜城县，各有1个。大运河沿线区域非物质文化遗产丰富，共51项，其中沧州市有28项，占比为55%。

表1　大运河河北段沿岸旅游景区数量统计

	5A级景区(个)	4A级景区(个)	3A级景区(个)	2A级景区(个)
廊坊	0	2	0	0
沧州	0	2	1	9
邯郸	0	0	3	0
衡水	0	0	1	0
邢台	0	0	1	0
雄安新区	1	0	0	0
合计	1	4	6	9

资料来源：河北省文化和旅游厅网站。

（四）国家战略机遇政策利好，品牌宣传成效显著

《大运河文化保护传承利用规划纲要》《长城、大运河、长征国家文化公园建设方案》的发布表明国家对大运河文化遗产保护的高度重视，也为沿线省市相关建设提出了明确要求。国家层面的4个专项规划和8个地方实施规划已经正式印发，一系列配套政策持续跟进，故城、青县、香河等地以大运河文化为主题的旅游产品开发、景区形象标识设计和品牌宣传深入开展，河北段大运河文化品牌影响力逐渐扩大。

二　文旅融合视角下大运河文化公园建设面临的形势分析

（一）大运河的灿烂历史与落寞现状的不匹配

大运河文化带建设基础设施不够完善，景点分散，部分区域可进入性

差，产品现状与人民群众美好生活需求还存在一定差距。一是水量不足。大运河河北段的河道缺水最为严重，大部分河段常年干枯，水资源匮乏，部分河道湮废，部分河流演变成季节河流。二是漕运功能严重退化。随着时代发展与交通运输的快速迭代，运河漕运功能日渐脱离现代生产生活，部分地区运河改道甚至断航。如大运河沧州段，在历史上曾经作为南北水上运输大动脉，但由于20世纪70年代水资源缺乏，航运全线中断，目前仅用于农业灌溉、输水、泄洪。三是运河沿岸设施陈旧。伴随工业化城市化进程，运河沿岸居住地块、工厂、仓储杂乱穿插，落寞陈旧，越发与城市高楼大厦、快速交通脱离。

（二）顶层设计与地方实施的监督和指导不平衡

一是缺少各地政策的统筹和协调。存在点多面广、零敲碎打的情况，沿线各地各自为营、独立开发，市场活跃性不足，缺少从大运河全流域视角打造的整体文化旅游品牌，缺少跨区域的线路合作与规划。缺乏产业意识，缺乏创意包装和市场开拓，文化遗产的经济价值未得到最大的转换，反而不同程度地造成了对文化遗产的破坏。二是统筹管理体制机制欠缺。大运河河北段分别由漳卫南运河管理局、地方水利部门管理，但不同职能部门间缺乏配合协调。大运河河北段涉及河北、北京、天津、山东、河南等多个省市，不同行政区域在水资源调配、水环境治理、遗产保护、生态建设等方面，缺少协调合作机制。

（三）运河沿线文化传承利用与资源质量不匹配

一是传承利用质量不高。河北段大运河承载的文化价值和精神内涵有待进一步挖掘提炼，全面展示大运河文化的设施条件也比较缺乏，现有展示主题和内涵不突出，不利于燕赵文化高地的整体彰显。对运河文化遗产挖掘不够、活化利用不够，各类文化资源活化利用的形式和途径较为单一，传承载体和传播渠道有限，与相关产业的融合度低，创造性转化和创新性发展不足。二是缺少全面展示运河文化的基础设施和载体。运河古河道、险工、堤防、码头、古桥及周边古庙、古窑、古碑、会馆等设施的展示条件有限,缺少以主题博物馆为载体的运河文化遗产展示、以节庆表演为载体的非物质文化遗产展示、以历史街区和城镇为载体的综合展示。三是文化遗产保护形势严峻。目前,碎片化保护现象突出,一些物质文化遗产缺乏及时的保护修缮,长效管控机制亟须建立,个别非物质文化遗产项目传承式微,一些具有地方特色的民间技艺存在濒危失传的风险。

(四)产业融合与本土文化品牌打造不充分

一是文旅融合有待深入。大运河沿线文化和旅游服务资源的统筹整合程度不够,文化和旅游公共服务能力不足,融合发展的新业态、新项目有待进一步加快培育。大运河沿线省市旅游产品类型较为单一,科技水平低,创新能力不强,特色不突出,缺乏传统文化、革命文化和社会主义先进文化的有效贯通,服务品质和文化体验有所欠缺,大运河文化的品牌效应和社会价值没有得到充分彰显。二是服务质量不高。旅游产品个性化、品质化不足,公共服务水平不高,游客的文化体验不强,全面展示大运河文化的基础设施亟待改善。三是产业效益不佳。具有较大影响力的龙头产品数量偏少,重点项目对区域的贡献和带动作用发挥不明显,产业链条残缺,地方特色文化、非遗传承转化程度不高,经济带动成效不显著。

三 河北大运河文化公园建设对策与建议

(一)突出河北特色,完善大运河国家文化公园顶层设计体系

1. 健全河北特色的大运河文化公园规划体系

突出大运河河北段独有的价值和特色,摸清底数,科学妥善处理大运河文化公园在空间范围内与自然保护区、风景名胜区、地质公园、森林公园等规划边界的融合错位,真正实现多规合一,解决现有各种规划自说自话、难成合力的矛盾,厘清责任主体,明确部门分工,探索一条适应新时代新需求

的文物和文化资源保护传承利用新路径。充分对接国家要求，编制完善大运河河北段文化遗产保护传承、河道水系治理管护、生态环境保护修复、文化和旅游融合发展、交通体系建设、土地利用等6个专项实施规划，沿线各市和雄安新区制定出台本地区实施方案。

2. 建立完善大运河国家文化公园法规制度和标准体系

建议根据《中华人民共和国文物保护法》《大运河遗产保护管理办法》《中国大运河遗产管理规划》等国家相关法律法规，结合河北实际，制定规范和约束文化遗产保护传承利用行为的《河北省大运河保护条例》《河北省大运河保护管理办法》。省直有关行业主管部门应结合实际研究修订制定省级层面配套法规规章，指导有关市完善配套法规规章、抓好贯彻落实。建议制定《大运河国家文化公园（河北段）建设和管理规范》，对文化公园建设内容及相关保护修复、开发利用、服务管理等提出要求、做好技术和管理指导。

（二）梳理运河本底，实施大运河文物和文化资源保护传承工程

1. 做好文化遗产摸底统计工作

做好大运河河北段全线历史文化资源的考察研究工作，对重点遗址古道、重要古城址、重点文物做详细调查，系统编制遗存名录和档案，完善大运河河北段文化遗产数据库。依托省非物质文化遗产保护中心建设和管理"河北省大运河档案资料数据库"平台，在全面调查的基础上建立大运河非物质文化遗产名录，每年选取30个省级以上非遗名录项目和20位省级以上非遗代表性传承人，通过文字、图片、影像、实物等形式进行抢救性记录，对濒危项目进行抢救和复兴。

2. 做好沿线文物的保护和修缮修复工作

明晰各类文物保护对象建设控制地带，甄别世界遗产段、永济渠故道等关键区和脆弱区，实现应保尽保。对红庙村金门闸、郑口挑水坝等可能增补进大运河世界遗产扩展名录的点段制定并采取详细的保护管理措施。对泊头清真寺、大名天主教堂、青县铁路给水所等文物遗存进行修缮修复，整治院落环境，排除建筑险情。根据考古调查、情况发掘，做好沧州旧城、大名府

故城遗址、贝州城址、临清古城遗址、油坊码头遗址、东光码头遗址及沉船点等重要遗址的保护。完成重点段落安全防护工程，建立重点段落文物安全远程监控体系及大运河文物安全预警检测体系，全面建立文物长效管护机制。

3. 做好非物质文化遗产活态传承工作

建议制定《大运河非物质文化遗产保护利用设施建设方案》，按照表演类、手工技艺类、节庆民俗类等不同非遗项目类型，统筹传习所、传承基地、展示中心等保护利用设施建设。对非遗传承人的传承授艺、研修提升、展示传播，以及生活困难影响传承的情况给予扶持和帮助。加强吴桥杂技、魏县漳南棉纺织技艺、大名府故城明城周边等文化生态保护实验区建设。

4. 做好大运河文化分级分类展示传承工作

推进河北大运河博物馆和五大片区大运河文化主题展示馆、陈列馆及展示点规划建设。开展邺城、大名府故城等遗址保护，力争创建国家考古遗址公园。谋划建设临清古城遗址保护工程、宋贝州城址遗址公园、沧州铁狮子文化园、中国杂技博物馆等一批文化遗产保护展示项目。积极创建大运河国家文化公园，依托清河道署建设保定水利博物馆，充分展示大运河、大清河水文化。广泛开展大运河文化主题展示活动，举办大运河文化旅游节庆活动、文化论坛、特色文化产品交易博览会、文化项目推介洽谈会等。提高中国吴桥国际杂技艺术节、邯郸国际太极拳运动大会、中国·临西"昆仑大师杯"中华潭腿传统武术精英赛等节庆赛事的举办水平。创作一批反映大运河悠久历史、灿烂文化和美好未来的艺术作品。

（三）提炼运河价值，实施大运河文物和文化资源研究发掘工程

1. 加强大运河文化价值研究

围绕河北省大运河价值主题，开展大运河原生生态环境特点及演变的分析研究，加强大运河沿线商贸历史文化研究，注重对白沟、永济渠等早期运河文化的研究，挖掘和弘扬大运河千年文化的当代价值和时代特色。整合集聚省内智库、高等院校和民间团体等优势资源，推出一批有关大运河文化的优秀科研成果。组织国内外研究团队和专家，定期召开大运河文化高峰论坛

和学术研讨会，指导和推动河北大运河文化保护产程利用走在前列。建立与京津鲁豫大运河研究力量的联络机制，推动更大区域范围的大运河文化研究。加快研究成果转化，为展示推广大运河文化提供坚实支撑。

2. 加强专题文艺创作

深入挖掘大运河沿线历史人文资源，通过多种艺术形式，创作一批反映大运河悠久历史、灿烂文化和美好未来的艺术作品。鼓励电影、电视剧、纪录片、舞台剧等多种艺术形式创作，推动文艺创新。结合芦苇画、石影雕、阜城剪纸等非物质文化遗产，开展大运河主题美术作品、摄影作品等各类体裁的采风创作活动。通过河北梆子、评剧、哈哈腔、独台戏、乱弹、民间音乐会等特有艺术形式，创作讲述运河故事的戏曲和曲艺作品，生动展现运河历久弥新的生产生活故事。在大运河沿线城市开展各类文艺活动，推动展现大运河文化的优秀作品走进群众，打造大运河文化艺术品牌。

3. 讲述河北运河故事

加大对历史文化、名人轶事、民间戏曲等的研究阐释，从漕运盐运历史、南北文化交流、运河商帮文化、镖局票号、码头城镇兴衰、中外文化交流等方面，讲述大运河河北段水上文明史，展示大运河在融合多元文化发展、推动南北经济交流、促进沿线城市繁荣中的积极作用。加强对大运河人工弯道、险工、减河等水利工程科学文化价值的挖掘整理，讲述传播中国古代水工智慧与天人合一的自然生态理念。搜集与运河相关的民间文学、传说、见闻、回忆等历史故事，多层次、多角度开展运河故事研究，挖掘大运河千年文化在现代社会中的价值，焕发大运河的"时代特色"。

（四）优化建设基础，实施大运河文物和文化资源环境配套工程

1. 加强河道水系治理管护

实施优化水量调度工程，研究制定水量调度保障方案，保障南运河河北段生态用水需求；通过引黄入冀补淀、南水北调等工程，增加白洋淀生态补水量，加大枣林庄枢纽下泄水量，努力满足白洋淀——赵王新河、大清河——南运河生态用水需求。实施河道整治提升工程，实施堤防加固、险工

治理、拦河和穿堤建筑物除险加固、堤顶道路硬化等工程建设；做好卫河、卫运河防洪排涝及生态绿化工程，以及赵王新河、大清河险工治理、堤防加固、生态绿化等综合整治工程。实施水环境污染防治工程，对大运河、赵王新河及大清河流域沿线污水入河情况进行全面排查，划定水资源开发利用生态红线，加强大运河沿岸城镇污水设施建设、改造，推进入河排污口管控、河湖湿地建设等治理项目，确保大运河水质持续改善。

2. 加大生态修复与环境保护

加强生态系统保护，划定大运河生态空间核心保护区，对保护区水域岸线用途管制和土地开发利用严格把关，针对不符合生态环保要求的项目，制定搬离方案；对河道两侧1000米范围内的村庄进行农村环境综合整治，彻底清除河道及沿岸垃圾，整治规模畜禽养殖，集中收集处理生活污水，加强大运河沿线村庄街道、庭院、隙地和路渠沟塘绿化；加快推进大运河生态综合整治、胜芳湿地保护、沧州市大运河主城区段提升、大浪淀饮用水水源生态治理，以及吴桥县大运河绿化景观带、故城县大运河百里景观带、清河及临西段生态治理等一批生态保护修复工程。实施地下水开采综合治理工程，实行总量控制、计划开采和目标管理，划定大运河核心区地下水水位控制红线。

3. 建设一批运河主题生态廊道

优化滨河生态空间，在大运河及赵王新河—大清河两侧宜绿化地段各建设宽100米以上的绿色廊道景观带，争取沿线每个县（市）均建成一个特色经济林基地，科学配置防护林、用材林、经济林和公园绿地，打造一批水林相依、绿块相嵌的运河主题生态廊道。重点建设霸州市胜芳东淀湿地、东光县万亩森林公园、故城县百里运河带状公园、临西县卫运河段森林公园、大名县大运河百里文化长廊生态旅游观光带、大名县永济渠旧址滨水康养休闲廊道等和白洋淀、馆陶县漳卫河汇合处湿地。

4. 提升公共设施和配套服务

以现有城乡公共设施和基层文化服务中心为基础，丰富大运河文化展示内容。切实改善大运河沿线基础设施和公共服务。在重要节点设置旅游咨询中心和集散中心，兼具大运河文化遗产展示功能，配套完善旅游公共服务设施、会展设施、文化消费场所,推广使用绿色能源,健全相关标准。组建安全救援队伍,在游客集中和安全事故易发地段设置应急救援中心,完善医疗、紧急救援等公共卫生服务体系。

(五)加强统筹利用,实施大运河文物和文化资源文旅融合工程

1. 打造高质量旅游产品

以创新为主旨、以龙头项目为引领,深挖文化底蕴、丰富产品供给、美化全域环境、打造精品品牌,重点打造文安—胜芳洼淀古韵、吴桥杂技文化、董子国学文化等一批文旅融合创新发展示范区,打造中信国安第一城、吴桥杂技大世界、馆陶粮画小镇、闾里古镇等优质旅游景区和运河特色小镇、文化产业园区、郊野公园等一批文旅项目。整合大运河沿线旅游资源和服务,串珠成线、以点带面,重点打造"运河雄风体验""隋唐运河文化""燕赵故事怀古""水利文化科普""冀忆运河美食"等一批文化旅游线路。

2. 构建大运河旅游交通体系

进行大运河全线航道测量及旅游码头规划设计,为实现旅游通航提供基础性保障。建设香河、文安、胜芳、故城三镇(故城镇、郑口镇、建国镇)、油坊、大名等旅游码头,同步进行航道整治。加强泊头、东光、吴桥、馆陶、景县、香河等主干道路的改造升级,打通交通主干道与大运河重要节点的旅游连接线,串联运河全线两侧现有公路,建设运河风景道。依托现有河堤路建设绿道网,完善沿途咨询服务中心、驿站等服务设施,形成大运河沿线"快旅、慢游、多联"的交通网络体系。

3. 推进产业深度融合

建设一批文化产业园区、休闲街区、特色村镇和文化金融服务中心、文化创新创业基地。利用两岸历史遗留的老作坊、旧厂房等工业设施,开展工业遗址遗存旅游。结合沿岸绿色生态廊道,开发徒步、健走、马拉松、骑行、自驾车等体育运动休闲产品。依托运河沿岸的历史文化名村和美丽乡村建设,打造特色旅游小镇、田园综合体、休闲农庄和精品民宿等新业态产品,体现浓郁运河风情。

4. 开展整体品牌塑造和营销推介

在"千年运河"统一品牌下,重点塑造运河城市、运河服务、运河节庆等一系列文化旅游品牌。"一盘棋"统筹谋划,打破行政区划局限,建立上下联动、部门协同的全方位、立体化宣传营销机制,强化大运河文化旅游品牌的影响力,形成规模化的市场推广效应。

(六)强化科技植入,实施大运河文物和文化资源数字再现工程

1. 加强数字基础设施建设

提高河北省大运河沿线网络覆盖程度,逐步实现重点公共区域免费Wi-Fi、5G全覆盖。加强文物保护、环境敏感区、旅游危险设施视频监控与人流疏导。推进大运河智慧信息平台建设,开展文保单位、A级景区、文博场馆数据对接工作,扩展大运河沿线流量监测范围。开发建设智慧交通、智慧旅游、智慧环保等专业性大运河智慧管理平台。

2. 完善官方网站和云平台

利用现有信息化设施和资源,建设河北大运河文化公园官方网站,成为河北大运河数字文化服务总平台、总枢纽、主阵地、主渠道,做好对河北段大运河文物和文化资源,以及不同历史阶段的名人、文学、文献等的数字化创意展示,全景展示大运河整体价值与历史文化。建立大运河时空信息大数据云平台,为大运河文化带建设提供统一的空间基准和基础地理信息服务,为交通、水利、旅游、自然资源、环保等专业部门的管理系统提供基础地理信息支撑平台。加强大运河文化和旅游公共服务平台"河北旅游大数据中心"和全省旅游云等平台的对接,加强各级各类文化资源的互联互通,实现运河全线数据信息的共建共享。

(七)做好基础保障,建立健全大运河文化公园管理体制机制

1. 加强组织保障

做好顶层设计和运河沿线市县区的统筹协调,发挥部门职能优势,整合资源、形成合力,研究解决实施执行中的重大问题,协调督导重大任务、重

点工程落地。大运河沿线各市党委和政府承担主体责任，研究建立组织领导机构，落实规划实施和主体责任，承上启下推进大运河国家文化公园建设。

2. 建立健全工作协同与信息共享机制

文物、文化和旅游、自然资源、生态环境、农业农村、林业和草原、水利等有关部门，要强化沟通交流，充分发挥业务指导和综合协调作用，完善配套政策，帮助并配合及时解决相关问题，建立文保单位、旅游景区、历史文化名城名镇名村、森林公园、湿地公园等重要资源保护管理的工作协同与信息共享机制，对公园内的资源管理和保护利用进行监督和指导，协同推进大运河国家文化公园建设。

3. 完善相关配套政策

统筹利用现有文物保护、水利建设、生态环保、文化旅游等资金渠道，合理安排相关资金，突出重点，积极争取国家资金支持，创新资金筹措机制。持续推进简政放权，制定出台跨部门全流程综合审批指引，提高行政效率；探索设立河北省大运河国家文化公园建设基金；强化土地政策支持，进一步推进用地改革创新，探索解决农村闲置宅院等问题，做好用地保障。

B.16
河北省传统村落生态文化对人居环境整治的启示

严晓萍*

摘　要： 河北省太行山区有大量的传统村落，蕴含着丰富的生态文化资源，重拾传统村落生态文化经验和智慧，对改善农村人居环境、建设美丽乡村具有重要意义。通过对不同类型村庄的实地调查、走访，发现道路、水资源、村貌、厕污治理仍然是农村人居环境的短板。本报告提出，只有在农村人居环境治理过程中，发挥"节能实用、无废化、和谐共处"等传统村落生态文化价值，并利用现代科技手段解决发展过程中农村环境整治难点问题，才能实现人与环境新的平衡，继而带动农村产业发展。

关键词： 传统村落　生态文化　农村　人居环境

中国是农业文明古国，广阔的乡村积淀着丰厚的文化遗产，有房屋建筑、宗教建筑、文化建筑、生产生活工具等物质文化遗产，有手工技艺、特色美食、传统节日、祖传医药、音乐美术等非物质文化遗产，有农业梯田、水利设施等人与自然融合性遗产，以及家谱、村志、地方志等文献类文化遗产。乡村文化遗产是一代代先民创造并保存下来的公共文化资源，是宝贵的不可再生资源。[①] 我国《关于实施乡村振兴战略的意见》中专门提到了"传

---

* 严晓萍，河北省社会科学院研究员，主要研究方向为人口社会学、社会问题调查分析。
① 贺云翱：《乡村振兴要高度重视文化遗产的保护利用》，《人民政协报》2019年11月5日。

承发展提升农村优秀传统文化",其保护、传承、利用是全社会共同的责任和可共享的成果。在各种乡村文化遗产中还隐含着重要的生态文化遗产,贯穿于村庄的选址布局、房屋建筑、生产生活之中。传统村落承载着历史遗存和生态文化资源,人与自然相生共融的生态关系,彰显着生态文化"和实生物,同则不继"的哲学智慧。随着农村生产生活方式转变,传统生态文化价值被忽视,生态环保的生活方式被抛弃,出现了一系列农村环境污染问题,保留和借鉴传统村落生态文化遗产和理念,有助于乡村振兴,留住乡愁,为乡村人居环境改善提供借鉴。

一 传统村落生态文化遗产及价值

党的十九届四中全会通过的《决定》提出,要坚持节约资源和保护环境的基本国策,要坚持节约优先、保护优先、自然恢复为主的方针。专家指出,当前生态文明建设工作的重心,已经从以污染防治为主,转为污染防治、生态保护与修复并重。党的五中全会公报提出,提升中华文化影响力,增强中华民族凝聚力,生态文明建设实现新进步,生产生活方式绿色转型,主要污染物排放总量持续减少,生态安全屏障更加牢固,城乡人居环境明显改善。传统村落生态文化遗产中,节约能源、保护自然是传统村落建设中重要原则,从村庄布局到建筑材料,从建筑设计到文化内涵都充分体现生态文化理念,并渗透到生产、生活,建筑的方方面面。传统村落有尊重自然、巧妙利用自然的特征,在城市病、农村环境污染等生态环境问题凸显的背景下,传统村落生态文化价值显得尤为珍贵。

(一)传统村落布局中的生态文化遗产

1. 生存环境的安全性

河北省传统村落主要分布在太行山区和张家口市,村落选址布局注重因地制宜、就地取材,有浓厚地方特色和民族风格,既能防御风险又宜居美观,主要体现在几个方面。首先是生存环境安全,即避免自然灾害,防水、防火、防盗、防战乱。张家口市蔚县暖泉镇的西古堡和北官堡,就是随古商道"张库大道"发展而来的。在长城沿线、边关隘口也分布着守卫型村落,如秦皇岛抚宁县大新寨镇界岭口村,是历史上著名的军事要塞;张家口怀来县鸡鸣驿乡鸡鸣驿村,是宣化府进京第一驿站,至今保存完好;邢台县英谈村,也是从古代"营盘"发展而来,院落依山就势,高低错落,三面环山,东面临河,具有典型的古太行建筑风格。其次是生存资源安全,即近山、近水、交通要道、土地肥沃等。① 在技术条件有限的条件下,自然资源因素对村庄影响十分明显。传统村落合理利用河水、地下水和山涧水,在选址、引渠方式、汲水方法和排水通畅上都体现出崇尚自然、人与山水亲和的生态智慧。

2. 村庄布局与环境协调性

传统村落讲究整体布局,利用山水资源,背山面水,依靠自然河流和人工沟渠,保证村内外水资源循环,是生态文化与建筑文化的有机结合。有些村庄甚至借用自然景观,增加美感。"乡村聚落的空间营造非常注意与自然环境的关系处理,将自然和风景纳入聚落的环境系统之中。"② 张北县油娄沟乡黄花坪村,因满山生长黄花得名,周边有古长城、烽火台,独具地域特色。

(二)生产生活中生态理念

传统村落以农业生产为主,农作物秸秆都成为牲畜饲料、燃料、肥料、编制生活用品等,有效实现资源节约利用,循环再利用,生产和生活紧密结合。完美体现生态链完整、物尽其用、尊重自然的价值观。

现代农业生产方式由化肥代替农家肥,能源结构替代农作物燃料,养殖使用成品化饲料,原来的农作物秸秆作为燃料饲料的功能消失,转而成为无用的垃圾,生产生活的有机循环链条被打破。

---

① 杨贵庆、蔡一凡:《传统村落总体布局的自然智慧和社会语义》,《上海城市规划》2016年第4期。
② 张松:《作为人居形式的传统村落及其整体性保护》,《城市规划学刊》2017年第2期。

（三）农业谚语、歇后语、俗语中的生态文化

我国的二十四节气深刻反映出人与自然、农业生产与自然的关系，它们不仅是农业生产时间表，人们还可以根据节气的表现，预测生产形势和生活丰俭程度。"夏至种豆，重阳种麦""雷打秋，晚冬一半收""立秋下雨万物收，处暑下雨万物丢""光栽不护，坝光山秃""要想水果挂得好，还得蜜蜂把花咬"，这些谚语、歇后语、俗语传递着古人预测生产形势、顺应四时变化的生产生活智慧，这些通俗易懂的语言使文化得以代代传承。

（四）建筑材料的天然性

太行山区的传统村落，包括大梁江村，吕家村、于家村、小龙窝、王金庄村、英谈村等。邢台英谈村被2000米古石城墙围绕着，村内有大小石孔桥36座。房屋、街道建筑材料大都采用当地特产石料、木材、土坯等天然材料，取材于自然，又还原于自然。房屋建筑冬暖夏凉，节约能源。

（五）传统村落建筑里的水生态文化理念

最初的村落基本是依水而建，"水系是村落自然环境的重要组成部分，是形成村落特色的重要元素之一"①。太行山区村落主要利用天然降水来满足生产生活需要，储水和排水功能必不可少。平原地区村庄则用公共水井、池塘来解决用水和洪涝问题。

河北省井陉县大梁江村，村庄建设工程中就地取材，石头房屋、石头街道，是典型的太行山区传统村落。在建房过程中，就巧妙利用地势，因势利导利用自然，在房屋下修建排水道，避免雨季洪水对房屋造成冲击破坏。每一家院子里都修建储水井，收集雨水，解决吃水难问题。村里戏台下方留出的圆形空洞，具备天然扩音功能。邯郸市永年县河北铺村，一大户人家遗留的老院子基本被改建，旧貌不复存在，只有部分遗存，老院之

---

① 李琴：《传统村落水系环境的保护与利用》，中国建筑工业出版社，2018。

间通行的一条街道利用地势兼有排水、通行多种功能依然保留着。磁县历史文化名村北王庄，村里的街道用石头砌成，既是街道也是河道，平时能走人，下雨时能流水。石砌的墙壁上，就势留出了一些窑洞，用于排水。邯郸涉县井店镇王金庄村也是石头的世界，到处是石道、石房、石桌凳、石碾、石桥、石碑、石臼。村里至今仍保存着具有明清建筑风格的民居600多幢，房屋4000多间，村中石板街长约2000米，尤其是石板街中间的排水沟设计的既科学又坚固，从建村至今千百年来越走越明亮，是古时村民排洪环保意识、居住安全、建造技术的重要体现。

二 河北省农村人居环境的现状

我国有约6亿人口居住在农村地区，土地面积占全国总面积的94%以上，意味着农村人居环境状况直接影响我国整体人居环境的水平。无论是"新农村""美丽乡村"建设还是"乡村振兴"，农村环境一直是政府关注和整治的重点领域。传统村落生态文化遗产是乡村人居环境的重要组成部分，人居环境的整体性理念对农村环境整治有极其深刻的意义。保护和传承传统生态文化遗产，将绿色发展理念融入乡村建设全过程，推进生态家园、清洁水源、清洁田园、清洁能源建设，是一项重大任务。

（一）村庄生活垃圾处理状况较好，厕所改造，污水处理较弱

2016年以来，中央连续加大了对农村人居环境整治的力度，2018年提出实施农村人居环境整治三年行动计划。党的十九大提出"生态宜居"，并通过了《农村人居环境整治三年行动方案》。截至2018年底，河北省农村生活垃圾得到有效治理的村庄数达45967个，占50201个行政村总数的约92%。48317个村庄建立了生活垃圾清理维护机制，配备了19万名保洁员。43154个村庄实现了城乡一体化垃圾处理，占村庄总数的86%。19323个村庄实现了照明达标。行政村主街道硬化任务基本完成，县级及以上文明村镇

数量达到40%以上。① 2019年，农村人居环境整治进一步深入开展，建成农村公路9741公里，启动1073个"空心村"治理，改造卫生厕所200多万座，无害化卫生厕所普及率达55%，卫生厕所普及率达74%。完成4.4万个村清洁行动任务，全省行政村主街道硬化率达90%以上，6202条入村、入户道路完成了硬化，2479个村的主街道完成硬化，完成农村公路穿村路段硬化及改造1200公里，美丽乡村展现新风貌。但在对"河村"（简称）和"台村"（简称）进行实地调查后发现，农村厕所改造、污水管网连接村庄、入户路硬化方面还参差不齐，农村的污水处理和厕所环境是弱项，农村道路和水环境是未来需要关注的重点。

1. 村庄街道环境整治程度参差不齐

"河村"主街道硬化整体较好，尤其是村里两条主要街道也较宽敞，可以双向行车，主街道有下水管道，比较干净整洁。村里小街道虽然已经硬化，但污水外流、变黑臭，管道不通畅。"台村"街道属于20世纪八九十年代修建，近年没有为基础设施建设投入资金，道路破损严重，硬化少，土路多。缺乏污水管道和处理措施，污水在街道随意排放，随处可见。农村道路整治过程中存在形象工程，面子工程，也存在不同类型村庄和非贫困村人居环境整治投入不均衡问题。

2. 厕所革命还需深入

"河村"厕所以旱厕为主，老村各家厕所位于院墙内，脏乱、味重状况依然存在。"台村"各家厕所经过改造，蹲厕和收集池隔离，比较干净，没有异味。虽仍以旱厕为主，但厕所都建在院外，分布在街道两侧，各家自建，形状、大小不一，整体不美观。缺乏像垃圾集中清运一样的公司来定时收集清运，丧失了废物作为肥料的功能，缺乏变废为宝的新技术处理设施。

（二）村庄道路状况管理不适应现代城乡一体化发展需要

"河村"市场经济发达，标准件产品占全国市场份额的45%。有标准件

---

① 《全省农村人居环境整治深入推进》，《河北日报》2019年2月13日。

河北省传统村落生态文化对人居环境整治的启示

生产交易大市场，各家各户的加工厂车流量、人流量大，但各种车辆乱停乱放、行人乱走，道路缺乏现代化管理，与经济发展水平不匹配。生产商贸区的环境差，垃圾堆积清理不及时，影响整个村庄的人居环境。"台村"只有一条通往外部的路能通汽车，村内街道狭窄且路面损坏严重，不方便汽车通行，影响村庄与外界的交通。在以汽车等大型现代交通工具为主的背景下，有些村庄的道路环境急需与现代化交通需求接轨。

（三）农村水环境问题严重

"河村"村南有季节性河流洺河，但由于紧邻标准件市场、生产区，河道被污染，杂草丛生，长期以来缺乏治理，不仅没有起到美化村庄的作用，反倒成为村里的垃圾带。上游水库旱季时存水，雨季时泄水，被村里人称为"害河"。村里使用地下水井提供自来水，但从60年代的10米深到80年代的50米深，再到现在的350米深井，浅水层不适合饮用，一方面说明地下水位下降严重，另一方面可能是浅层水污染严重。由于临近岗南水库，村里地下水充足，有15米深左右，且浅层水没有被污染，可作为自来水供应的补充，这是"河村"特殊地理位置所形成的，并不具有代表性。大部分农村原来的水塘均已消失，储水、防旱涝、调节气温、改善景观、洗涤的功能也随之丧失。

（四）缺乏村庄整体规划

调查中发现，"河村"和"台村"都没有详细的村庄整体规划，只是村委会提出了一些临时想法。"河村"临近县城，许多人搬到县城小区居住，村里也修建了"凤凰园"小区。村里闲置老房屋多，新旧房屋间杂，整体上看，视觉效果较差。村委会也准备对村里部分老旧房屋区域进行改造，具体是建高层还是建2层小楼，还没有决定。高层可以节约土地、降低成本，2层小楼则占地多、成本高。部分群众希望村里能将老旧房屋区进行改造，但这里多数是老年人居住，虽然居住环境条件差，但他们不愿意搬迁，或者不愿意将更多资金投入房屋改造。"台村"虽然邻近县城和省会城市，但由于几乎没有集体经济收入,每年只有原来铁矿厂的占地补偿款,大约5万元,属于经济不发达的非贫困村。而非贫困村的人居环境改造,不是近年来政府关注的重点,多年来也没有外来资金投入,村庄建设远远落后于其他贫困村。村委会计划建养牛场,利用地理位置发展旅游业,修建文化广场等,但由于缺乏资金投入,这一计划没有落实。

三 传统村落生态文化遗产对农村人居环境整治启示

启示一,建筑特色节能实用。传统村庄房屋建筑格局、道路布局合理,建筑材料具有天然性。村落建筑中的传统人伦文化、生态文化、建筑文化,无不体现人与自然的和谐,既有特色又实用。这是目前农村人居环境建设值得借鉴的地方,而不是千村一面。村庄、道路整体规划缺乏,环保建筑缺乏,需要耗费更多能源,造成新的环境污染问题。

启示二,物尽其用无废村庄。传统农业社会,任何秸秆、肥料都可物尽其用,生产生活用品都可降解,基本没有"废物"产生,符合现代循环经济的理念,能形成完整的生产—消化链条,是最原始朴素的循环利用方法,不存在垃圾污染、二次处理等问题。而现代农村能源、肥料都被新科技产品替代,各种现代化工产品取代了可降解分化的原材料制品,循环链条被打破,产生了许多新的化工产品垃圾,化肥农药污染环境,垃圾处理、污染治理成为难题。

启示三,顺应自然慢生活。传统的日出而作、日落而息这一追随四季变化顺应自然的生活方式被各种现代化技术打乱,人工干预手段和反季节产品层出不穷。越来越多的年轻人开始向往城市便捷的生活方式,村庄被"遗弃","空心村"增多,不利于农村环境改善和产业发展。

启示四,人与动植物和谐相处。对待植物,《吕氏春秋》说:孟春之月"禁止伐木",季春之月"毋伐桑柘",孟夏之月"毋伐大树",季夏之月"毋有斩伐"。对待动物,《礼记·王制篇》说:打猎不四面合围,不成群捕杀，不捕杀幼兽，不捕杀怀胎的母兽，不捣毁鸟兽的窝巢以斩尽杀绝。《睡虎地秦墓竹简·田律》规定捕鱼不能使用毒药。《荀子·王制篇》规定：一年之中，春、秋、冬为捕鱼季节，夏季鱼类繁殖，禁止捕捞。古代基本生态意识是使"万物皆得其宜、六畜皆得其长，群生皆得其命"，并设有专职官员进行管理。体现了"天人合一"的理念，《庄子·齐物论》对"天人合一"的表达是"天地与我并生，而万物与我为一"[①]，体现了人与自然的高度和谐。

人居环境与生产生活方式紧密相关，传统农村低产、人力、小市场的生产生活方式，已经与现代化的高产、机械化、大市场不相适应，随之产生的农村人居环境问题也需要利用现代科技手段解决，建立人与自然新的平衡关系，实现质的飞跃。在农村实地调查中发现，有的村庄规划水平不高，甚至没有规划，建设管理滞后，监督管理机制不健全，民房建设随意性大，严重影响了乡村人居整体环境。环保基础设施、管护运营、政府投入、监督机制等还有待完善。要改变农村人居环境整治滞后现象、推动农村人居环境整治，需要因地制宜、精准施策，特别要关注脱贫攻坚的决胜阶段中那些经济不发达的非贫困村的人居环境。

四 农村人居环境治理困难

（一）普遍存在重视不足和破窗心理

村庄里从干部到群众，首先重视的就是经济发展和经济收入，对环境污染危害和改善认识不足，没有把环境治理放到首要位置。一些村民习惯了脏乱差的生存环境，不愿意投入精力改善环境，形成了"破窗"心理，缺乏改变生存环境的强烈意愿。

---

① 王震中：《中国古代人与自然和谐的思想渊源及其对自然的保护》，《炎黄文化研究》2011年第12辑。

（二）村庄经济发展不平衡，村集体经济弱化

农村中自然村数量庞大且分散，人口、地貌、经济状况地区间差异大。一些村集体经济日渐萎缩，有的村甚至完全没有集体收入，非贫困村也不是农村环境治理投入的重点，缺乏资金投入，严重制约了部分村庄公共基础设施建设和环境治理的进程。

（三）农村空心化、老弱化现象严重

许多农村人口外出打工，村中常住人口不到户籍人口的50%，一些经济欠发达村庄的留守人口比例甚至更低，且留守人员多为老人、儿童或身体残障者，在改善人居环境方面心有余而力不足。

（四）一些公共政策设计不接地气

农村污水处理管网建设运维成本高，超出了农村的承担能力，不易被村民甚至当地政府接受，即使村里铺设了管网也没有连接终端处理设施，不能从根本上解决污水处理问题。农村也不适宜设置水冲式厕所，各个村庄现在虽然自来水普及率很高，但都是定时放水，只能满足生活用水需求；而厕所没有铺设通水管道设施，只能人工冲水。农村厕所大都设在屋外或院外的街道旁，北方冬天气温低，水容易被冻住。另外，一家一户厕所的储存容量有限，没有车辆和人力及时倾倒，也无处倾倒。

（五）对贫困村、非贫困村人居环境整治投入差异大

国家近年实行精准扶贫、精准脱贫，瞄准重点贫困村和建卡贫困户，贫困村的基础设施和公共服务设施建设、人居环境和产业得到了很大的发展和提高。为实现到2020年贫困村全部脱贫这一目标，河北省、市、县各级财政规定，优先安排、足额保障财政专项扶贫资金投入，确保与脱贫攻坚任务相适应。2018年省级财政专项扶贫资金达41.1亿元，较2017年增长314%。2019年河北省级财政专项扶贫资金达55亿元，较2018年增长

33.89%。贫困村脱贫达标考核严格，有专门的方案和意见，如《河北省贫困村生活污水治理专项方案》要求，抓好贫困村生活污水治理工作，确保到2020年底前所有贫困村生活污水得到有效管控，粪污资源化利用、排水管网建设等。《关于加快推进贫困村提升工程的实施意见》对符合条件的4724个贫困村开展贫困村基础设施提升工程项目，涉及水利、交通、电力、通信、住房、改灶、改厕、农村面貌改造、农村教育、村级医疗卫生服务和村级公共文化服务，共11项工程。符合条件的贫困村每村补助50万元，用于贫困村生活垃圾处理、污水治理、村庄绿化美化等。到2020年，深度贫困村基本公共服务指标达到或超过全省平均水平。

河北省在抓好贫困县、贫困村脱贫攻坚工作的同时，加大非贫困县、非贫困村扶贫脱贫力度，并出台了《关于统筹推进非贫困县、非贫困村脱贫攻坚工作的指导意见》。自2019年起，省级在安排财政扶贫专项预算时，对贫困县和非贫困县里的贫困人口按相同标准分配。按照贫困村退出标准，贫困户脱贫需要，改善非贫困村基础设施和基本公共服务，保障群众基本生产生活需求，逐步解决非贫困村和贫困村发展不均衡问题。2019年底前，纳入建档立卡管理的新识别非贫困村实现通硬化路、通动力电，实现安全饮水，人居环境干净整洁，具备基本公共服务设施，实现户户通广播电视、通宽带，有标准化村卫生室，有合格乡村医生或执业（助理）医师。除非贫困村中的建卡贫困户享受相应的扶持政策外，对没有认证、贫困人口比例小的经济不发达的非贫困村的投入没有得到重视，致使非贫困村的基础设施、公共服务设施和产业发展没有项目资金投入，严重制约和影响了非贫困村的发展，影响了非贫困村与贫困村同步实现小康。

（六）旧的生态平衡被打破，新的平衡还未出现

我国在特定时期兴修了大量水库来拦河蓄水，虽然起到了防止洪水泛滥的作用，但也致使下游缺水干旱，甚至河水断流。农业生产使用化肥农药代替农家肥，污染了土壤。村庄内部具有蓄水功能的池塘、沟渠被填埋，雨水收集利用循环系统断裂，有些甚至成为垃圾堆积场所。公共水井被村民自

家水井或自来水代替，传统农田中的水渠消失，水渠灌溉被废弃，需大量开采地下水浇灌，加剧了对地下水的开采。家庭生活中做饭取暖由原来以农作物秸秆为燃料，逐渐被煤、电替代，农村能源结构发生根本性改变。家家户户的传统养殖方式被大型集中养殖场所取代，养殖使用成品化饲料，原来的农作物秸秆作为燃料、饲料的功能消失，进而成为无用的垃圾，生产生活的有机循环链条被现代化生产方式打破。如何在新的生产和生活方式下重建新的有机循环系统、实现人居环境整体性协调、解决人居环境问题深层次根源是未来研究课题。

五 借鉴传统村落生态文化理念，重建农村人与环境平衡

（一）重视现代科技应用彻底改变人居环境

农村人居环境只是农村整体生产生活环境的一部分，不能只局限于环境卫生面貌的改变，更重要的是重视新的科技成果应用，使农村垃圾变废为宝，达到节约利用资源的目的，使村庄变得洁净、美观。从传统农业到绿色农业，最重要的是科技成果的应用，原始的节约能源、节约资源、使用有机肥料等办法，通过节能设备、沼气发酵等科技的升级换代得以实现。

（二）重视经济不发达的非贫困村人居环境基础设施建设

贫困村、非贫困村都是相对的，贫困村全部脱贫目标实现之后，非贫困村又可能成为新贫困村，脱贫村也可能因为自然灾害再次返贫。近年来贫困村人居环境建设投入大，人居环境发生了翻天覆地的改变，但经济不发达的非贫困村数量大，缺乏建设资金。在脱贫攻坚后时代，财政应加大对非贫困村项目资金的支持力度，帮助非贫困村重点搞好基础设施、公共服务设施和产业发展，解决非贫困村群众急需解决的问题，改变城乡之间、村与村之间基本公共服务设施不均衡的状况。

（三）特别关注农村水资源环境问题

在河北省内进行村庄调查时发现，20世纪农村用的井绳、辘轳井、压水井都在10米深左右，储水池塘消失，河道干涸，无法收集利用天然降水，村庄内部水循环断裂，水生态小环境的自我调节功能丧失。从未来长期发展角度看，河北省农村水环境资源状况需引起重视，应借鉴传统村落水生态文化保护和利用方法，而不能只关注农民吃水问题的解决程度。

（四）重点改造村庄水污染环境

村庄生活污水处理管道修建成本高，村民不愿意负担，污水处理厂也没有普及。另外许多村庄发展工业，各种未经充分处理的污水随处排放，造成深度和长期的污染，加深了农村水环境问题的严重性。村庄管道建设是未来谁支持的重点，有条件的村庄可以和邻近村庄联合，修建污水处理池，以降低成本。另外不能只做表面文章，只重视主路而忽视村内小路。根据北方农村厕所以旱厕为主、蹲厕和密封储存分离的实际情况，保证卫生，避免乱搭乱建。现在大田使用化肥，农家肥失去了作用，应考虑将人口多的村庄统一或与邻近村庄联合修建生物发酵沼气池，以解决后续问题。

河北省邯郸市邱县县域内有7个乡镇，217个村，常住人口26万人，其中农村人口21万人，村庄人居环境整治任务重。他们采取3种农村污水治理模式，全面整治农村污水的经验值得借鉴。一是扩大污水处理厂覆盖范围，部分城镇污水管网实现一体化。将县城和重点镇周边的23个村，分别纳入邱县污水处理厂、梁二庄污水处理厂、邱城污水处理厂集中处理。经过处理的生活污水可达到国家一级A类排放标准。二是建设集中污水处理站。在7个人口密集村，建设7个村级污水集中处理站，进行污水处理。服务总人口7000余人，改变了附近村庄污水横流的现象，改善了农村人居环境。三是实行"污厕"一体化治理。成为邱县农村污水处理的主要模式。全县187个村居住分散、污水不易集中收集，通过这种方式，把生活污水变成了农家肥。建成的7个生活污水集中处理中心，每个中心成本约10万元，农户安装双瓮式或三格式化粪池，成本仅1000元左右，覆盖了全县21万农村人口。全县86%以上的村庄采用了这一污水处理模式，粪污及污水经过处理和降解，残留固体发酵做成有机农家肥、沼渣施肥、沼液喷洒，出水液体达到国家地表二类水体标准后，直接用于农田灌溉，实现了污水的资源化利用。此外，政府购买服务方式，环保公司负责粪污抽取、运输、处理及污水处理设施的运营和管护。每次清理服务，农户自付20元，财政补贴18元作为运输补贴和后期运营补助。村民和政府共担责任的方式，调动了村民减少废物产生的积极性。[1]

（五）选举有能力、有担当的人承担村基层组织领导工作

在农村人居环境整治过程中，存在"三热三凉""四轻四重"的现象。"三热三凉"即试点村热、非试点村凉；前期热、后期凉；贫困村热、非贫困村凉。"四轻四重"，即重房屋修建、轻环境整治；重经济发展、轻人口素质提高；重经济项目引进、轻产业规划编制；重基础设施建设、轻村庄长远发展。

一些地方热衷于抓"试点"，急于出"政绩"，热衷于村容整治，急于树"形象"，有的村庄领导之间存在矛盾冲突，影响村庄环境整治工作的开展。而对于发展农村经济，面临工作没抓手等难题，一些乡镇干部对农村经济发展失去信心，对农村建设的艰巨性、复杂性和长期性缺乏远见卓识，等待观望无作为，村基层组织要选举有能力、有担当的人，防止出现"等、靠、要"等"搭便车"心理。

（六）打造城乡一体的村庄道路环境

现在城乡人员来往频繁，特别是汽车数量增加，狭窄、混乱的村庄小路

---

[1] 《邱县全面推进农村人居环境整治的调查与启示》，河北新闻网，2019年4月28日，http://qiuxian.hebnews.cn/2019-04/28/content_7392160.htm。

影响了人们的出行环境和对村庄的整体印象，有的村为拦挡车辆通行，甚至在村口设置障碍物。针对这些情况，一是加强对村庄道路的管理，纳入城市道路管理网络和管理办法，左右分离，人车分离，避免混乱。二是在有需要的村庄修建环村路和停车场所，解决村内路窄和通行难的问题，适应乡村振兴、新型城镇化和城乡融合发展的需要。

（七）激励专业社会组织参与农村人居环境整治

农村人居环境整治需要专业人员指导，要鼓励相关的社会组织参与到农村人居环境整治工作中，利用现代科技手段解决农村治污、治水难题，解决乡村缺乏专业人才的实际困难，防止盲目治理和治理设施不适用等情况出现。村民、社会组织和政府良性互动、共同治理，提高各级政府、村委、村民等主体的主动性、积极性和协调性。

结　语

党的十九届四中全会上通过的《决定》提出，实行最严格的生态环境保护制度，遵循资源高效利用，综合治理，公众参与，污染者担责的原则。2020年是打好污染防治攻坚战的决胜之年，《水污染防治行动计划》《土壤污染防治行动计划》是工作重点之一，并提出了"精准治污、科学治污"，为农村人居环境改善提供了良好契机。农村生态环境是国家整体生态系统的重要组成部分，农村人居环境只是农村生态环境的一部分，人居环境与生产生活方式密切相关，人居环境整治活动只能改变村庄的卫生面貌。环境治理过程中应重视传统村落生态文化给予我们的启示，重新认识在农村被视为"废物"的资源价值，利用现代科技手段建立新的资源循环系统，解决现代化生产生活方式中出现的问题，而人居环境整治中存在的深层次矛盾是未来农村环境整治亟须关注的问题。在农村传统资源循环利用系统被打破的情况下，利用现代科技手段消化掉各种农村垃圾并重新利用，是改变农村人居环境的根本出路，不仅要提倡"无废城市"，更应

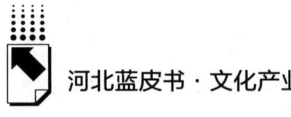

提倡"无废农村"，使垃圾资源化与无害化，实现从垃圾围村到无废农村这一质的飞跃。农村人居环境整治最终目的是实现人居环境与文旅产业、绿色农业同步发展，促进乡村振兴。依赖制度、科技、文化等方面的创新，推动经济社会高质量发展。

B.17
太行"红河谷"旅游经济带"1＋X"项目群创意策划思路与对策建议

高自旺*

摘　要： "科学规划建设河谷旅游带和经济带，建设好河北'红河谷'"是贯彻落实习近平生态文明思想的重要举措。本报告分析了河北省建设"红河谷"旅游经济带需要把握的关键要点，分析并提出了按照"红""河""谷"三个主题分别策划融入新业态、新消费的"踹门"项目的创意思路及其相关对策建议，以供河北省相关部门在规划建设太行"红河谷"旅游经济带时参考。

关键词： 太行山　旅游经济带　项目群　创意策划

一　"红河谷"摆脱与周边地区恶性竞争需要把握的关键要点

（一）"红河谷"文旅项目策划需要颠覆性创新，避免堕入与周边地区雷同的"误区"

目前策划的"红河谷"旅游带的项目群，围绕红色文化、生态旅游资源等开展了一系列创意创新举措，但旅游业态、发展定位、项目内容等都难以避免与周边地区雷同。比如，"红河谷"的旅游融合产业和山西省太行板块旅游发展规划的"旅游＋"融合发展工程高度雷同，都重点开发"旅游＋农业""旅游＋文化""旅

---

* 高自旺，河北省社会科学院经济研究所实习研究员，主要研究方向为区域经济学。

游+康养""旅游+体育"等旅游业态，目前"红河谷"规划的文旅项目尚未彻底突破当前的旅游业态、消费模式。同时，"红河谷"规划的旧址观光、红色研学、军事体验、"太行魂"红色演艺等红色文旅核心项目与山西武乡八路军文化园开发的"太行山"实景剧、"太行游击队"体验剧、游击战体验园及团队拓展训练营项目，与山西太行山（黄崖洞）景区开发的研学拓展、团建党建项目，以及与河南规划的红旗渠研学旅游示范基地、安阳研学旅游目的地等都有较大雷同。以红色研学旅游作为"红河谷"项目核心很难突破周边景区的"重围"。山西太行山大峡谷规划的休闲、度假、养生、运动等功能及河南省南太行健康养老产业带规划的峡谷观光、山地休闲、森林康养等，都与"红河谷"规划的多个休闲康养度假项目极其相近，甚至山西省已经率先打出了"康养山西"的牌子，"红河谷"再打康养度假牌容易陷入与其恶性竞争的"误区"。"红河谷"规划中的五指山五大禅修康养主题与山西五台山规划的"养心、养生、养老"康养旅游模式也如出一辙，并且当前五指山未能策划出超越五台山"又见五台山"情景演出的项目，在宗教文化上太行五指山的知名度也不如五台山。整体上，"红河谷"的研学旅游目的地、综合性休闲度假区的发展定位，以及文化体验、教育研学、演艺活动、康养休闲等旅游项目的创意策划，与周边地区的诸多文旅项目有较多雷同。

考虑到山西省太行山沿线景区连成一片，"红河谷"当前的创意策划又与周边山西、河南等地的景区雷同，使河北省"红河谷"极易成为山西、河南等周边地区文旅景区的附庸，这就需要河北省在"红河谷"的规划上进行颠覆性创新，以避免堕入这些雷同"误区"。

（二）避免"误区"必须把握住策划创意的关键点

1. 战略思路：文旅项目群开发成功的关键是"1+X"（踹门项目+配套项目群）

我国已经取得成功的大型文旅项目群都是由"1"个"踹门"项目[①]，

[①] "踹门"项目，指可以迅速打开市场的具有爆发力的商业项目。如军事领域有"踹门"武器，其可以突破某地防御设施，后续武器才有用武之地。

加上"X"个配套项目,形成了"1+X"格局的文旅项目群。比如,杭州宋城景区曾靠一个"宋城千古情"演艺晚会带火整个景区,演绎晚会至今仍是宋城景区的主要营收来源,而建设的宋城主题乐园成了配套设施,其开创了"主题乐园+室内演艺"的旅游模式,这在当时属于旅游业的新兴业态项目,"宋城千古情"演艺晚会就是当时创造新业态的"踹门项目";再比如,横店集团建设横店影视城带动整个横店的文化旅游区崛起的成功之路,这种旅游区经营模式在当时是全国首创,也属于新兴业态项目;当前的西安"不倒翁"网红、甘肃兰州的"飞天"网红等火爆抖音的创意项目,都属于融入新业态、新消费的"踹门"项目,带火了大唐不夜城等相关景区。

由此可见,一个文化旅游区的成功崛起,必须高度重视"1+X"中的"1"(踹门项目),只有"1"创意策划并成功实施,其他众多"X"配套项目才能展现各自的风采。

2. 策划主线:"红""河""谷"分别拆分策划"踹门"项目

目前策划的"红河谷"文旅项目并不能充分体现出"红""河""谷"三字的确切内涵,如景区主体清漳赤岸河谷无法彻底彰显"红河谷"意蕴,"红河谷"名称也很难和7个主体文旅项目一一对应起来,使"红河谷"景区之名与文旅项目之实存在不配套、不搭调的客观感受;所规划的7个文旅项目较为扁平、布局分散,没有划分出明晰的层次,文旅项目间的旅游主题、功能存在大量重叠,如多个项目主打康养度假主题,八路军129师红色研学旅游区和娲皇宫—华夏创世之母文化体验旅游区的文化体验、教育研学、活动表演等7种项目业态均极为相近,布局在各项目中的酒店民宿等也都大同小异,最关键的是没有突出"踹门"项目,这给游客了解、游玩"红河谷"造成较大阻碍。

为了突出"红""河""谷"三字的应有内涵,可以将"红""河""谷"分别拆分策划"踹门"项目,每个字都规划相应的"踹门"项目载体,使太行"红河谷"品牌商标和文旅项目载体相互贯通,更完整地体现"红河谷"红色文化、漳河风景及具有山谷意蕴的景区灵魂;

"红""河""谷"分拆策划也使众多文旅项目更易划分层次及布局开发,将三个"踹门"项目分开规划的同时,其他精品景区项目、特色小镇、主题民宿可以作为配套项目依附在其周围,形成以"踹门"项目为景区主体、串联精品景区、带动特色小镇等项目多层次发展的旅游发展主线。

3. 制胜法宝:必须策划出能融入新业态、新消费的"踹门"项目,才能抢占先机,引领新时尚、新潮流

当前河北省"红河谷"项目群规划中还缺乏可以引领未来旅游新业态、新消费潮流的"踹门"项目,急需在规划中单独策划出"踹门"项目以带动"红河谷"整个文旅项目群"火"起来,打造出"红河谷""1+X"格局文旅项目群。

"红河谷"规划建设"踹门"项目不能照搬照抄其他景区。如"宋城千古情"演艺晚会、张艺谋的"印象"系列实景演出等在过去属于旅游新业态、新消费,这些景区在先行先试的优势下已经发展壮大起来,拥有较大规模游客基础和较高品牌知名度,照搬照抄这些已成熟的影视剧实景演出型文旅项目很难进行后发赶超,并且这些时间久远的实景演出项目并不一定属于未来的旅游新业态、新消费。

"红河谷"策划"踹门"项目需融入数字文化产业、智慧信息产业等以数字经济为内核的旅游新业态、新消费。旅游数字经济融合产业,并不只是单纯的线上购票、线下游玩,或者线上游览、线上定位等表层的智慧文旅服务,而是应该使VR/AR技术、大数据、云计算,甚至人工智能等与旅游体验游玩内容进行深度融合,形成智慧数字经济与文化旅游深层次互动、有数字经济内涵及效益的智慧文旅模式,这种包含前沿科技要素的旅游模式也是未来的旅游新业态、新消费。"红河谷"需要抢占先机,策划前沿科技与文旅融合的"踹门"项目,建设融入新业态、新消费的智慧文旅模式,使"红河谷"文旅项目群引领我国旅游业新时尚、新潮流。

二 太行"红河谷"旅游经济带"踹门"项目创意策划思路

(一)"红":围绕"亮剑 IP"开发供体验游玩、取景拍摄的红色体验式文旅景区及影视拍摄基地

1. 以"亮剑 IP+场景+体验"为核心建设影视实景场地、剧本和角色等设施和服务

建议"红河谷"项目中体现"红"字创意的谋划思路如下:首先是宣扬"狭路相逢勇者胜"的"亮剑精神"主题,以"影视 IP+沉浸式体验+场景再现"为核心,将"参与前史"开发成红色游玩主线,探索与《亮剑》编剧、导演或其他知名军旅影视创作者合作,挑选《亮剑》电视剧中广为熟知的战役场面、会议场面等,在"红河谷"的红色革命旧址资源基础上,打造出相应的抗战实景;其次是在把握抗战历史的真实情节基础上,编制出供游客可实战、可参与的若干剧本;最后是设置可供游客扮演的人物角色,并增加多样化的战役玩法和不同背景角色。

2. 打造集游客体验游玩和影视剧组拍摄于一体的体验式红色文旅项目

打造游客沉浸体验型红色文旅景区。一方面,通过穹幕影院、四维互动、360 度沉浸式视听等先进科技手段,让游客获得多感官体验。另一方面,景区提供演绎剧本、体验角色,以及可增加游客真实性体验的实景服装、高仿道具等服务设施;游客以付费的方式,挑选想要参与的历史场景和想要扮演的角色,亲自演绎红色革命故事;提供可付费使用的专业摄影设备,帮助游客录制视频资源,以满足游客在抖音、快手等短视频平台分享视频的需求,同时为景区增加人气。

打造红色军旅题材影视拍摄基地。避免红色旅游项目资源闲置,积极与军旅题材电视剧、院线电影、网络电影、抖音主播等剧组或个人合作,以实景场地免租金、服装道具以及摄影设备等设施付费租赁的方式,进行市场化

运营。令影视剧组可以前来取景、拍摄，游客能以群众演员方式参与影视制作。影视基地还可以为剧组提供影片剪辑、特效制作等影视制作后期服务，争取将"红河谷"红色文旅项目打造成"剧本+场地+拍摄+剪辑"的全产业链军旅影视拍摄基地。

（二）"河"：发挥娲皇宫和清漳河的资源优势，立足女娲"生命之源""送子文化"的主题延展，在全国首创"智慧型"亲子特色小镇

"红河谷"项目中"河"字的创意可借助女娲"生命之源""送子文化"的文化符号开展项目包装、延展和提升，在毗邻娲皇宫景区的区域和清漳河畔，选址建设全国第一家"智慧亲子小镇"——线下"蚂蚁森林庄园"，使其"亲子文化"与娲皇宫景区既有的"送子文化"形成相互助力的强大呼应。

"蚂蚁森林"是蚂蚁金服公司于2016年在支付宝App上推出的一项公益活动，用户通过支付宝完成"绿色出行、减少出行、减纸减塑、高效节能、循环利用"等概念的线上交易活动获得"绿色能量"，在"能量"积攒到一定数额后，用户可以在支付宝中领取一棵"小树苗"，阿里巴巴集团会统一将"小树苗"种植在我国沙漠地区。用户使用支付宝进行线上付款时或完成相应"任务"还可以获得"饲料"，用于在"蚂蚁庄园"中"养鸡"，通过收获"鸡蛋"捐赠爱心参与公益项目。至今，"蚂蚁森林"参与者超过5.5亿人，"蚂蚁庄园"参与者也超过了4亿人。

1. 开发"蚂蚁亲子"和农牧作业即时互动的"线上+线下+数据"智慧型亲子体验项目

建设含有智慧科技元素的智慧型亲子特色小镇，需要将类似台湾亲子农场的线下实体和"蚂蚁亲子"智慧线上程序有机融合，并在大数据、云计算支持下，实现即时地线上智能互动，亲子小镇项目具体运营模式如下。

（1）在"红河谷"亲子小镇中开发"蚂蚁亲子"实地农牧区。在背靠娲皇宫、面朝清漳河的河边，选出一定区域，划分成若干适宜种植农作物及

果树或饲养动物的小块土地，种植或饲养与"蚂蚁亲子"中农作物、树木、动物等一一对应的真实动植物，以供"蚂蚁亲子"用户认养。

（2）通过"蚂蚁亲子"种植或饲养亲子小镇的农作物、动物。用户可以花费一定的人民币或"蚂蚁亲子"的"积分"，在"蚂蚁亲子"中认养农作物、动物；用户通过使用"积分"，在"蚂蚁亲子"中给农作物、植物浇水和施肥，以及饲养小动物；用户可聘请亲子小镇的"饲养员"代为打理亲子小镇中属于自己的农田、牧场，并在云计算和人工智能技术支持下，使"蚂蚁亲子"的"农作物、动物"与亲子小镇的农作物、动物保持相同的生长、成长状态。

（3）农牧作业实地体验。"蚂蚁亲子"用户可以在亲子小镇实地认养过程中，购买"红河谷"亲子小镇提供的肥料、水、饲料等种植作物及果树或饲养动物，以及采摘水果和收获农作物；同时，亲子小镇"饲养员"负责向儿童讲解种植、饲养过程中的小知识，增加互动交流式的教育活动。

（4）创建一、二、三产联动的体验项目。"蚂蚁亲子"用户及亲子小镇游客在体验种植、饲养等农牧作业之外，还可以体验面食、果汁、果酱、肉食等产品的实际加工制作过程；或选择在"蚂蚁亲子"上进行操作，将作物、动物加工成农牧产品。用户及游客可以领走加工好的农牧产品，或选择通过"蚂蚁亲子"程序在淘宝、天猫等平台对外销售，以构成三产联动的商业链条，并在亲子小镇中融入产业的同时，引领周边关联产业协同发展。

（5）打造亲子产业集群。以生产体验、生活休养及生态观光有机融合为目标，将亲子智慧农牧体验、亲子手工文创、亲子科普教育、亲子体育锻炼、亲子民宿酒店、亲子观光游、亲子游乐园、亲子康养度假等亲子产业以集群形式在亲子小镇中开发建设。

2. 与支付宝合作，在"蚂蚁森林"和"蚂蚁庄园"基础上创建"蚂蚁亲子"智慧科技体验游项目

可考虑主动和蚂蚁金服公司对接，于支付宝App中开设"蚂蚁亲子"智慧科技程序，在大数据和云计算支持下，用户通过使用支付宝进行线上交

易或直接购买而获得"红河谷"线下"蚂蚁森林庄园"的"能量"、"饲料"或"积分",用于在线下"蚂蚁森林庄园""种植农作物"、"植树"、"饲养小动物"等,从而带动游客在现实中参访、体验、游玩"红河谷"线下"蚂蚁森林庄园"。

(三)"谷":建设全国首家围绕"王者荣耀IP"锁定青少年游客群体的"王者峡谷"实景主题乐园

1. 在"红河谷"择址建立全国首家"王者峡谷"实地场景以吸引《王者荣耀》90后及00后用户群体

"王者峡谷"主题极易引起我国青少年群体的关注。《王者荣耀》是近几年我国最具影响力的手机游戏,其最经典的游戏模式是各5个玩家的两支队伍在被称为"王者峡谷"的地图上进行"对战"。2017年该游戏用户规模就超过了2亿人,其中以90后及00后群体为主。可以在"红河谷"内择址按真实比例建造"王者峡谷",包括游戏中红蓝方基地、防御塔、水晶、护城河、野区、上中下三条线路以及草丛山岭等元素,令这些元素在实景中再现,以达到增进《王者荣耀》90后及00后用户情感的目的。

2. 建设VR/AR体验、游戏赛事、电竞直播和影视取景四维经营的"王者峡谷"主题乐园

建议与腾讯公司商洽合作,以VR/AR沉浸式体验项目为主,以游戏赛事线上线下同步、现场游戏直播、游戏周边作品取景等项目为辅,开发"游戏IP+VR/AR体验+文旅"的王者峡谷主题乐园。主题乐园项目具体经营模式如下。

(1)开发VR/AR沉浸式体验项目。在虚拟现实(VR)及增强现实(AR)技术支持下,将《王者荣耀》中的"打野怪""补兵""推塔""团战"等游戏"战斗",在主题乐园实景场地中对应开发;游客在主题乐园中付费租赁与《王者荣耀》游戏内相同的真实服装、装备等道具;在智能穿戴设备、智能手机的辅助下,通过角色扮演、VR/AR技术、真人CS,游客在实景场地中体验《王者荣耀》故事情节、99个"英雄"IP、真实"战

斗"以及与其他游客进行深度互动。

（2）规划线上线下同步的游戏赛事。主题乐园可以规划与《王者荣耀》游戏赛事保持同步的"峡谷赛事"，游客通过支付人民币或游戏中的点券参与"峡谷赛事"；在VR/AR技术支持下，游客在主题乐园实景场地中完成和手机游戏相同的操作；在赛事中获胜的游客可选择获得《王者荣耀》游戏道具或主题乐园提供的游戏周边商品等奖励。

（3）定期举办现场游戏直播。主题乐园和《王者荣耀》电竞直播团队合作，定期邀请电竞团队在主题乐园进行现场游戏对战直播，吸引游客前来游玩以及观战。

（4）提供游戏周边作品取景服务。对主题乐园的"王者峡谷"实景场地进行市场化经营，将场地租赁给《王者荣耀》游戏及周边动漫、周边真人影视等制作方取景，以及为Cosplay活动提供活动场地。

（5）扩大《王者荣耀》游戏中点券、金币、钻石等虚拟货币的适用范围。可以设计人民币和游戏虚拟货币，并以一定比例在主题乐园中替代使用，如花费一定额度的虚拟货币进入主题乐园、体验乐园游玩项目、在主题民宿休息以及购买游戏周边商品等。

三　相关对策建议

（一）进一步完善"红河谷"相关规划，高度重视"踹门"项目创意策划

在当前总体规划的基础上，进一步开展"踹门"项目的创意策划，河北省"红河谷"规划相关部门应积极和"红河谷"规划承担单位进行沟通，加快提出"红河谷""踹门"项目的规划范围、开发时序、分区规划、配套基础设施规划建设等问题的切实解决方案，形成完备的"踹门"项目详细规划。以"踹门"项目为"红河谷"项目群核心，重新审视配套项目群的规划建设，如"华夏创世之母文化体验旅游区"等变化较大项目的规划调

整,以及多个康养度假区项目的规划范围、发展定位、策划思路等规划细节的调整;并重新审视整个"红河谷"项目群布局,将已策划的多个康养度假区、特色小镇等项目合理地分布在"踹门"项目的邻近片区,构建各项目主题清晰及层次感鲜明、"踹门"项目与配套项目群完善搭配的"红河谷"项目群。进一步研究"红河谷"产业链延伸规划问题,对于农业生产及农产品加工销售、数字经济产业等补充的重点旅游融合产业进行重新策划,规划出有较大经济效益的三产融合产业链、数字经济产业链等,并作为配套产业链项目在"红河谷"内及周边村落、乡镇合理布局,营造旅游新业态带动出经济新业态的旅游经济典范。

(二)积极超前接洽联系,开启"踹门"项目宣传推介招商活动

以包装推介"踹门"项目为重点,定点、定向接洽国内龙头企业、影视公司等,河北省有关部门和邯郸市政府应邀请腾讯公司、蚂蚁金服公司,以及正午阳光、海润影视等影视公司的负责人前来考察。和腾讯公司负责人洽谈"王者荣耀""王者峡谷"知识产权使用、峡谷实景开发问题,推进签订《太行"红河谷"腾讯战略合作框架协议》,就"王者荣耀"手机游戏和"红河谷""王者峡谷"主题乐园的具体合作事宜等达成共识,以及邀请腾讯公司通过融资支持、知识产权入股等方式,深化双方长远合作,重点是商讨"红河谷"通过腾讯公司的微信、腾讯新闻、QQ浏览器、"王者荣耀"游戏等多维渠道宣传旅游项目及推介招商。和蚂蚁金服公司有关负责人洽谈在支付宝中开设"蚂蚁亲子"智慧程序的相关事宜(或者和腾讯公司合作,在微信小程序中开发智慧程序),推动签订《太行"红河谷"腾讯战略合作框架协议》,就"蚂蚁亲子"程序和"红河谷"智慧亲子小镇的入股合作、共同开发及维护等达成合作共识,令"红河谷"、亲子小镇项目可以通过智慧程序、凭借支付宝的渠道进行在线宣传。与正午阳光或海润影视等公司负责人洽谈红色军旅体验旅游区的合作开发,如影视公司入股旅游项目,或"红河谷"免费为影视公司提供拍摄场地,影视公司负责开发红色军旅实景场地等,以及同《亮剑》编剧都梁、《亮

剑》电视剧版权方今日头条等洽谈《亮剑》知识产权合作，商讨相关版权方为"红河谷"免费提供红色军旅体验剧本及角色、知识产权授权以持股红色旅游项目等合作。

（三）将"红河谷"旅游经济带列为文旅项目投融资创新试点

建议将"红河谷"文旅项目群拆分融资，对于"踹门"项目及部分配套项目，鼓励实行新型融资业态如"众筹"融资等，在"踹门"项目商洽成功后，依托"红河谷"规划，及蚂蚁金服、腾讯等合作方的众筹平台，面向广大群众及金融机构公开发起"红河谷"文旅项目众筹，设置不同档次的融资门槛，对应不同档次的众筹收益，如"红河谷"为普通用户投资人提供免收"红河谷"门票等优惠服务，对高门槛的财务投资人提供股权分红等。做好市场化文化旅游项目群的融资保障，对于部分配套项目、特色小镇等，可通过"地方政府专项债券＋市场化融资"组合的新型方式筹集资金，一方面对选定文旅项目通过发行专项债券融资，另一方面将专项债券用于资本金，再通过银行贷款等市场化融资方式为该项目融资。当前需紧抓融资项目集中受理和申报的窗口期，争取发行文化旅游专项债券进而引领市场多元化融资。强化各主要景区交通、信息网络等配套基础设施建设和政府主导的景区周边基础设施建设项目的资金筹措，邯郸市作为京津冀重要节点城市，符合证监会、国家发改委 2020 年 4 月联合发布的《关于推进基础设施领域不动产投资信托基金（REITs）试点相关工作的通知》中对重点区域的要求，"红河谷"作为京津冀地区重点文旅项目，可加快申报"基础设施建设公募 REITs 试点"，通过基建 REITs 方式为"红河谷"片区基础设施建设项目融资。

（四）将邯郸市"红河谷"片区打包申报"国家文化科技融合示范区"

在"十四五"时期，强化"红河谷"片区发展规划研究及实施，在"红河谷"项目群及其周边区域划定明确边界范围建设"红河谷"片区，设立"红河谷"片区管委会等专职管理机构,及鼓励以"高薪择优"等方式选聘专职工作人员负责文化科技发展工作,加快构建政府引领发展、多方合作共建、要素产业集聚、功能设施完善、服务工作高效的文化科技融合发展区域载体。研究制定"红河谷"片区的"文化科技融合"专项扶持规划、政策,推动在片区内集聚一批规模大、技术高的文化科技企业,以及与大型文化企业、科技企业等商洽共建文化科技企业"孵化器"等服务平台,推进形成文化科技产业集群;鼓励"红河谷"片区和河北工程大学等高校合作,构建专门的文化科技人才、技术等要素供给体系,并在片区内设立文化科技成果转化平台、筹集文化科技融合产业专项基金,用于推动文化科技成果转化、文化科技企业发展等,以及强化"红河谷"片区文化和科技融合发展所需的基础设施和公共服务等保障,加快推进河北省"红河谷"片区打包申报"国家文化科技融合示范区"。

参考文献

肖远平、龚翔:《"互联网+"视域下贵州旅游产业智慧化发展研究》,《贵州社会科学》2016年第5期。

胡怡、张雪媚:《互联网时代环境传播的游戏化创新策略——以"蚂蚁森林"为例》,《新闻爱好者》2018年第2期。

王岳、刘学敏、哈斯额尔敦:《"互联网+沙产业":沙漠治理产业化的新探索》,《兰州大学学报》(社会科学版)2019年第3期。

刘沛林:《从新宅居生活看网络虚拟旅游的前景和方向》,《地理科学》2020年第9期。

社会科学文献出版社

皮 书

智库报告的主要形式
同一主题智库报告的聚合

❖ 皮书定义 ❖

皮书是对中国与世界发展状况和热点问题进行年度监测,以专业的角度、专家的视野和实证研究方法,针对某一领域或区域现状与发展态势展开分析和预测,具备前沿性、原创性、实证性、连续性、时效性等特点的公开出版物,由一系列权威研究报告组成。

❖ 皮书作者 ❖

皮书系列报告作者以国内外一流研究机构、知名高校等重点智库的研究人员为主,多为相关领域一流专家学者,他们的观点代表了当下学界对中国与世界的现实和未来最高水平的解读与分析。截至2021年,皮书研创机构有近千家,报告作者累计超过7万人。

❖ 皮书荣誉 ❖

皮书系列已成为社会科学文献出版社的著名图书品牌和中国社会科学院的知名学术品牌。2016年皮书系列正式列入"十三五"国家重点出版规划项目;2013~2021年,重点皮书列入中国社会科学院承担的国家哲学社会科学创新工程项目。

权威报告·一手数据·特色资源

皮书数据库

ANNUAL REPORT(YEARBOOK) DATABASE

分析解读当下中国发展变迁的高端智库平台

所获荣誉

- 2019年，入围国家新闻出版署数字出版精品遴选推荐计划项目
- 2016年，入选"'十三五'国家重点电子出版物出版规划骨干工程"
- 2015年，荣获"搜索中国正能量 点赞2015"、"创新中国科技创新奖"
- 2013年，荣获"中国出版政府奖·网络出版物奖"提名奖
- 连续多年荣获中国数字出版博览会"数字出版·优秀品牌"奖

成为会员

通过网址www.pishu.com.cn访问皮书数据库网站或下载皮书数据库APP，进行手机号码验证或邮箱验证即可成为皮书数据库会员。

会员福利

- 已注册用户购书后可免费获赠100元皮书数据库充值卡。刮开充值卡涂层获取充值密码，登录并进入"会员中心"—"在线充值"—"充值卡充值"，充值成功即可购买和查看数据库内容。
- 会员福利最终解释权归社会科学文献出版社所有。

卡号：963135649796
密码：

数据库服务热线：400-008-6695
数据库服务QQ：2475522410
数据库服务邮箱：database@ssap.cn
图书销售热线：010-59367070/7028
图书服务QQ：1265056568
图书服务邮箱：duzhe@ssap.cn

基本子库
SUB DATABASE

中国社会发展数据库（下设12个子库）

整合国内外中国社会发展研究成果，汇聚独家统计数据、深度分析报告，涉及社会、人口、政治、教育、法律等12个领域，为了解中国社会发展动态、跟踪社会核心热点、分析社会发展趋势提供一站式资源搜索和数据服务。

中国经济发展数据库（下设12个子库）

围绕国内外中国经济发展主题研究报告、学术资讯、基础数据等资料构建，内容涵盖宏观经济、农业经济、工业经济、产业经济等12个重点经济领域，为实时掌控经济运行态势、把握经济发展规律、洞察经济形势、进行经济决策提供参考和依据。

中国行业发展数据库（下设17个子库）

以中国国民经济行业分类为依据，覆盖金融业、旅游、医疗卫生、交通运输、能源矿产等100多个行业，跟踪分析国民经济相关行业市场运行状况和政策导向，汇集行业发展前沿资讯，为投资、从业及各种经济决策提供理论基础和实践指导。

中国区域发展数据库（下设6个子库）

对中国特定区域内的经济、社会、文化等领域现状与发展情况进行深度分析和预测，研究层级至县及县以下行政区，涉及省份、区域经济体、城市、农村等不同维度，为地方经济社会宏观态势研究、发展经验研究、案例分析提供数据服务。

中国文化传媒数据库（下设18个子库）

汇聚文化传媒领域专家观点、热点资讯，梳理国内外中国文化发展相关学术研究成果、一手统计数据，涵盖文化产业、新闻传播、电影娱乐、文学艺术、群众文化等18个重点研究领域。为文化传媒研究提供相关数据、研究报告和综合分析服务。

世界经济与国际关系数据库（下设6个子库）

立足"皮书系列"世界经济、国际关系相关学术资源，整合世界经济、国际政治、世界文化与科技、全球性问题、国际组织与国际法、区域研究6大领域研究成果，为世界经济与国际关系研究提供全方位数据分析，为决策和形势研判提供参考。

法律声明

"皮书系列"(含蓝皮书、绿皮书、黄皮书)之品牌由社会科学文献出版社最早使用并持续至今,现已被中国图书市场所熟知。"皮书系列"的相关商标已在中华人民共和国国家工商行政管理总局商标局注册,如LOGO( )、皮书、Pishu、经济蓝皮书、社会蓝皮书等。"皮书系列"图书的注册商标专用权及封面设计、版式设计的著作权均为社会科学文献出版社所有。未经社会科学文献出版社书面授权许可,任何使用与"皮书系列"图书注册商标、封面设计、版式设计相同或者近似的文字、图形或其组合的行为均系侵权行为。

经作者授权,本书的专有出版权及信息网络传播权等为社会科学文献出版社享有。未经社会科学文献出版社书面授权许可,任何就本书内容的复制、发行或以数字形式进行网络传播的行为均系侵权行为。

社会科学文献出版社将通过法律途径追究上述侵权行为的法律责任,维护自身合法权益。

欢迎社会各界人士对侵犯社会科学文献出版社上述权利的侵权行为进行举报。电话:010-59367121,电子邮箱:fawubu@ssap.cn。

社会科学文献出版社